U0846098

德清太玄紫极观
及其一炁流转图

孔令宏 魏耀武 费超宇◎著

宗教文化出版社

图书在版编目（CIP）数据

德清太玄紫极观及其一炁流转图 / 孔令宏等著. -- 北京 : 宗教文化出版社, 2023.12

ISBN 978-7-5188-1568-5

Ⅰ. ①德… Ⅱ. ①孔… Ⅲ. ①道教—研究 Ⅳ. ① B958

中国国家版本馆 CIP 数据核字 (2024) 第 024332 号

德清太玄紫极观及其一炁流转图

孔令宏　魏耀武　费超宇　著

出版发行：宗教文化出版社

地　　址：北京市西城区后海北沿 44 号　（100009）

电　　话：64095215（发行部）　64095358（编辑部）

责任编辑：袁　珂

版式设计：武俊东

印　　刷：中国电影出版社印刷厂

版权专有　不得翻印

版本记录：880 毫米 ×1230 毫米　32 开　9.25 印张　200 千字

2024 年 9 月第 1 版　2024 年 9 月第 1 次印刷

书　　号：ISBN 978-7-5188-1568-5

定　　价：78.00 元

目 录

序　一

癸卯清和，刘崇明道长经年愿成，以玄门同道为邀，嘱予作文以记之。

文墅山紫极观自梁代沈氏舍祖宅立观以来，玄裔辈出，灿若繁星，可谓玄门煊赫，群星璀璨。如今欣逢盛世，乡民发心中兴宫观，聚力重建紫微大殿、慈航殿和戴公殿，始得香火重燃。刘道长发愿挑起重任，为使宫观之历史沿革明目，更愿丕振发展，特邀孔教授主笔，经多方求证，昼夜伏笔，遂成《紫极观与一炁流转图》华篇。

道本无名，一团元炁，无形无相，浮游太虚，往来不绝，周行不殆。道化元炁而生化三界，天地人生生不息，万物群生，众神仙真，保守真性，生机蓬勃，各得其乐。紫极观修《天地人三界一炁流转图》，“见视听于外，存内观之意”，其意可谓深矣。

水源木本，天地之始也。盖惟源有活水，方能川流不息，以成江河；木惟基培厚土，方能根深叶茂，以成栋材。此天地之至理也。物理若是，道门亦然。道业兴盛于今日，盖因天道慈悯，法自然而衍好生之德；祖功祖德，荫庇后世；玄门弟子循道而行，续我玄门道风。

今逢盛世，弟子等再发倡议十方：捐资献策永续祖师心灯，慷慨解囊修葺宫观。善因夙植，胜报今逢。伏愿：梁坚柱固神心悦，凌空三尺镇高堂；荣华富贵万民旺，脚踏万里永安康。

更望教脉延禧，大道兴行。

是为序！

玄门弟子　陈大慧

序　二

太玄紫极观原由钱乐忠道长主持，道观大殿修缮过半，钱道长受师父之命要回金华赤松黄大仙宫担任主持，于是便通过浙江省道协找到我来承续道业。去了德清乾元镇几次，钱道长治观有方，当地信士信仰纯正，民风淳朴，我也便勉为其难，答应了下来。

初到乾元太玄紫极观，便听道观的信士代表姚金凤女士说起道观系全真龙门王常月祖师设立绿云醮坛讲经布法的地方，尚有 90 岁上下的老道长几位。希望能对太玄紫极观的历史进行挖掘整理，对老道长们的历史记忆进行访谈记录归档。我也深感此事的重要，然而毕竟能力有限，无法自行完成。

浙江大学孔令宏教授研究浙江道教史学，学风严谨，考证细致。故专门拜谒，邀请孔教授出山来完成此项工作。孔教授带领他的学生们耗时三年，翻阅各类文献，旁征博引。同时走访省市县道协，访谈几十位道长、村民，理清历史脉络，才有了如今的书稿初成。

谨以此文对孔令宏教授团队的辛苦付出，表示诚挚的敬意。同时对太玄紫极观历代的中兴祖师进行缅怀，对大众护持下太玄紫极观蓬勃生机赞叹。过此以往，皆为序章。期待在道祖的庇佑下，太玄紫极观在我辈的努力中，在当代盛世中再现辉煌。

道末　刘崇明

2023 年 4 月 10 日

第一章　德清太玄紫极观的历史

第一节　德清太玄紫极观的背景

“人有德行，如水至清”的德清县为浙江省湖州市下辖县，生态良好，物产丰饶，文化发达，素来被誉为“名山之胜，鱼米之乡，丝绸之府，竹茶之地，文化之邦”。1958年，武康县和德清县合并为德清县，县治在城关镇。1994年，县治迁移至武康镇。2004年，城关镇因乾元山而更名为乾元镇。

紫极观位于湖州市德清县乾元镇与洛舍镇交界处文墅山南麓，洛德公路东侧，距离乾元镇大约6公里。西边为瓜山，东边为板庄山，东苕溪为南北向从中间流过；北边为文墅山，南边为方山。紫极观位于四山之合围内的平地上，东苕溪在其东边不远处，过去有河道与东苕溪直接连通，船可以直达紫极观。旁边曾有洗马滩，为交通要道的重要据点。周边村落，西南为幸福村，西边为太堡塘，北边为墅元头。太堡塘曾为瓜山乡（1955年撤销）乡政府驻地。

紫极观的历史与德清县的多个宗族有关，但主要是沈、蔡两大宗族。

一、沈氏宗族与紫极观

（一）南北朝时期沈氏宗族与紫极观

太玄紫极观是由南北朝时期宋代（420–478）吴兴太守沈道思的曾孙，沈文仲（沖）于梁代大同七年（541）舍祖宅为观。沈道思所属沈氏，可以追溯到西周周文王第四子周公姬旦。周公之孙为古沈国的国君，姬姓沈氏都是古沈国后裔。“沈国故城”遗址在今天的河南省平舆县射桥镇古沈村。春秋时期，据《聃季支下两浙老谱》记载，沈扶济随春申君黄歇到菰城（今湖州），是湖州沈氏始祖。其子沈蕃后迁居于德清武康古防风氏国的封山和禹山一带。东汉光武帝时期的沈戎（？–58），因说降剧贼尹良有功而拟封为海昏县侯，不受，由安徽寿县迁居至当时的江东会稽乌程县之余不乡，在此繁衍子孙而不绝。据沈氏家谱记载，沈道思的祖辈是晋朝吴兴太守沈嘉，字长茂，吴兴武康（今德清）人。仕晋为丹阳尹、迁中书令，领太子詹事，吏部尚书。善草书，草势既捷而竦。湖州沈氏世系，诸书记载不一，按沈秉成《竹溪沈氏家乘》和《吴兴统纪》整理出的世系是：

沈延→沈符→沈警→沈渊子
沈云子
沈田子
沈林子→沈璥
沈璞→沈约
沈筠→沈嘉→沈道坚
沈道虔

沈道思→沈渤→沈膺→沈文阿[①]
沈文仲（沖）

据此，沈约的祖父沈林子和沈道思是从兄弟，沈林子和沈道思的曾祖都是沈延，如有其他史料佐证，或可定论。

南朝宋代吴兴太守沈道思建宅，梁代大同年间其曾孙沈文仲把祖宅舍出为道观，初名“太玄观”，即今天的紫极观。礼请郭真人住持，建坛三级，种植古柏19株，棕榈树3株。

舍宅为观说明沈文仲有虔诚的宗教信仰。湖州沈氏宗族人数众多，既有信仰佛教的，也有信仰道教的，还有兼信佛、道二教的。本书重在阐述他们的道教信仰。吴兴沈氏多有道教信仰。民国史学大家陈寅恪在《天师道与滨海地域之关系》认为，吴兴沈氏是天师道世家。他指出“之”字是五斗米道中用于道徒名字的暗记，而且“之”字不在避讳之列，父子、祖孙均可同名不讳。[②]两晋南北朝人名中的“之”字，代表的是信仰，是道教徒的身份标志。沈氏宗族的沈演之、沈庆之、沈攸之、沈登之、沈雍之、沈荣之等，都是道教徒，其中不乏祖孙三代的“沈某之”，例如沈庆之和从侄子沈融之，沈融之和二子沈畅之。

沈道虔（367–449），沈道思之兄，《竹溪沈氏家乘》等谱记载其谱系为：沈嘉→沈道虔 / 沈道思→沈渤→沈膺→文阿 / 文仲（沖）。他宅于武康县北石城山下，后迁城南废头里。他家累世信仰佛教，他信仰尤其虔诚，舍父宅为寺。

---

①　注：《宋书沈约自序》，“沈符”应为“沈贺”，“沈警”与“沈渊子”之间漏沈穆夫。

②　参考陈寅恪著，陈美延编：《金明馆丛稿初编》，生活·读书·新知三联书店2001年版，第15页。

他喜读《老子》《周易》，乐山水，性仁爱，困不改节，郡、州府十二次任命他官职，均不就，颇有魏晋名士之风骨。事迹见载于《宋书》卷九十三《列传》五十三《隐逸》。

沈麟士（419–503），字云祯，家贫，边织帘边读书，人称“织帘先生”。南朝齐代藏书家、教育家，曾隐居于德清吴羌山（又名乾元山，今乾元镇之名由此而来）授徒经学、老庄之学等，从学者数百人。朝廷四次召授官职，均不就。著有《周易·两系》《庄子·内篇训》《老子要略》等，注有《易经》《礼记》《春秋》《尚书》《论语》等。

沈羲，南朝齐代吴兴武康人，号千霞真人。曾学道于蜀中，能消灾治病，救济百姓，功德感天。《神仙传》和《太平广记》等有传。北周·庾信《谢赵王赉犀带等启》：“昔沈羲将尽，逢司命而还生；士燮行埋，值仙人而更活。”①在德清县西四十里有纪念沈羲的仙人渚。484年置观，号崇福，宋代治平四年（1067）帝赐额“延真观”。延真观的北极殿东建有环翠堂，西有翠屏轩，观西有东岳行宫。

沈僧昭（？–549），别名法朗，南朝梁代武康人，沈攸之之孙，少事天师道士，有法术，言人吉凶，颇有应验。后出任会稽山阴县令、会稽太守、廷尉卿。《南史》有传。其弟别名法亮，也是道士。463年两兄弟被敕绍继慧益出家。

舍祖宅建紫极观的沈文仲与沈约大体上是同一时代的人。这里，对沈约的道教信仰作一阐述，进一步说明德清沈氏宗族的道教信仰。

沈约出于沈浒一系。“沈约七世祖沈延居住处在离蔺村

---

① （北周）庾信：《庾子山集》，《影印文渊阁四库全书》第1064册，第561页。

不远的余乌村，即今城关镇边上的俞塘村附近”[①]。高祖为沈警，曾祖沈穆夫，祖父沈林子，父亲沈璞。沈警、沈穆夫均信仰天师道。沈警（？ –402），字世明，吴兴郡武康县（今浙江德清县）人。淳厚笃实，学通《左传》，家产丰厚。先后成为后将军谢安和前将军王恭的参军。史籍记载：

> 初，钱唐人杜炅，字子恭，通灵有道术，东土豪家及都下贵望并事之为弟子，执在三之敬。警累世事道，亦敬事子恭。子恭死，门徒孙泰、泰弟子恩传其业，警复事之。隆安三年，孙恩于会稽作乱，自称征东将军，三吴皆响应。穆夫在会稽，恩以为余姚令。及恩为刘牢之所破，穆夫见害。先是，穆夫宗人沈预与穆夫父警不协，至是告警及穆夫弟仲夫、任夫、预夫、佩夫，并遇害。[②]

沈警、沈穆夫因道教信仰而卷入孙恩暴乱，被告发而遇害。沈约（441–513），字休文，吴兴郡武康县（今浙江省湖州市德清县）人，系刘宋建威将军沈林子之孙、刘宋淮南太守沈璞之子，南朝梁的开国功臣，为官于宋、齐、梁三朝。沈约善诗文，文才出众，被誉为齐梁文坛领袖。著《晋书》《宋书》《齐纪》《高祖纪》《迩言》《谥例》《宋文章志》，并撰《四声谱》。其著作，“据陈庆元《沈约集校笺》[③]，

---

① 林家骊：《沈约籍贯故里考》，《杭州大学学报》，1997年第2期。

② （唐）李延寿撰：《南史》卷五十七，吉林人民出版社1995年版，第799页。

③ 《影印文渊阁四库全书》第265册，台湾商务印书馆1982年版，第809页。

加上残篇、补编以及余编三篇《宋书》史论，沈约单篇文章今存一百九十二篇，文体共计二十八种”。[①]沈约是南朝时期的政治家、文学家、史学家，他还是声律学家，首创“四声”之说。

关于沈约的信仰，陈寅恪在《天师道与滨海地域之关系》中认为，沈约家族及沈约本人信仰天师道而不是佛教：“沈隐侯虽归命释迦，平生著述如《均圣论》《答陶隐居难均圣论》《内典序》《佛记序》《六道相续作佛义》《形神论》《神不灭论》《难范缜神灭论》《究竟慈悲论》《千僧愿文》《舍身愿疏》即《忏悔文》等，皆阐明佛教之说。追其临终之际，仍用道家上章首过之法。然则家世信仰至深且固，不易湔除，有如是者。明乎此义，始可与言吾中国古文化史也。”[②]陈先生的观点，值得重视。对于沈约的信仰的判定，“需要全面结合沈约及其家族的宗教信仰，沈约自序、论辩文章、诗歌等作品，沈约的交游关系，沈约《宋书》中对僧尼形象的塑造等”[③]，才能论定。

第一，沈约出身道教世家，早年曾从德清新市人、南朝著名道教学者陆修静（406–477）的再传弟子，茅山兴世馆馆主孙游岳受道，永明七年（489）孙游岳去世后，他又师从孙游岳的嫡传弟子，比自己年幼十多岁的上清派宗师陶弘景（456–536）。沈约与陶弘景长期保持着亦师亦友的关系，

---

① 蔡艳丽:《沈约文研究》,广西师范大学硕士学位论文,2019年,第28页。

② 陈寅恪：《金明馆丛稿初编》，生活·读书·新知三联书店2001年版，第38页。

③ 王怀成：《沈约佛教信仰辩》，《中华文化论坛》，2015年第11期。

沈约赠答陶弘景的诗今存有 4 首，陶弘景也有为沈约作的挽诗存世。

第二，沈约内心有浓厚的隐逸情怀，但又有对功名富贵的追求。东晋以来世家大族多标榜隐身修文，以有隐士为荣，如王羲之、谢安都以隐逸不出而赢得名声。沈约存世的 13 封私人信函中，《答沈麟士书》《与约法师书》《与陶弘景书》《报刘杳书》《与徐勉书》5 封涉及其隐逸观，并集中体现在《宋书·隐逸传》的序文、史传、赞中，例如，序文将"隐"分为身隐和道隐。另一方面，沈约出身的家族早年以武力起家，凭借军功战绩赢得显赫地位，成为江东政治豪族。由于手握军权，身居显要官职，在晋宋易代和刘宋初期的政局动荡中，族人往往卷入政治纷争，难以自保，如沈庆之、沈攸之皆未得善终。元嘉末年，宋孝武帝刘骏征讨刘邵，沈约的父亲沈璞时任淮南太守，被以"奉迎太晚"的罪名杀害，时年 13 岁的沈约为保全性命而不得不逃窜躲藏，备尝艰辛，因此有了伴随终生的对政治的忧惧。一旦政坛失意，沈约的隐逸之思便勃发而出。可是，沈约始终不能如陶弘景一样完全放下对功名利禄的追逐，《梁书·沈约传》称："约历仕三代，该悉旧章，博物洽闻，当世取利。谢玄晖善为诗，任彦升工于文章，约兼而有之，然不能过也。自负才高，昧于荣利，乘时藉势，颇累清谈。及居端揆，稍弘止足，每进一官，辄殷勤请退，而终不能去，论者方之山涛。"① 所以，"沈约的隐逸之思，始终停留在对隐逸形式的追求上，它并不曾真正融入沈约的心灵世界，只能成为他追求政坛仕进与

① （唐）姚思廉：《梁书》，中华书局 1995 年版，第 242 页。

家门荣耀的人生道路上的点缀”①。

第三，沈约有关佛教的文章仅为政治性的迎合，无法说明他信仰佛教。沈约于永明五年（487）撰写了《形神论》《神不灭论》② 等为佛教辩论的文章，但这是在政治上迎合梁武帝对佛教的虔诚信仰，并非内心情感的真实流露。这里以沈约所著的《宋书》为例来说明其对佛教的态度。在该书中，沈约把一些晋、宋的僧侣以及佛教有关的事迹，有关佛教的奏章和故事都放进《宋书》的《夷蛮传》中。例如丹阳尹萧摹给宋文帝的奏章说，佛教奢侈浪费、竞相兴塔建寺，于是沙汰沙门数百人；宋孝武帝下令沙门致敬人主；被认为贬斥佛教的《白黑论》等也被放进《夷蛮传》。这样的安排没有先例，显然是有意安排，说明沈约对佛教的贬低的态度。此外，散见于《宋书》的《夷蛮传》之外各传中的沙门、尼、佛教活动的记载，僧尼有掘墓者、造反者、谋权者、贪财者、淫乱者、饮酒者、造谣者等等，沈约传达给读者这样的僧人群体形象，其实是他自己心中的僧人形象。如果沈约信仰佛教，那他笔下的佛教断然不会是这个样子。此外，沈约的一些诗作，从题目来看似乎与佛教有关，例如《和王卫军解讲诗》《憩郊园和约法师采药诗》《上巳华光殿诗》等，但其内容却无关事佛。

第四，沈约的交游行迹没有与僧人交往的任何记载。沈约所交往的文人士大夫众多，唱和之作不少，但文献中找不

---

① 徐晓元：《沈约隐逸观及其在书信中的呈现》，《集美大学学报》（哲学社会科学版），2017 年第 3 期。

② ［日］铃木虎雄著，马导源编译：《沈约年谱》，商务印书馆 1935 年版，第 22 页。

到任何他与僧人交往、唱和的记载。这能从一个侧面说明沈约不但不信仰佛教，可能还颇为反感。

第五，《梁书》沈约本传中有关沈约之死的记载，很能说明他是否信奉佛教：

> 初，高祖有憾于张稷，及稷卒，因与约言之。约曰："尚书左仆射出作边州刺史，已往之事，何足复论。"帝以为婚家相为，大怒曰："卿言如此，是忠臣邪！"乃辇归内殿。约惧，不觉高祖起，犹坐如初。及还，未至床，而凭空顿于户下，因病，梦齐和帝以剑断其舌。召巫视之，巫言如梦。乃呼道士奏赤章于天，称禅代之事，不由己出。高祖遣上省医徐奘视约疾，还具以状闻。先此，约尝侍燕，值豫州献栗，径寸半，帝奇之，问曰："栗事多少？"与约各疏所忆，少帝三事。出谓人曰："此公护前，不让即羞死。"帝以其言不逊，欲抵其罪，徐勉固谏乃止。及闻赤章事，大怒，中使谴责者数焉，约惧遂卒。①

沈约说话惹怒了梁武帝，吓得一病不起，梦见齐和帝断其舌头。醒来诏巫问询后又请道士向天官祷告，为自己禳灾除祸。梁武帝派医生探视，医生还告以沈约请道士求赤章之事，武帝再怒，沈约于是惊吓而死。梁武帝是虔诚的佛教信仰者，沈约平日曲学阿世迎合佛教的种种行为因此而起。但在受惊吓即将死亡之时，却冒险招请道士消灾，足见他信仰的是道教，不是佛教。

---

① （唐）姚思廉：《梁书》，中华书局1995年版，第242—243页。

总之，沈约对佛教不时的迁就和奉承，基本上是出于现实政治利益的权衡，并非内心真实情感的呈现。沈约信仰的是道教。

沈道思、沈文仲与同一时期的同乡沈约系同一奉道门阀世家大族。沈道思、沈文仲信仰道教，于是沈文仲才会有舍祖宅为道观的举动。陈寅恪曾以沈警“累世事道”、沈僧昭“少事天师道士”、沈约临终“呼道士奏赤章于天”为据，认为吴兴沈氏为虔诚的天师道世家。所以，后世沈氏家族中信仰道教不绝如缕，与紫极观之间存在双向影响的多方面互动关系。

（二）唐代至近代沈氏宗族与紫极观

从沈戎迁居乌程县余不乡（今德清具）到初唐的六百年间，“武康沈”繁衍不绝，兴旺发达，人才鼎盛。见诸史传者有 158 人，其中 38 人入正传，120 人入附传，另有皇后 3 人，皇妃 5 人。初唐以后，沈氏宗族继续维持了世家大族的影响力。这里仅仅阐述它与道教的关系。

叶法善（616–720），会稽栝州松阳（今浙江丽水）人。叶氏是沈氏的分支之一。他出身于曾祖以来四代习道的道士世家，曾在紫极观住过一段时间。他历经高宗、武氏、中宗、睿宗和玄宗五朝，见宠五位皇帝，被唐玄宗称为“尊师”，被世人尊为天师。他的事迹详见后文。

沈法谦，唐代道士，先居中岳，号中岳道人。后居紫极观，曾舍钱五亿铸巨钟，并修醮坛。《永乐大典》卷二千二百八十二有载。

沈七，名禹锡，字子先，人称子先道人，唐越州（今绍兴）人，擅长占卜，《周易筮述》有传。唐玄宗天宝十四年

（755），王诸拟进京参加科举考试，在越州沈七那儿占卜。得一纯乾卦，下四位动，变为观卦，结果中举。

沈居稹，北宋宣和（1119–1125）初年，重修紫极观并建叶法善天师衣冠冢。

沈括（1031–1095），字存中，钱塘（今浙江杭州，一说今德清）人，著《梦溪笔谈》，是北宋著名的科学家、政治家、军事家。他的思想受道教影响，《梦溪笔谈》多处谈及外丹、内丹等与道教相关的内容。

沈若济（1078–1163），字子舟，远祖在五代钱氏当政时为主要谋士，出生于钱塘临安。年十许出家于本府元真观，元祐庚午（1090）试经为道士，兼通诸家百氏之书，尤精于医，政和末期游茅山，建康年间修葺山中洞阳观。医术闻名于宋徽宗，诏命居于龙德宫数月，以疾辞，赐号洞元大师，封先生，赐金方符。《两浙名贤外录》和《茅山志》有载。

沈善智，南宋吴兴人，1163 年在茅山已经废置的唐朝元阳观废墟上穴居，自称洞主，遇韩蕲王夫人茅氏，为创殿宇，初名冲虚庵。庆元间，请额为元阳观。

沈复玹，杭州宗阳宫道士。宗阳宫的前身是德寿宫。宋高宗在德寿宫生活了 25 年，1268 年，原德寿宫北部改建为道观宗阳宫。元代名道杜道坚曾住持宗阳宫。后毁，1433 年重建。

沈琦，据《宗阳宫沈法师寿藏记》，字廷珍，道名复纯，别号奣阳子。杭州仁和县平安里人，曾祖为沈道诚，祖父为沈景恒，父亲为沈冕，皆隐居不仕，富甲一方。沈琦曾从清隐受灵宝大法，后住持宗阳宫，宣德年间（1426–1435）主持复建宗阳宫，人品为人称颂。弘治年间（1488–1505）沈养浩主持重修宗阳宫。

沈嵩高，嘉兴府秀水县象贤乡人。自幼喜方外道法，曾从蒋大方习五雷法，居清真观。成化年间（1465–1487）嘉兴大旱，祷雨立验，道法名著一时，明代诗人徐霖创作七言绝句《赠秀州道士沈嵩高》记之。

沈道宁，号野云，乌程归安（今湖州）人，一说德清人，幼为道士，后随四十二代天师冲虚子入龙虎山学道术。曾居嘉兴“郁秀院”，邋遢不检，颈有烂疮，人号为“沈烂头”。后居江宁府（今南京）雨花台清源观。师王古峰习练气之术而获授《丹经》十卷。精修数年，终得道要，有异能。明仁宗封其为助国佑民广大至德高士（或为志道高士）。宣德初年，卒于黄龙洞之祥应宫。《两浙名贤录》《神异典》《嘉兴府志》《江宁府志》《浙江通志》等有传。

沈一贯（1531–1615），字肩吾，号蛟门，别号大圆居士，源自吴兴，宁波府鄞县（今浙江宁波市鄞州区）人，官至首辅。他是著名诗人沈明臣的从子，长于诗作。他的思想儒道佛合一。著有《庄子通》《啄鸣集》《敬事草》《易学》《诗经注》《叙嘉靖间倭入东南事》等。

沈一炳（1708–1786），字真扬，号谷音、太虚，又号轻云子，湖州竹墩人，十七岁起遁迹于杭州武林金鼓洞，主崇道观讲席，厉洞霄宫、正气庵，叠受全真三戒（初真、中极、天仙）于戴停云律师，1766年庄亲王招入京，作《记金盖山名胜序》，传为沈东老后身。《金盖心灯》有载。

吴兴沈氏与道教关系比较典型的还有沈思。

沈思（？ –1071），字持正，其父游东林而后迁居。因隐居归安县东林镇而终老，故号东老。据说他善酿白酒。其酿制过程中采用了十八味中草药，故名“十八春酒”。酒美香洌，广受好评。他喜读书、藏书，好著述，善诗文，信仰道教，乐善好客。其子沈偕，字君与，号太清子，元丰二年（1079）进士。南宋寓居湖州的周密在《齐东野语》卷11“沈君与”条记载沈偕“既而擢第，尽买国子监书以归”事迹。“有诗才，《全宋诗》录诗二首。其诗为大文豪苏轼赏识”①。沈偕以诗见赏于苏轼后，迎合苏轼好道心理，借助当时流行的吕洞宾信仰，打动苏轼和诗，以达到父名随之不朽的目的。所谓回仙题诗，当为诗才不错的沈偕所作，其中的“黄金散尽为收书”实为沈偕自况。②周扬波也指出，沈思之子“沈偕捏造仙话，显性目的是为得到苏轼美言而使亡父生辉，隐性目的实为增强东林沈氏家族在乡里的影响力”③。回仙题诗指的是熙宁元年（1068）八月十九日，吕洞宾自称回山人，访沈东老，离去时以石榴皮题诗于东老庵壁，并相约五年后复遇，至期沈东老飞升成仙。这一传说最早源自苏轼一首组诗的题目④：

> 回先生过湖州东林沈氏，饮醉，以石榴皮书其家东老庵之壁云：“西邻已富忧不足，东老虽贫乐有余。白酒酿来因好客，黄金散尽为收书。”西蜀

---

①　（宋）周密：《齐东野语》，中华书局，1983年版，第205–206页。

②　张振谦：《吕洞宾度沈东老传说考论》，《宗教学研究》2020年第4期。

③　周扬波：《“吕洞宾过沈东老”仙话考述》，浙江大学宋学研究中心编《宋学研究集刊》第一辑，浙江大学出版社2008年版，第301–319页。

④　《全唐诗》卷858收录吕岩《熙宁元年八月十九日过湖州东林沈山用石榴皮写绝句于壁自号回山人》（一作《题沈东老壁》），中华书局1999年版，第9762页。此诗明显为附会吕洞宾之作。

和仲，闻而次其韵三首。东老，沈氏之老自谓也，湖人因以名之。①

此后，经过“郭祥正题诗、陆元光补充以及由此展衍的诗歌、诗话、笔记小说共同促成了沈东老传说的形成和流传”②。因缘际遇，这一传说被纳入全真道仙话运动中，成为吕洞宾信仰的重要内容，被后人不断改编、美化为吕洞宾度沈东老的仙话故事，被收入多种神仙传记，例如，元代道士赵道一所编《历世真仙体道通鉴》卷五一收有《沈东老传》。这一故事还被以绘画的形式来表达。《沈东老遇吕洞宾图》有多种版本。山西芮城永乐宫纯阳殿有 54 幅彩色壁画《纯阳帝君神游显化图》，是现存唯一的吕洞宾画传，也是最具感召力的道教艺术珍品之一，主要描绘有关八仙得道及度人的传说故事，其中第 12 幅“度沈东老”即描绘吕洞宾度沈东老成仙。此外，元代邹铉《寿亲养老新书》、明人高濂《遵生八笺》等养生著作，可能托名赵孟頫书于大德十一年（1307）的《东林山回仙观沈东老传》等书法作品，元阴劲《韵府群玉》、明彭大翼《山肆堂考》、清张玉书《佩文韵府》等著名类书，元无名氏《氏族大全》、明凌迪知《万姓统谱》等姓氏书籍，也纷纷记载了这一传说。在道教史上，回先生为吕洞宾之说始于此则传说。作为文学与道教相互影响的典型案例，“东老乐处”及由其塑造而成的文学典故“榴皮题壁”，彰显了乐善好施、知足自得的人生境界和精神品格，传达了

① （宋）苏轼著，孔凡礼点校：《苏轼诗集》第 2 册，中华书局 1982 年版，第 588 页。

② 张振谦：《吕洞宾度沈东老传说考论》，《宗教学研究》2020 年第 4 期。

劝善和度人的宗教核心思想。

除了诗文笔记、仙传类书籍等纸质媒介，吕洞宾度沈东老成仙故事还有另外一条传播渠道，即实物载体。这包括两个点。一是回仙观（东林山北麓琵琶岭，现为东林小学校址）。苏轼作于熙宁七年（1074）之诗和稍后郭祥正诗题中已有“东老庵”之名，指的是沈氏家庙。南宋绍兴二十二年（1152），由湖州知州王会主持，邑人乡绅刘一止、俞俟等参与，官绅合力，把东老庵改建为“回山人祠堂”，使得它具有了公共属性，从官方层面为回仙信仰树立了实物媒介。两宋之交湖州绅士刘一止撰写了《回山人祠堂碑记》[①]。端平年间，眉山道士王闻喜重建，把回山人祠堂改建为道观，供奉吕洞宾，即“回仙庵”。后著作郎潘允恭同道士杨承元增建殿堂、门庑，改名“回仙道院”。淳祐九年（1249）赐额回仙观，这意味着祠堂变成了官方认可的道观。同年，程公许（1182–？）写了《回仙观碑记》[②]，其中对回山人的解释是：“回姓盖吕字之隐，山人则仙字之拆。”“回山人”就是八仙中的吕洞宾，是道教全真派的祖师。明万历辛亥（1611），沈长卿后裔工部尚书沈敬蚧舍资偕众重建。2005年，经吴兴区政府批准，回仙观移建东林山南山坡祇园寺西侧今址。回仙观所在的东林山下原有一座回仙桥（位于东明村老市里自然村），相传吕洞宾游东林山时在一条石块上睡了一觉，留下了一个

① （宋）刘一止著，龚景璺，蔡一平点校：《刘一止集·下》，浙江古籍出版社2012年版，第586页。

② 见周学浚等人编辑的《湖州府志》卷五十，台湾成文出版社，《中国方志丛书》第54号影印同治十三年刊本；陆心源《吴兴金石记》卷十二。据南宋末年李简易《玉溪字丹经指要》内《混元仙派图》的记载，沈东老为吕洞宾弟子。

人影，此石横跨涧上，后人称为回仙桥，苏东坡亲书“回仙桥”三字，并刻在桥上。元代书法家赵孟頫也有墨迹。后人砌墙，盖瓦，装了铁栅以做保护。南宋时期，湖州东林就已经因吕沈传说的流传而成为游览胜地，并一直绵延至今。

通过上述两个传播媒介，沈东老的形象经历了一个由人到仙再到民间俗神的演化过程，这是道教造神方式的典型体现。吕洞宾度沈东老的仙话，通过建祠立碑、过客传播、名家诗文、类书、蒙文等传播媒介，广为流传，成为北宋有关吕洞宾的两个最著名的仙话之一（另一个为吕洞宾过岳阳楼）①。

吕洞宾度沈东老成仙故事的另外一个实物载体是湖州金盖山古梅花观（纯阳宫）。古梅花观起源于南宋时沈思所筑的齐假龛。他在五十岁时做了一个梦，梦中到了一个地方。《金盖心灯》记载：

> 修篁夹道，水曲山幽，折而入，古桐盈坞，仰而视，么凤百千，群相飞鸣，一若有呼“东老来，东老来，我师待汝来，向之祝”。俄而一仙自天降，修髯碧眼，俯视而告曰：“我吕某，别子久矣，曷即此止我。”旋为迅雷，惊觉起而志之，出访有年，会子春子于何山，得黄白术，乃至东林，构屋干山北，久之，始至桐凤坞（即现在梅花观址），境符昔梦，筑齐假龛而退，金盖之奉吕祖，盖自此始。②

---

① 周扬波：《“吕洞宾过沈东老”仙话考述》，浙江大学宋学研究中心编《宋学研究集刊》第一辑，浙江大学出版社 2008 年版，第 301–319 页。

② 《藏外道书》，巴蜀书社 1994 年版，第 31 册，第 302 页。

据《菰城拾遗》记载：沈东老有两别业，一在金盖山，一在东林山，自称为南北二巢。[①] 沈思构屋于金盖山北（后称南巢），酿酒为业，获得的资金用来炼丹，七十岁之后，专心在金盖山桐凤坞修习道术，炼丹成功，舍宅为观而去。沈思入山建斋，铸造吕祖像，奉信而居，这是金盖山吕洞宾信仰的开始。

继宋代沈思筑斋假龛，请吕祖铜像后，沈氏宗族与金盖山古梅花观因缘不断。明代，全真龙门派道士沈顿空至金盖山，这是龙门派道士进入金盖山的开始。明朝工部尚书沈儆炌（竹墩沈氏）捐资修建古梅花观。清代，龙门派著名道士沈一炳（竹墩沈氏）曾造访金盖山并撰《记金盖山名胜序》；沈增重建古书隐楼；沈茂庭、沈云门修建古书隐楼、祖堂和大殿的左、右楼；桐乡沈宝樾等重建纯阳宫。近代，沈永物和沈金清对恢复古梅花观（纯阳宫）做出了比较大的贡献。

宋代沈思以后，沈氏宗族对金盖山贡献比较大的人物中，沈秉成（1823–1895）是典型的例子。沈秉成（竹墩沈氏），字仲复，道派名为来鹤，儒名为秉成，自号耦园主人，浙江归安（今湖州）人。道光己酉（1849 年）顺天举人，咸丰六年（1856）进士，改编修，授云南迤南道。同治八年（1869），任江苏常镇通海道。同治十一年（1872），调苏松太道。后擢四川臬司以臬司，继升为河南按察使。深以官场为累，加之年逾不惑，膝下尚虚，遂决意告病，退居姑苏之耦园。与夫人严氏永华（入籍嗣龙门派，派名来宜，著有《纫兰室诗钞》），“日则虔诵皇经，夜则共祷北斗，不四年，迭举二子”，[②]

---

① 《藏外道书》，巴蜀书社 1994 年版，第 31 册，第 302 页。

② 王宗耀：《古梅花观志》内部资料，第 42 页。

在他看来，两个儿子在科举考试中中举是他虔心修道的果报。光绪甲申（1884）被召授顺天府尹，旋命巡抚广西，调抚安徽。在皖时，曾创办经古书院，“以课经史实学”。后升署两江总督，继回皖抚任开缺。他的职位还有侍读、国史馆协修、功臣馆纂修等。他是个性情中人，好道学佛理，疏淡名利，与政客类官僚完全不同。吴昌硕《石交集》中撰有《沈秉成传略》，说他“与人无忤，与世无竞，似得老子之道”。经师兵动后，在京与杭州夏同善奏请减赋，奉准减去三十分之八，浙江民众受惠不少。在常、镇巡道时，掩骼埋胔。他工诗文书法，精鉴赏，收藏金石鼎彝、法书名画，美富一时。著述有《蚕桑辑要》《鲽砚庐金石款识》《鲽砚斋书目》《所见书画录》《榕湖经舍藏书目录》《夏小正传笺》等。沈耦园振兴金盖，建大悲阁、玉皇阁、天宝阁、斗姆阁和佛祖殿，书“大虚直境”和“中天宝阁”匾，在同治年间重刻了闵一得的《金盖心灯》，后又促成了《道统源流》的出版，首创湖州仁济善堂，厥功甚伟。他传了十个弟子，其中潘复盛和翁复义是吴兴道门的活跃人物，堪称嗣龙门派大师。

沈耦园的两个儿子都是全真道徒，也都有儒家的功名。长子沈瑞琳，字松生，号砚传，善书画，授湖北候补道，后为三品衔刑部郎中。次子沈瑞麟（1874–1945），字砚裔，号研裔，道号云螺，派名复延，官至北洋政府外交部次长、段祺瑞政府外交总长、民国政府内务总长等。他对金盖山古梅花观也颇有贡献，在大悲阁后建了中西合璧的楼房，名为净尘庐。

金盖山古梅花观在清代至近代是名闻全国的道教宫观，也是江南地区最大的道教子孙从林，它的分坛多达 82 处，紫极观就是其中之一。它是全真龙门派清代至近代在江南的活动中心。他的发展是和沈氏宗族的悉心呵护和无私奉献分不开的。

总之，从沈文仲舍宅建紫极观后，沈氏宗族和道教的姻缘不断，生生不息。

二、蔡氏宗族与紫极观

紫极观邻近的太堡塘村历史上出现过一些历史名人。南宋以来，蔡氏家族代有名人出现。太堡塘蔡氏家族起源于蔡源，他是崇宁二年（1103）进士，仕秘书郎、焕章阁学士，尚宋徽宗长公主为驸马。源生三子，长子维孟移居苏州西洞庭山，次子继孟徙湖州乌程，三子承孟迁德清。承孟后裔明代洪武年间八世可宗，生三子，溥（字文溥）、渊（字文渊）、浩（字文浩）而分三支。蔡亦琛（？ –1654），字韫先，晚号即是庵居士。明万历四十四年进士，授工部主事，历任吏部文选司员外郎、太常寺少卿、顺天府尹、大理寺正卿、刑部右侍郎。南明弘光时被荐为东阁大学士，晋礼部尚书。入清，加太子太保、礼部尚书兼文渊阁大学士。卒后入祀乡贤祠。著有《司铨疏草》《京兆疏草》。他的儿子蔡启僔（1619–1683），字硕公，号昆旸，为康熙九年状元，获授翰林院修撰，充顺天乡试主考，仕至右春坊右赞善，著有《燕游草》《存园集》。他的孙子蔡维寅，字典三，号赓庵，为康熙十八年进士，授内阁中书，出为云南禄丰知县，官终北直隶永平知府。他的另一个孙子蔡酬，为康熙三十年进士，曾任云南省河西知县。他的另一个孙子蔡昇元（1653–1722），为蔡启僔侄，字方麓，号征元，为康熙二十一年状元，获授翰林院修撰，充日讲起居注官，迁左春坊左中允，入直南书房，历詹事府少詹事、内阁学士、都察院左都御史，拜吏部尚书，终礼部尚书，著有《使秦草》，辑有《佩文韵府》。据统计，从元朝至正六年（1341）到清朝道光二年（1822年）近500年间，德清蔡家出了十七名进士和三名状元，状元分别是康熙九年（1670）的蔡启僔，康熙二十一年（1682）的蔡升元（官至礼部尚书），乾隆二十二年（1757）的蔡以台（翰林院修撰）。[①]根据村民传说，太堡塘得名于明末清初蔡亦琛，因为他曾被授予太子太保。

蔡氏家族与紫极观的关系紧密。村民们传说，蔡家与其他家族曾捐资紫极观，在观前建有文昌殿。文昌为科举考试的保佑神，蔡家历史上多有科举成名者，此说当为可信。

除了上述两大家族代有名人外，紫极观周边也出现过其他一些历史文化名人。例如乾元镇南埭村（今金火村）出现了俞樾（1821–1907），字荫甫，号曲园，清道光三十年（1850年）进士，曾任翰林院编修、河南学政。著作凡五百余卷，称《春在堂全书》，其中主要是《群经平议》五十卷、《诸子平议》五十卷、《茶香室经说》十六卷、《古书疑义举例》七卷、《第一楼丛书》三十卷、《曲园俞楼杂纂》百卷。晚清著名文学家、教育家、书法家、经学家、古文字学家，《清史稿》有传。他是现代诗人、红学家俞平伯的曾祖父，章太炎、吴昌硕、日本井上陈政的老师。他曾主持重修家乡的普济桥并改名为四仙桥。他著有《读抱朴子》《抱朴子平议补录》《太上感应篇缵义》《右台仙馆笔记》等，由此可推测他有道教信仰。

总之，紫极观所在之地，自然资源丰富，文化发达，历

---

① 张玉良：《德清第一书香门第蔡家——馆藏蔡氏宗谱简介》，《浙江档案》2011年第5期。

史悠久，这为紫极观代有传承、绵延不绝提供了良好的自然和文化背景。

第二节　太玄紫极观历史沿革

紫极观原名太玄观，系南朝宋（420–478）沈文仲把曾担任吴兴太守的曾祖父沈道思的故宅舍出而创建。宋代谈钥纂修《嘉泰吴兴志》卷十四"沈道思"条记载："德清紫极观：梁大同七年，东宫直沈文仲表：祖宋吴兴太守道思，少好玄默，以故宅舍为观，见统记及旧编。"①梁大同七年即541年。沈道思曾为吴兴太守。沈文仲的官职，这里漏了"后"字，"东宫直后"为官职，南朝梁代置，北齐亦置，隶太子左、右卫率，为东宫侍从武官，职责是在乘舆之后担任侍卫，多为起家官。沈文仲舍祖宅为道观，说明他信仰道教非常虔诚。

沈文仲舍宅为观后，礼请郭真人任住持，初名"太玄观"，建坛三级。

唐代，中岳道士沈法谦舍钱五亿造铜钟及醮坛，在周边种植柏树19株，棕榈树3株。②关于沈法谦，庄严《道统

---

① （宋）李景和等修，谈钥纂：《嘉泰吴兴志》，浙江古籍出版社2018年版，第175页。

② 南宋嘉泰年间（1201–1204）成书的《嘉泰吴兴志》记载："紫极观在县西十里文墅山。梁大同七年建，东宫直沈文仲表云：曾祖吴兴太守道思，少好玄默，以祖父故宅舍为观，请以太玄名之，坛三级。唐中岳道士沈法谦舍钱五亿，造铜钟及醮坛，绕坛有古柏十九株，棕榈三株，治平二年改今额。"［（南宋）李景和等修，谈钥纂：《嘉泰吴兴志》卷六］

源流》卷中“沈真人”条记载：“名法护，唐时德清人，幼敏慧，为叶天师弟子，景云二年授敕采药，后仙去。”① 这里的叶天师为叶法善，文献中往往误写为叶靖。景云二年即公元 711 年。康熙《德清县志·释老》“沈法护”条记载：“少聪慧，为叶天师靖弟子。唐时执墨敕，使江南一十二州采药，赍金龙玉璧，遍醮名山大川。”② 据此，他是德清人，曾经到河南嵩山中岳观居住过，后来回家乡，居住于太玄观，是叶法善的徒弟或再传弟子③。由于叶法善在当时具有崇高的地位，沈法谦也因此在道教界有比较高的地位，曾经受朝廷之命到十二个州采药，目的可能是炼丹。又到多个名山大川投龙简，即崇奉天、地、水三官，举办醮事。由其地位可以推论，此时的太玄观应该比较兴盛。

地方志记载，叶法善曾与沈法谦在太玄观炼丹。康熙《德清县志》卷七记载：“叶靖，唐人，尝与沈法谦炼丹于县西之紫极观，未几，二师相继入海，其徒共取靖符，剑、丹炉

---

① 明人宋雷（？ −1550）所著《西吴里语》记载：“德清紫极观在县西文墅山……唐道士沈法谦舍钱造醮坛，绕坛有古柏十九株，棕榈三株。宋治平二年改今额。”（《丛书集成续编》，新文丰出版公司 1988 年版，第 228 册，第 441 页）《康熙德清县志》卷三有类似的记载：“唐中岳道士沈法谦舍钱五亿造铜钟及醮坛。”

② （清）侯元棐修，王振孙纂：《德清县志》，成文出版社 1983 年版，第 425 页。（成文出版社 1983 年版即是根据康熙十二年抄本影印）

③ 有学者指出：叶法善的弟子有数千余人，著名的有叶仲容、玄宗皇帝、金仙公主、玉真公主、尹愔、丁政观、暨齐物（一作卢齐物）等，还有寄名弟子詹玄一、丁政观，再传弟子沈法护、张探玄、田仙寮、田名德等（周伟华：《历史钩沉：唐代高道叶法善师承传道弟子考》，《嘉兴学院学报》2015 年第 5 期）。

藏于观之东山，号天师墓，晦冥时每有光怪吞吐众峰，见本观记。”①这里的“叶靖”实际上是叶法善。叶法善是浙江丽水地区松阳县卯山人，出身于道教世家，在四十余岁前往京城之前，多在浙西、南活动，到过台州天台县的天台山等地，不排除到过德清县并居住于太玄观与沈法谦一起炼丹的可能性。

北宋英宗治平二年（1065），全国佛教寺庙和道教宫观出现了赐额改名风潮，太玄观也改名为“紫极观”。“紫极”作为宫观之名最早出现于唐代。《旧唐书》记：

> （天宝元年）二月丁亥，上加尊号为开元天宝圣文神武皇帝。辛卯，亲享玄元皇帝于新庙。……（天宝）二年春正月丙辰，追尊玄元皇帝为大圣祖玄元皇帝，两京崇玄学改为崇玄馆，博士为学士。三月壬子，亲祀玄元庙以册尊号。制追尊圣祖玄元皇帝父周上御史大夫敬曰先天太上皇，母益寿氏号先天太后，仍于谯郡本乡置庙。尊咎繇为德明皇帝。改西京玄元庙为太清宫，东京为太微宫，天下诸郡为紫极宫。②

开元十七年（730）十月，朝廷再次下诏：“太上垂祥，青羊应现，礼宜崇饰，用答殊休。诸道州府紫极宫，宜委长

---

① （清）侯元棐修，王振孙纂：《德清县志》，成文出版社1983年版，第425页。

② （后晋）刘昫：《旧唐书·本纪第九·玄宗下》，中华书局2000年版，第144、145页。

吏如法修饰，仍选有科仪道士祭醮。”[①]以“紫极”命名奉安老君之祠，一方面说明老子在道教神祇中崇高的地位；另一方面彰显其作为圣祖皇帝的身份。“紫极”之名与同时在两京设立的“太清”“太微”形成相互对应的关系。这一诏令，长江流域贯彻执行得比较好，见诸文献的至少有19座紫极宫，其中浙江湖州、越州、临安各1座，共3座。这些紫极宫主要供奉老子，此外尚有三官、虚皇、司命真君和玄宗像[②]。德清紫极观当时供奉哪些神像，文献失载，不得而知。

北宋宣和（1119–1125）初年，高道沈居稹重修紫极观，并建叶法善天师衣冠冢。

宋代紫极观应该比较兴盛，引起了人们的广泛关注。一些文人游览它而创作了与它有关的诗篇。宋代诗人陈寝虚作有《自紫极观过天柱》：

道在吾身宇宙宽，朝逾云岫暮云关。
丹灵不服春风转，欲度世人那得闲。

陈寝虚是“陈君良孙，南渠人，童年得道，隐居杭吴山修炼，丹成独栖天柱，每与幽人韵士往来其间，离地三尺，悬虚而卧，因号寝虚先生。穷冬积雪饮溪涧中，略无寒色，自余灵异不可殚记”。时人赞其“列子御风，先生寝虚，风尚有托虚，独安居至人行世。匪血肉躯其中，不有外焉取余。

① （唐）杜光庭：《历代崇道记》，《道藏》第11册，文物出版社、上海书店、天津古籍出版社1988年版（下同），第7页。

② 包艳：《唐时长江流域紫极宫造像考》，《中国美术研究》，2016年第2期。

人以为幻，我以为如。纷纷谈仙，勿诳迷愚”①。从诗中可见，陈寝虚是一名内丹修炼有很高水平的高道，曾从紫极观到临安天柱山。

宋代著名文人韩元吉也有《紫极观二首》的诗：

> 小雨轻云却解晴，菰蒲冲当过船声。已无桃李占春事，浓绿满山风更清。
>
> 杨柳花飞杏子新，园林无地可留春。却寻风雨江边路，惭愧烟霞物外人。②

韩元吉（1118–1187），字无咎，号南涧，汉族，开封雍邱（今河南开封市）人，一作许昌（今属河南）人。南宋词人，著有《南涧甲乙稿》《南涧诗余》等词作，现存词 80 余首。韩元吉的词多抒发山林情趣，如《柳梢青》“云淡秋云”、《贺新郎》“病起情怀恶”等。韩元吉曾经两次到过德清县。绍兴十四年（1144）落第后，因为兄长元龙作余杭县主簿，他选择了德清县的慈相寺暂住。绍兴十九年（1149），韩元吉赴处州龙泉县任主簿。大约在绍兴二十一年（1151）的秋冬之际，他离开龙泉，返回临安候调，再次寓于德清。此时，吕祖谦（1137–1181）来访，他们首次见面。后来韩元吉的两个女儿都先后嫁给了吕祖谦（大女儿早逝），吕祖谦成了韩元吉的女婿。吕祖谦是南宋著名文学家、理学家，与朱熹（1130–1200）、张栻（1133–1180）齐名，并称“东南三贤”。

① （宋）邓牧：《洞霄图志》卷五，《影印文渊阁四库全书》第 587 册，台湾商务印书馆 1986 年版，第 442 页。

② （宋）韩元吉：《南涧甲乙稿》，《影印文渊阁四库全书》第 1165 册，台湾商务印书馆 1986 年版，第 73 页。

著有《东莱集》《历代制度详说》《东莱博议》等，并与朱熹合著《近思录》。韩元吉之子韩淲（1159–1224），字仲止，号涧泉，有文名于当世，也是当时著名的诗人，与号章泉的赵蕃（1143–1229）齐名，时人称为“上饶二泉”，平生交游甚广，与陆游（1125–1210）、朱熹、辛弃疾（1140–1207）、陈亮（1143–1194）等当代名流和爱国志士相善，多有诗词唱和。韩元吉所撰《南涧甲乙稿》70卷，已佚，今传本是清人从《永乐大典》辑录而成。有文15卷，诗赋6卷，词1卷。有《武英殿聚珍版丛书》本、《丛书集成》本。此外，《强村丛书》收有《南涧诗余》1卷。

此外，诗人张镃也创作了两首名为《闲步游紫极观》的诗：

之一

青惜高杉觅望宽，仙庐幽占路纡盘。
边花制古装门榜，老桂枝拳倚醮坛。
颜色不同轻紫绶，精神常在慕黄冠。
蜂巢蚁垤非吾乐，终买云扃种术餐。①

之二

孤榜前春冰雪清，山祠闲步意无营。
曾耽幽槩穿廊曲，犹记�冠问客生。②

张镃（1153–1211？）原字时可，因慕郭功甫，故易字功甫，号约斋。南宋文学家，先世成纪（今甘肃天水）人，

① （宋）张镃撰，吴晶、周膺点校：《南湖集》卷六，当代中国出版社2014年版，第178页。

② （宋）张镃撰，吴晶、周膺点校：《南湖集》卷八，当代中国出版社2014年版，第221页。

寓居临安（现浙江杭州），卜居南湖。他出身显赫，为宋南渡名将张俊的曾孙，刘光世的外孙。他又是宋末著名诗词家张炎的曾祖，是张氏家族由武功转向文阶过程中的重要环节。隆兴二年（1164）任大理司直。淳熙年间任直秘阁通判婺州。庆元初为司农寺主簿，后迁司农寺丞。开禧三年（1207）与人谋诛韩侂胄，又欲去宰相史弥远，机密被人泄露，于嘉定四年十二月被除名象州编管，卒于是年后。张镃能诗擅词，善画竹石古木。尝学诗于陆游。尤袤（1127–1194）、杨万里（1127–1206）、辛弃疾、姜夔（1154–1221）等名流都与之有交往。

元代晚期，紫极观出现了一位名为俞若功的高道："俞若功，字彦成，隶德清紫极观为道士，得天心正法，灵验特异，常诵《灵宝经》或宴坐终日，暮夜月明星皎，烹建茶七瓯，北望拜斗，鼓琴一二曲而退，时人服其清致。"① 庄严编纂的《道统源流》卷中有类似的记载："俞彦成律师，名若功，字彦成，元季德清紫极观道士，精天心正法，效应非常，募夜礼斗、鼓琴，人咸敬仰。""天心正法"即"五雷天心正法"，是北宋饶洞天所创建的天心派所用的道术，属于雷法的一种，是被道教所认可的以符箓驱妖伏魔的法术，宋元时期在教内外均有广泛的影响。

元顺帝末至正年间（1341–1368），紫极观因战争而被火烧毁。康熙《德青县志》卷三记载："紫极观……有唐叶静天师墓，元罹兵火，洪武初重建。"② 战争极有可能是朱

① （清）侯元棐修，王振孙纂：《康熙德清县志》卷七《人物传》，成文出版社 1983 年版，第 428 页。

② （清）侯元棐修，王振孙纂：《康熙德清县志》卷三，成文出版社 1983 年版，第 158 页。

元璋统一江南的战争，具体时间是元至正十六年（1356）：“士德知鄂勒哲分路而来，遂应接不暇，一败于皋亭，再败于谢村，三败于央城巷，贼水从德清、陆从海盐遁去。遂复杭州，达实特穆尔乃还。”① 紫极观被毁后，明朝洪武年间（1368–1398）观之道士重建。但此后似乎再次被毁。《永乐大典》卷之二千二百八十二《六模·湖〔湖州府八〕·观》记载：“德清县。《吴兴续志》旧志所载。惟紫极观、东岳行宫二处。紫极今惟存观门拜真武殿。”据此，此前紫极观内有真武殿，当供奉真武大帝神像于内。这极有可能是永乐年间响应朝廷诏令增加的。

明代被毁的紫极观再次被修复。清代初期，紫极观有道士章子林、沈嵩年。民国十二年修的《民国德清县新志》卷十中有徐秉愿所作《重修余不亭侯庙记》，其中记载：

> 县西南城山之阳，有古木数株，坚如铁石，相传龟衔窠树种于此，号为龟衔树，载郡邑志，神灵赫奕，为四境保障。国初绅士延紫极观道人章子林、沈嵩年来主香火，携有唐中岳道人沈法谦所铸铜钟，驱邪法印。尝闻故老言，印能驱虐患者，佩之即痊，遗失已久。嘉庆二年四月，有老妪手持钟印，匍伏殿庭，剪纸焚帛，敬具牲礼，向守庙者告曰：钟印在我家已四十余年矣。不知所自来，今民夫梦神命送归德清余不亭侯处。夫远出未归，故洁诚而来，

① （清）毕沅：《续资治通鉴》卷第二百一十三《元纪三十一》，团结出版社 1996 年版，第 3346 页。

> 冀神之恕宥也。一时争惊为异。庙久未修，日就圮剥，同里蔡君，郊文姚君庆占首创，与修同志者皆醵金为助，鸠工集事……予惟中岳道人流传之钟印，久已化作彩云矣。乃一旦珠还璧返，是必道人之慧业，为侯所钦重……①

城关镇古称余不。亭侯为官职。余不亭侯庙在乾元镇东余不溪清河桥边，晋代车骑将军孔愉初因战功被封为亭侯，立庙祭祀。“文化大革命”期间已毁。这里国初指清代初期。紫极观的两位道士把紫极观贵重的唐代铜钟和法印都带到了余不亭侯庙，说明此时的紫极观应该说比较衰败，道士人数很少，管控比较弱。

侯元棐等修，康熙十二年（1673）成的《康熙德清县志》记载：“章金阶，紫极观道士，康熙年间保任。”② “保任”是官制用语，即奏举。宋朝高、中级官员推荐京朝官或选人充任某种差遣，并担保其胜任，称保任。若被推荐人任职期间有违法或失职，举主亦须受罚。由此推测，紫极观在清代初期衰落后似乎再次有所复苏，出现了道士被保任的情况。但是，根据前面《重修余不亭侯庙记》，此时唐代流传下来的作为镇观之宝的钟、印并未追回，嘉庆二年（1797）民妇拟归还之地并非紫极观而是余不亭侯庙，说明此时紫极观的影响远逊于余不亭侯庙。

紫极观到了清代咸丰十一年（1861）再次被毁，光绪年

---

① 吴翯皋等修，程森纂：《德清县新志》卷十，民国十二年修，二十年铅印本，第 312–313 页。

② （清）侯元棐修，王振孙纂：《康熙德清县志》卷五，成文出版社 1983 年版，第 279 页。

间重建。“清咸丰十一年毁，光绪上二年里人姚珍三、姚文士（引者注：当为治）、高世荣、周鉴募建厅楼、厢楼。越二年，德清千总詹培材外委陈宝成创建前殿、山门，供奉吕祖像，设鸾坛，旧例邑尊，委员春秋致祭。”① 光绪年间重建的紫极观，文献中记录了一些门联。清代晚期陈斌澜② 作有紫极观大殿联：“一炁元神通玄妙，三清道德证虚无。”清代佚名作者作紫极观山门联：“水北来，东渔樵问答；山南去，证道佛因缘。”③

此外，民国时期陈藕庆作紫极观吕祖殿门联：“普照无私，衡权有德；人伦敦厚，天道纯阳。”④ 长兴人清玉作诗《过紫极观》：“紫极宫观紫气多，南朝高道得人和。养生延寿寻清福，太堡塘村昨夜过。”⑤

清朝光绪年间，全真嗣龙门派道士周复仪带着儿子周本超从湖州金盖山古梅花观到太玄紫极观，任住持。周道长通晓易经和医理，抵达紫极观后，通过走访调查，发现周边村民患病较多，因家境贫寒，求医无门，缺乏有效治疗，只能默默忍受。周道长于是主动为村民义诊，以汤药针剂调理，使得患者逐渐康复。此外，周道长慈悲济世，每逢重要节日

---

① 吴翯皋等修，程森纂：《民国德清县新志》卷三，民国十二年修，二十年铅印本，第 120 页。

② 陈斌澜，晚清德清诗人，教师，藏书家，著有《引春堂随笔》。

③ 陈景超：《抱春堂集》卷九，中华诗词出版社 2019 年版，第 372 页。

④ 陈景超：《抱春堂集》卷九，中华诗词出版社 2019 年版，第 372 页。

⑤ 陈景超：《抱春堂集》卷九，中华诗词出版社 2019 年版，第 373 页。

为村民诵经祈福，热心帮助生活困难的孤寡老人，教习附近许多俗家弟子。周道长羽化于民国初期。其子周本超继续其事业。在周氏父子的努力下，紫极观重整殿宇三进（灵官殿、吕祖殿、斗母殿）和两侧配殿香房，重塑紫微大帝、斗母、吕祖、灵官、六十甲子等神像，对紫极观具有中兴之功。大概在这期间，城关镇溪秀观（金丹派道观）成为紫极观的下院，1949 年后被收归政府，目前尚有三间房屋保存下来。

紧接周本超接管紫极观的是湫阿道，道名湫合道。1944 年 12 月，瓜山乡长徐诚美填写的《德清县瓜山乡公产调查表》中记载，第五保紫极观有“田五亩一分”，所在地为“南山堡板”，四至为“东庙山，南沈山，北路，西毛姑山”，佃受人“湫阿道”，住址为“紫极观”①。这里所填仅为田产，未包括地产、房产等。

当时从太堡塘德武桥（现为省级文物保护单位）过来有河水与紫极观连通，有长廊可以直达紫极观。紫极观还有马厩、牛厩，为骑马者和驾牛车者提供方便。据当地村民回忆，民国时期紫极观居住的道士最多时有 38 人。墙外有斋堂多间，曾提供给一些穷困者居住。烧春香期间，杭嘉湖平原地区到紫极观拜忏、参观的人多达数千人。

民国末期，紫极观曾短暂被方山乡乡公所占据。1947 年 8 月 14 日，因租用民房到期而且交通不便，方山乡长俞岂义向德清县县长请示把乡公所搬到紫极观内。8 月 15 日，县长签批同意②。但具体占用了几间房屋，报告内没有明说。

---

① 德清县档案馆藏《德清县瓜山乡公产调查表》，档案号 M287-17-287。

② 德清县档案馆藏《为呈请迁本所所址于本乡交通较便处之太堡塘紫极观俾利公务》，档案号 M287-12-171。

根据口述史的采访，湫阿道一直在观内住到新中国成立初期。所以，应该不是全部占用。占用到什么时候，缺乏文献依据，推测至少占用到1949年5月。这从一个侧面说明，此时紫极观已经比较衰微。

湫阿道住持紫极观持续至1949年后，他大概病逝于1954年年底。他过世后，紫极观的宗教活动逐渐停止。紫极观先是被茧站占用。1958年2月，茧站被水泥厂"暂时借用"，茧站设施事实上被拆除①。水泥厂一度兴旺，后因经营不善等多方面的原因逐渐停业。1985年，村民高松泉②、濮金初、潘阿顺、濮阿芳等发起，在极其艰难的情景下，在一片荒地上重建紫极观，至1988年完成，当时紫极观的情况是：殿屋为平屋十间，殿堂九间，正门通道一间。东侧三间为神殿。中间三间，供三清、吕祖、判官、土地公婆、文殊普贤、如来诸神15尊。西面三间供奉地藏、诸天、送子观音、戴侯等神8尊。东面供奉观音5尊，北面供奉吕祖1尊。佛道不分。神像大小不一，座次凌乱。正门西侧5间分别为客堂2间，财务办公1间，餐厅2间。西耳房为厕所，接戏台。门前有三足鼎。戏台位于天井西侧，面东。移塑宋代乾元救水义士——戴继元神像于此。每逢正月初九、四月十四、九月斗期和二月初十、六月二十举行观音大士圣诞法会、戴侯庙

---

① 德清县档案馆藏《德清县蚕茧收购办事厂关于太堡塘茧站改折让水泥厂使用的请示》，档案号J010-020-038。

② 高松泉（1931-2016），劳动模范。德清乾元镇幸福村人。1955年加入中国共产党。历任幸福村农业生产互助组组长、农业生产合作社主任、生产大队党支部书记。擅长栽桑养蚕。1956年领导全社实现亩产千斤桑叶百斤茧，居全国领先地位，并总结出栽桑养蚕经验，进行推广。1957年获全国农业劳动模范称号。

会活动。

2005 年制作的紫极观门牌（孔令宏摄）

2013 年 12 月，在烟霞观和紫极观信众的创议下，姚金凤、蔡水桥、高阿毛、沈根生等村民代表和烟霞观住持陈金伟一起前往金华赤松黄大仙宫，得到了当家师父罗美玉的同意和支持，请钱得学道长来紫极观任住持。2014 年 3 月 2 日，钱得学道长入驻紫极观。在姚金凤等信士们的鼎力支持下，在比较困难的情况下，努力维持。钱得学等道士还为周边村民提供了医药等方面的服务，得到了群众的广泛好评。2016 年 11 月 10 日，紫极观获颁宗教活动场所登记证，成为合法的宗教活动场所。2017 年春，紫极观理事会成立，成员有姚金凤、吴瑞轩、沈永泉、蔡水桥、高洪瑛、项丽君、高建忠、姚琴芳、郑小琴、俞锦芳、吴根连、施学明、孙幸福、沈祥生、沈桂林、王苗丰、何连乔。姚金凤带领理事会成员多方奔走，在土地方面得到了太堡塘组村民的支持（其中三亩土地为捐献），积极筹集资金，得到了高洪连、姚金凤、蒋争流、孙幸龙、蔡水桥、夏森权、高洪水、胡泓、严爱华、沈建忠等人士的捐资支持，致力于复建紫极观大殿。2017 年 8 月，紫极观简陋的正殿危房被拆除，拟新建三层大殿。2018 年 1

紫极观新建大殿（太玄紫极观提供）

月 16 日奠基，3 月 22 日开工。2018 年年底，钱得学道长离开紫极观，返回黄大仙宫任住持。请杭州玉皇山福星观的刘崇明道长接任住持。接任以来，刘崇明道长携杭州上城区国学与企业文化研究会（周信堂）多方筹措 200 多万元资金，投入紫极观建设。2019 年 5 月 28 日太玄紫极观上梁，年底竣工。大殿中间为紫微殿，东为慈航殿，西为戴侯殿。

太玄紫极观殿堂落成典礼（紫极观提供）

2019 年 7 月 26 日，德清县道教协会成立，选举陈金伟为会长，刘崇明、金成良、王振帆为副会长，沈奇全为秘书长，理事 27 名。

这一时期，紫极观的宗教活动，一年各月都有。正月初一，迎神接福；正月初五，财神圣诞；正月初六，感恩迎神；正月初九，玉皇大帝圣诞；正月十五，元宵灯会；二月初二，龙抬头，拜土地忏；二月初三，文昌圣诞；二月初十，春祭庙会。二月十九，观音诞辰。三月初三，烧天香，玄天上帝（真武大帝）诞辰，四月初四，文殊菩萨诞辰；四月十四，吕纯阳祖师诞辰。四月十八，紫微大帝诞辰；五月初三，车神法会；六月十九日，观音证道日；六月二十，戴老爷诞辰；七月十五，中元节；八月初八，月老、送子娘娘、育君娘娘诞辰法会；八月十五，石真人诞辰；九月初九，斗母娘娘诞辰；九月十九日，观音入道日；十月初二，土地诞辰；十月十八，地母诞辰，冬至法会三天；十一月初十，冬至祈福消灾安太岁法会；十二月初八，腊八节。

综上所述，紫极观从创建至 2022 年已经有 1481 年的历史，其间屡毁屡建多达十次以上，具有顽强的生命力。毁坏的原因，除战争、水灾、火灾等不可抗力之外，自然损坏是很常见的。道观多为土木建筑，通常寿命就是二百年左右。江南多雨，土木建筑多采用斜顶覆瓦，这样的结构在重力作用下，瓦片会自然下滑，此外大风一吹，也容易把瓦片吹飞，这样就会导致漏雨，所以需要每年在雨季来临前检查维修。一旦维护不及时，木椽子受潮很快就会朽坏。此外，道观供奉神灵需要香火，道士生活也需要用火，土木建筑恰恰在抗火方面比较差，用火时的安全工作稍有疏漏，就容易导致火灾，甚者就有可能烧坏整座道观。道观被毁后，通常应验了

“事在人为”的道理。住持道士如果能力强，宫观经济有一些底子，或者能得到地方官员、乡绅、富商的赞助，道观就能很快被重建、修复。如果住持能力弱，道士立即星散，则往往需要很多年后才会在后来者的努力下重建。

第三节　太玄紫极观高道叶法善

在《故金紫光禄大夫鸿胪卿越国公景龙观主赠越州都督叶尊师碑铭并序》(又称《御制叶真人碑》)中记载：叶法善，字道元，祖上为南阳人（今河南省）。由马光祖撰序的《唐鸿胪卿越国公灵虚见素真人传》中有更加清晰的描述：“真人姓叶，名法善，字道元，一字太素，本南阳人也。自叶公沈诸梁之后，属汉末桓、灵之时，避地江左。鼻祖俭寻佳山水，得会稽之南乡，隐于卯酉，家于松阳焉。”① 从沈诸梁改姓叶后，叶氏开始在江左繁衍不息。叶法善道士世家的谱系为：叶乾昱——叶道兴——叶国重(其弟叶静能)——叶慧明——叶法善②。

从叶国重这辈起，叶家道术开始逐步突破浙西南尤其是栝州一带地方道教视野的囿缚，向当时的政治宗教中心帝京扩展。叶国重的弟弟即叶法善之叔祖叶静能曾先后在高宗朝与中宗朝廷内道场充任道士，《太平广记》卷二六有云：“(法

① 《道藏》第18册，第79页。

② 吴真对此考证，与笔者考证吻合，请参见其《唐宋时期道士叶法善崇拜发展研究——内道场道士、法师、地方神祇》(香港中文大学博士论文，2006年)。

善）叔祖静能，颇有神术。高宗时，入直翰林，为国子祭酒。”①《道藏》中的《唐叶真人传》文前附有的《越国公叶真人世系之谱》将叶静能归之为叶国重的弟弟即叶法善之叔祖。但考之《唐有道先生叶国重墓碑》《叶慧明碑》二碑刻，碑文没有叶法善叔祖叶静能的丝毫讯息，这大概是与叶静能在政治上投靠韦皇后政治集团最后遭诛的命运有关。当然，叶法善和其叔祖叶静能之间应该并无多少个人的私怨仇恨，更多的只是政治立场的差异而导致不同的命运。这似乎从一个侧面反映了在中国传统社会中宗教和政治的关联，往往是政治起着绝对的主导和支配作用，宗教不得不服从于政治。

《道藏》中的《唐叶真人传》里，叶法善抱着“不遇名师，将何度世”②的信念，“岁方十三，从栝苍山入天台、四明、金华、会稽，涉江浙，北入天柱、天目、姑苏、洞庭、勾曲、衡山、霍山，南游剑水、登赤城至罗浮等处。凡名山圣地，自江汉之南无不经历。”③叶法善云游天下，可以说是尽得各家之真传：“寻诣豫章万法师，求炼丹、辟谷、导引、胎息之法，但熊经、鸟申、吐故纳新、食松、茹术，无荣于世……入蒙山，访求隐术，于是山路，遇一羽士……以仙书一卷、神剑一口相报……今汝行三五盟威正一之法。”④叶法善擅长道教诸种技法：如符箓、存神（临目而八千神）、胎息（咽胎而千二百息）、外丹（飞步火房）、内丹（潜泳水府）、医科手术（或剖腹濯肠，勿药自复，或刳睛抉膜，投符有嘉）、

① （宋）李昉：《太平广记》卷二十六《叶法善传》，中华书局1961年版，第170页。

② 《道藏》第18册，第80页。

③ 《道藏》第18册，第80页。

④ 《道藏》第18册，第80页。

解毒法（或聚合毒药，服之自若）以及祖传之厌劾鬼神之法（或征召鬼物，使之立至，呵叱群鬼，奔走众神，若陪隶也）等等。叶法善作为被官方认可的道士身份，始于显庆中年。这在《旧唐书》卷一九一《叶法善传》中有清晰的记载："显庆中，高宗闻其名，征诣京师，将加爵位，固辞不受。求为道士，因留在内道场，供待甚厚。"① 显庆是唐高宗李治的年号，从656年正月至661年二月。先天二年（713）八月，叶法善以国教道士身份前往西岳华山祭拜，"宜封华岳神为金天王。仍令景龙观道士、鸿胪卿员外制越国公叶法善，备礼告祭，主者施行。先天二年。八月二十日。"② 开元二年（714），叶法善以98岁高龄，主持了浙江会稽的投龙仪。《龙瑞宫记》曰："宫自黄帝建候神馆，宋尚书孔灵产入道，奏改怀仙馆。神龙元年再置。开元二年，敕叶天师醮。龙现，敕改龙瑞宫……"③ 这个投龙仪应当是叶法善回乡祭祖时，路过会稽而举行的。碑刻中值得注意的是，大洞三景法师叶法善于此投龙，文献不书其名而谓"叶天师"，大概是为了配合龙瑞宫的天师道语境。投龙简是指帝王在举行黄箓大斋或金箓大斋后，把写有祈请者消罪愿望的文简和玉璧、金龙、金钮用青丝捆扎起来，分成三简，名之为山简、土简、水简。山简封投于灵山之诸天洞府绝崖中，奏告天官上元；土简埋于地里以告地官中元；水简投于潭洞水府以告水官下元。天、地、水三官合称三元。投简的目的是祈求天、地、水三官保

---

① （后晋）刘昫：《旧唐书》卷一九一《叶法善传》，中华书局2000年版，第3474页。

② （宋）宋敏求编：《唐大诏令集》卷七四《封华岳神为金天王制》，商务印书馆1959年版，第418页。

③ 陈垣编：《道家金石略》，文物出版社1988年版，第145页。

佑社稷平安，人民幸福长寿。“上清玄都大洞三景法师”的道教最高教法阶令表明他具有主持国家最高仪式的权威。

叶法善的思想有多个向度，其中主要的是祖传劾鬼隶神之道术思想、孝道思想、内外丹思想、排佛思想以及养生思想。

德清太玄紫极观后东山的叶天师墓，为衣冠冢。据当地人说，该墓规模很大，可惜前几年开挖矿山时把墓所在的小山挖平了，墓亦荡然无存。

叶法善侄儿叶仲容，亦为其弟子。从曾祖到法善，从叔祖到侄儿，尽为羽士。迨至晚唐时期，叶法善家族出现了一位在道教史上有重大影响的人物，即叶藏质，字含象（一作涵象），处州松阳人，一说栝苍人。他大概生于唐大中六年（852），死于后唐同光二年（924）。叶藏质遍游名山，汲取众长，博采众术，曾在天台桐柏观修道，师事冯惟良，受三洞经箓，是上清天台派的主要传人。叶藏质在天台期间，交游甚广，会昌中，与刘处静、应夷节为林泉友，称为叶道士或叶尊师，深受时人敬重。贯休、王贞白、方干、皮日休、陆龟蒙、徐铉等诗人都与叶藏质往来唱和，他们的许多作品一直保存到现在。宋代末年，叶法善后裔中又出现了一位见之于史料记载的道士，即叶云莱，名希真，号云莱子，1251年生于福建建宁，黄舜申弟子，得清微道法之妙，入武当山。1286年获授都提点，住持武当山。叶氏一门，堪称道教世家，在中国道教史上除了龙虎山张天师世家之外，是罕见的。

明代周思得（1359–1451）所编《灵宝济度大成金书》卷三《朝真诣帝门》对东汉至宋元道教科仪诸宗师，有一总结性的阐述云：“唐叶靖天师行飞神御气之道，神虎追摄之法，杜光庭天师立黄箓斋醮之仪，二师兼行，此道愈大。”① 宋代以来的道书多将叶法善误写成“叶靖”或者“叶靖能”天师，“叶靖”、叶法善甚而叶藏质的材料常有互相窜入的情况。周思得此处所指的“叶靖天师”应为叶法善。如果这里的叶靖确指叶法善的话，那么在周思得看来，叶法善和杜光庭实际上分别代表着唐代道教的两个传统，叶法善及其道教世家代表道教劾鬼隶神的法术传统，杜光庭则因其对道教科仪的总结性整理代表着道教的科仪传统。由此可见，叶法善在道教史的崇高地位。

第四节　老道士和其他知情者的口述史

太玄紫极观历史文献不多，为了充分挖掘它的信息，我们采用了口述史的研究方法，采访了多位知情者，其中有周边村民、道教信仰者、道士、地方文化工作者等，例如丁永规、陈大慧、姚永仪（姚财庆）、潘永俊。他们中年龄最大的已经九十多岁，最小的也超过四十岁，所提供的信息多为民国时期和新中国成立初期的。兹择要记录如下。其中所述信息，多已根据相关类别融入本书其他章节的阐述中。

一、丁永规的口述史

采访时间：2020 年 4 月 28 日上午 10 点 30 分开始
采访对象：丁永规（丁细毛）
采访人：孔令宏、费超宇、姚金凤

---

① 《藏外道书》第 16 册，巴蜀书社 1992 年版，第 110 页。

孔：你叫什么名字？

丁：我小名叫丁细毛。在祖师坛上的名字叫丁永规。

孔：那你的道名叫什么？

丁：道名叫丁永规。

孔：你的出生年月是？

费：就是问你哪一年生出来的？是几月份？

丁：我今年 93 岁了，1927 年农历十一月三十日出生的。

孔：你几岁当道士的？

费：就是问你几岁的时候去紫极观当道士的？

丁：大概 16 岁。

孔：你为什么去当道士呢？是你父亲是道士，还是其他什么原因？

丁：不是我做道士。那时候紫极观有一个道士，大家阿道、阿道地叫他的小名。

姚：就是叫洑合道，记载上有的。叫他阿道师傅。

丁：阿道师傅，这个人是墅元头人。做道士的要送符，端午日这天，专门来我家送符。来吃过一次饭。

姚：按当地习俗，在端午这天要张贴道教符箓，祈求平安。

丁：我妈蛮相信这个的。……阿道到我们这里来拜了个师父，就是高地山太素宫的谢法师。太素宫在很高的山上，没什么人去的。我妈叫我送他去，那个时候交通不便，我和姚银毛两个人划了小船送他去。

费：你原来读过书的吗？小学读了吗？

丁：我们那时候不一样，叫作私塾。

费：那你读过私塾是吗？

丁：嗯。

孔：丁师傅，你跟了这个阿道师傅之后他教了你一些什么东西？学了些什么东西？

丁：没有学什么东西。他就领着我去了杨坟村亭子头，那里有升玄观、通玄观、太素宫三个道观。就是现在的三合乡了。这个山上我去住了三天。那里热闹得很。升玄观在山下有一百多亩地，庙里也有三十亩田地，客房很多。阿道拜的这个师父一顿能吃三合米饭（大概就是普通人的三倍饭量），不怎么睡觉，经常在床上打坐练功，常年不管寒暑就穿一件单衣，真的跟仙人一样。

姚：你拜了阿道为师之后，拜过忏吗？

丁：拜过的。

姚：阿道师傅是怎么教你拜忏的？

丁：阿道师傅这个人总管着紫极观里的事情。拜忏时，就让我看着学。（之后的几句话听得不是很明白，似乎讲了在拜忏的时候，每个人有不同的分工，忏来自乩坛坛主陆真人降笔。）

丁：当时村里会拜忏的大概有六七十个。我们那个时候有三代，最上面是合字辈，下面是教字辈，我这代是永字辈。

孔：这么多人都是道士吗？

费：当时这个道观里有几个道士？

丁：不是，我们不是做出家道士，是龙门派居家道士，拜忏的时候去，不拜忏就不去。道士是出家的，我们其他人是不出家的。

孔：那你当时跟了这个师父之后，有没有给你传戒？

丁：就取了永规这个名字。

孔：那当时跟你一起传戒的有多少人？有没有一个名单叫登真箓？有没有这个东西？

姚：有的，这个档案里都有的。我们这里原来有四十多个，大多数都过世了，目前只剩下三个了（居家道士）。

孔：那么度牒这个东西有没有，就是类似毕业了给你们发一个证书。

丁：他们那个地方没有发证的，（前几年）到湖州才发了个证给我，即《龙门派单》，上面记载了师承法派。

孔：那么传戒是什么时候的事情？

丁：十五六岁的时候吧。

孔：传戒在初真戒之后还有中级戒。那么你传戒是一次还是三次？就像小学毕业之后还有中学。

姚：就是收你为徒之后，有没有给你升级，升一级升两级？

丁：没有，后来就新中国成立了。

费：新中国成立之后这个道观就没了吗？

丁：是的。

费：阿道这个人怎么样？

丁：阿道这个人已经得道了。就跟仙人一样，什么都知道。

费：那你办忏，这个忏有哪几种啊？

丁：大道忏最多，要拜七天。宥罪忏要拜三天，青华忏拜一天。

费：那这个最久的忏拜什么神呢？

丁：玉皇大帝，所以又叫它玉皇忏。

费：那三天的是拜什么？

丁：三天的叫宥罪忏。拜的是三清，道教里面三清最重要。这个三天三夜宥罪忏也要拜玉皇。

费：那一天的拜什么？

丁：一天的叫青华忏。道教里面就是上清、玉清、太清。

此外还有文殊菩萨加文昌，这两个就是保佑小孩读书的。

费：那什么情况什么日子会拜玉皇忏？这个七天的什么时候要拜？

丁：七天的这个不看日子的。我就拜过一次。整个德清的祖师坛发通知，要集中起来去县城里的紫阳观拜。

费：那你还记得这是什么时候的事吗？新中国成立前还是新中国成立后？

丁：新中国成立前。新中国成立后就不办忏了。大概是1946年前后。

费：那当时为什么要集中起来办玉皇忏？

丁：当时已经知道了，共产党要灭亡国民党了。当时也就办了这一个忏，后来就没有了。

费：当时有多少人参加这个活动？

丁：大概两百人。

费：那当时有没有人在负责或者说主持这个活动？

丁：就是德清县城紫阳观的梵云坛。

费：那办在哪里？

丁：德清县城的紫阳观。

费：那你知道新中国成立前国民党有没有建立道教会？

丁：当时有十个祖师坛。

费：哪个祖师坛是总部？

丁：梵云坛。

孔：那有没有一个跟政府联系比较紧密的道教组织？

姚：那好像没有（丁接着讲了几个关于阿道上知天文下知地理的例子，说阿道对于未来有过预言。例如阿道说以后道路要收费，现在果真收费了）。

费：那阿道在新中国成立后不久就死了吗？

丁：差不多。

费：那办宥罪忏和青华忏有什么目的吗？

丁：就是保平安，消灾。

费：放焰口又是什么？

丁：抗日战争的时候死了好多人，放“祭炼”就是超度那些亡魂。

孔：阿道师傅除了教你拜忏之外还有教过你什么其他的吗？比如炼丹。

费：阿道师傅有没有教你怎样打坐？

丁：阿道师傅不打坐的。

孔：那你说一下你到紫极观的时候，紫极观是什么样子，有几间房子，每个房子供奉什么神？

费：你去紫极观的时候有几间房子？

丁：有几十间房子。

孔：几十个房子分几进？你能不能画个草图？

丁：那时候光拜忏的房间就有 6 间。

孔：当时有几个殿？比如文昌殿、三清殿、玉皇殿什么的？每个殿里面供奉什么神？

费：除了供奉玉皇大帝，还供奉什么神？

丁：另外还有吕祖、丘祖、斗姆再加上文昌、文殊。

孔：阿道师傅哪一年死的？

丁：1953 年左右吧。

费：那阿道师傅死后，谁在主持管理紫极观？

丁：新中国成立后就变天了，国家拿走了。

费：那之后就没有道士住里面了？

丁：没有了。

姚：你说一下，那时候附近方圆几百里的人都要到我们紫极观来求药看病。

丁：那时候就扶乩开出药方来。

孔：当时谁来扶乩？谁是乩手？

姚：他（当时在座的俞锦芳）的父亲（俞凯）。

孔：你什么时候不去紫极观了？

丁：1949 年，新中国成立后就不去了。

孔：当时住在紫极观里的道士有几位？

（此处丁没有回答。）

孔:新中国成立之前,紫极观是不是德清县最大的道观?

丁：新中国成立之前，紫极观的房子最多。德清许多的祖师坛当中，紫极观的绿云坛名声最响。

孔：你这里办忏用的书、扶乩之后的药方、神像画之类的是否还有留存？

丁：一点都没有了，“文化大革命”时候都被抄走了。

孔：“文化大革命”之后，你再也没做过道士，没办过忏了吗？

丁：没有。

孔：新中国成立之后，紫极观是什么时候被拆掉的？

丁：大跃进的时候。

姚：1958 年，后来就办水泥厂了。

注：关于烧天香（主要根据姚金凤转述几位老道士的话整理）：一年烧两次天香，一次在三月初，一次在九月初。目的主要是祈福，祈求风调雨顺。过去烧一次天香要三天，现在简化为一天。在室外空旷的场合，搭一个祭拜紫微大帝的台子。因为当地有养蚕的习俗，还会摆放养蚕时要用到的大的竹篾。人跪在凳子上，面前摆三张叠起来的桌子，上面摆放贡品。点燃两只硕大的长香。

二、陈大慧的口述史

第一次：
采访时间：4 月 29 日上午 9 点 20 开始
采访地点：德清烟霞观
采访对象：陈金伟（陈大慧道士）、金道长
采访人：孔令宏、费超宇

孔：王常月在升玄观搞传戒，具体的时间、地点有没有？哪一年？几月份？

金：这个还真没有，我也在找资料。就光《玉皇山志》上面简单地说了一下。王常月祖师在升玄观讲过戒经。

孔：《玉皇山志》？

金：《玉皇山志》。杭州玉皇山，只有在这上面找到了一点资料，其他资料还没发现。

孔：《计筹山志》上也有。

金：有吗？

孔：也提到了，但是具体的时间，哪一年，哪一月没有。

金：那是没有的。

孔：但是上面提到计筹山的一个道士，叫沈和。但是沈和的生卒年月没有，只讲康熙年间到了计筹山。但具体是康熙哪一年，就没讲了。

金：因为这对于升玄观的历史很重要，特别是王常月祖师。因为他是清朝龙门派的中兴之主。传戒的公开化也是他提倡的。我们升玄观以后要打造成十方丛林的。

孔：史料上记载还有一个叫周之成的人，也是跟王常月在松尘山受戒。松尘山在哪里搞不清楚。这附近有松尘山吗？

陈：没有。

孔：所以，松尘山到底是一座山呢？还是某个人的一栋房子，他自己取个号？这个弄不清楚。

陈：他是哪里查出来的？

孔：在《金盖山古梅花观志》里。

陈：松尘山？应该在湖州。

金：应该在湖州，跟古梅花观有关系？

陈：有，附近。

孔：史料上记载他确实到过梅花观，这个年月是清楚的。跟计筹山的关系就不清楚。

陈：我们发现的也很少。《计筹山志》你有的？

孔：我找到了。

陈：《计筹山志》写了一笔，这个常月祖师到过的。具体的年月我们也查不到。

孔：它讲的是沈和一这个道士接待的。但是没有记载沈和一的生卒年月。它说康熙年间到计筹山。

陈：沈和一，就是沈月光。江苏人。

孔：是的。但是没有生卒年月。哪一年接待王常月的也没讲。

陈：（边翻书边说）没有。不，这是碧落观，沈羲真人。没有。

孔：云巢祖庭的德清分坛有这么多吗？有十四个？这个资料来源是哪里？

金：沈合祖师应该是武康人吧？

孔：有没有具体地址？有没有他的后人，家谱里面能不能找出来？

金：这边应该没有什么家谱。

陈：家谱的话，只有《计筹山志》。

孔：（指着书问）这是什么？

陈：这是我师父的早晚功课，师父也住观的。老本子还在的。跟全真不同。

孔：你知不知道紫极观有没有搬迁过？

陈：原址，一直是原址。

孔：但是原址的话，历史记载是沈道思舍宅为观。沈道思的老家根据我们考证，不在太堡塘文墅山。

陈：我们小时候还去过的，就是那个地方。当时我只有14岁，我今年50岁嘛。

孔：我们做过一些基本的考证，应该是今天的德清武康镇西南，也就是筏头乡东沈村。

陈：对，还在。这是后来迁过去的。现在叫太公堂。就是沈约的故里。桃花林，现在已经重建了。现在当地人叫太公堂。为什么迁到那里去呢？他的故宅，沈家门的故宅，应该在现在的龙山。后来因为兵荒马乱逃进去的。沈道思的房子好像也是迁过去的，迁到紫极观的。估计不是正宗的祖宅。

孔：恩，不是正宗的？

陈：不是正宗的。正宗故宅，姓沈呀。沈氏的话应该在龙山乡。

孔：那么龙山乡是在什么地方呢？

陈：龙山乡，我们现在称为阜溪街道。

孔：那么他舍宅为观。我的猜测，根据一些材料，一开始应该是佛教的寺庙而不是道教的道观。

陈：历史上没有记载佛教的。

孔：有吧。为什么我这样猜呢？沈约是被梁武帝吓死的。因为梁武帝爱好佛教，虔诚地信仰佛教。他本来是信仰道教的，因为梁武帝信仰佛教，对他发了脾气，所以就吓死了。

在这种情况下，他还去舍宅为道观，可能性不大。一开始应该是佛教的，可能到了唐代，才改成了道教的道观。

陈：这一笔《德清县志》上没有。《德清县志》上只见舍宅为观。因为中岳庙当时有个郭真人。

孔：中岳庙是到了唐代才有的。

陈：到唐代，他过来的。

孔：为什么这么说呢？这里有正道寺。说在县治西二百步，南齐沈门故宅。那么正道寺是不是他最初舍宅为观修建的寺庙呢？正道寺，听这个名字就应该是一个佛教寺庙。

陈：是，正道寺小时候我们也看到过。

孔：那么他跟紫极观是一回事吗？

陈：不不不，两回事。很远的，正道寺是武康县，紫极观是德清县，历史上就德清县，是两回事。

孔：关于唐代道士沈法谦舍钱建造醮坛，除了明代宋雷《西吴里语》里面提到之外，其他还有什么资料有关沈法谦的？

陈：没有了，只有这一条。

孔：庄严的《道统源流》里面也有提到，但是讲得很简单。

孔：沈法谦是叶法善的徒弟。说他舍钱五亿铸铜钟，造醮坛。他为什么会有这么多钱？

陈：事情是这样的。沈法谦是嵩山过来的，他以前是拜过师父的。钦慕叶法善道法高超，重新拜师。

孔：重新拜师，拜了第二个师父是谁？

陈：叶法善。

孔：那第一个师父是谁？

陈：第一个不知道，只知道是中岳庙过来的。拜先生，自己的师父去世了，后来拜先生。

孔：那沈法谦也是德清人吗？

陈：不是。

孔：那就奇怪了。《道统源流》里面记载说他是德清人，幼慧敏，为叶天师弟子。但这个《道统源流》是清代编的，也不一定对。

陈：那比较对的。哦，沈法谦应该是这边的人，因为姓沈的嘛。但是郭真人肯定是嵩山过来的，唐代的时候。

孔：唐代还有一个郭真人？郭什么啊？

陈：不知道，只有郭真人。郭真人没有记载。这里，你看，唐中岳庙道士沈法谦。

孔：中岳，没有庙字。中岳是一座山，中岳庙那就是一座庙。

陈：对，唐朝中岳道士沈法谦，这么记载。中岳代表河南登封的中岳庙。

孔：对，嵩山。

陈：中岳代表嵩山？也可以理解为嵩山道士。

孔：然后还有一个叫叶靖，应该是跟沈法谦一起在紫极观炼丹的道士。

陈：叫什么？

孔：叶靖，康熙《德清县志》里面有记载。

陈：叶靖就是叶法善。

孔：就是叶法善？

陈：对！叶靖天师就是叶法善。

孔：北宋初年沈居稹重修紫极观，有关沈居稹的东西？

陈：没有，只记载了一条。

孔：这句话是从哪里来的？

陈：这句话《德清县志》上有的，县志上应该有的。

（此处翻阅材料无果。继续提问）

孔：沈季友编的《槜李诗系》提到嘉兴平湖人周之臣受王常月戒于松尘山。康熙丁未，这个很明确，1667年。那么《计筹山志》提及的受戒也应该是在1667年前后。关键是要确定具体时间。

陈：嘉兴平湖人？

孔：对。

陈：松尘山没听说过。

孔：张金衔说是紫极观道士。康熙年间人，有没有他的材料？这也是康熙《德清县志》记载的。

陈：张金衔没听说过。

孔：绿云坛是什么时候开始的？周复仪与周本超父子俩人的材料有没有？

陈：只有《金盖山志》上面查到了一条。

孔：我也是从那里查过来的，问题是他的生卒年代。

陈：没有。

孔：他们哪里人？

陈：应该是当地人。

孔：应该是归安人，归安在哪里？

陈：吴兴区的归安县。西县叫归安县，东县叫吴兴县。

孔：那怪了。既然他是归安人，为什么回来德清建绿云坛呢？

陈：归安跟我们武康、德清很近的。现在叫归安的还有南路那一片，莫干山背面我们现在还在叫归安。老一辈还是这个说法。

孔：想办法看能不能再查到这父子俩，因为他们对于建立绿云坛起了很大作用。

陈：归安姓周的查不到。

孔：民国《德清县志》里面记载章子林、沈嵩年是紫极观道士，这两个人还有没有其他材料？

陈：没有。

孔：余不亭侯庙在哪里？

陈：在乾元老街上，现在没有了。余不亭侯庙，余不亭是孔侯。戴老爷是其中供的一个神。

孔：这个庙什么时候毁掉的？

陈：“文革”、大跃进的时候。

孔：新中国成立前住在紫极观的洑合道，你了解吗？叫阿道的。

陈：阿道，知道的。他是拜计筹山西面高池山上太素宫的道士为师。师父叫谢法师。姓谢，当地人知道，他打坐睡觉都在石板上的，冬天也是。

孔：那应该是一个有功夫的人。

陈：洑合道，只知道阿道阿道地叫。但是华山派的字辈我们查不到。

孔：他是华山派的？

陈：华山派的。太素宫华山派的居多。

孔：阿道本人是华山派还是他师父是华山派的？

陈：那不知道，只知道太素宫是华山派的。

孔：这个宫观现在还有吗？

陈：现在在恢复。

孔：历史记载有吗？

陈：有，《武康县志》有。

此处陈道长找出了县志上面的记载：“太素宫：在县南

二十里高池山，旧名圣堂。明季毁，国朝雍正九年，道士贝长吉重建。”①

孔：阿道拜的这个太素宫的谢法师的师父是谁？

陈：那就不知道了。这个谢法师应该在清末。清末民国的时候他在那里做住持的。华山派的道士清朝初年就开始了。

孔：那阿道的生卒年知道吗？

陈：不知道了。知道他在当地领养了一个女儿。新中国成立后，道观被废之后，他就成了五保户。年纪大了，也没有成家立业，就领养了一个女儿。我听说是这样的。

孔：他的女儿现在还在吗？

陈：当地问一下应该就知道。

陈：阿道包括他的师父是龙门派的还是华山派的，我们还存疑。

孔：你刚才说他师父是华山派的，那他本人呢？如果他师父是华山派，那他也应该是华山派。

陈：嗯嗯。

孔：但是根据我们昨天问的情况，阿道似乎并没有内丹修炼的功夫。他师父按你的说法应该是有的。

陈：（师父）有的。阿道拜的师父在高池山，当地都知道的。紫极观几个老道士跟我讲过的。他们等于说是俗家弟子。每一年，阿道带着他们几个，划船划到杨坟，上岸到高池山太素宫，要住几天。从东苕溪划船到高池山码头，再上山。

孔：水路当时是通的吗？

陈：通的，现在也通。

---

① 欧阳习庸点注：《道光武康县志》，三秦出版社2003年版，第266页。

孔：离得不远？

陈：近的，一南一北差个十几公里。阿道带着他们几个经常去玩的。去谢法师那里住个几天。然后就知道这个师父是睡在石板上。

费：阿道本人是不打坐的？

陈：不打坐的。按我的估计他对《易经》、风水、《推背图》应该有所研究。

孔：对，昨天采访中提到过几个有关他的预言的故事。

费：风水好像不看的。

陈：风水不看的。对推背、易经、国家形势什么的有点知道的。估计是谢法师传了他一点东西。后来时代动荡之后，也就不教了。

孔：新中国成立前真正住在紫极观里面的就湫合道一个人？

陈：是的，他一个道士住在那里。湫合道是正宗的住观道士，不管他修为怎么样，但还是住观的、出家的、蓄发的。绿云坛实际上是一个居士林团体。当时紫极观属于全真教龙门派云巢支派七十二分坛的绿云坛。当地的道教体系由清客道士和居士林组成。清客道士就是指常年住在道观中，出家了的，接受过传戒的道士，居士林指那些信仰道教，只在拜忏等活动需要时去道观内参与活动，并未接受传戒。这和古梅花观一致。

陈：德清的分坛基本上为地方上有权势的乡绅地主所掌握，穷人难以接近。当地称有钱有势，社会地位较高的人为长衫班，地位低下的穷苦人为白衣人。坛主基本上由当地的保长担任。

陈：梅花观就是湖州府的商会。每一年三县二区全部都要叫去梅花观。讲是叫梅花观，其实是总商会要召开会议，有些活动什么的，号召大家捐款。有商机什么的，就互相分享。其实就是商会，云巢实际上就是湖州府总商会所在地。它有两派，一派是商会道士，一派是住观道士。住观道士是没有权力的，全部都是由商会道士来掌握的，靠商会道士来养的。湖州古梅花观最后一任监院叫汪明荃，道号合芹，是住观的。最后一任当家的商会道士叫高古声，他死后也葬在古梅花观附近。

孔：在德清除了这十四个分坛，还有别的？

陈：应该还有，在东部，我就查不到了。

孔：总坛是在乡井坛，那么它和各个分坛是什么关系？

陈：关系的话，道士的培训、斋醮科仪的培训、念经、办忏什么的都要去那里（乡井坛）学的。乡井坛一年有几次活动，全县都要去的。每两年或者每三年，有条件的话每一年，一定要组合几个宫观到梅花观去，到湖州去的。重阳节一定要去的，或者做大法事的时候。这么多的分坛凑合起来，都要去做义工或者念经的，念 5 天或者是 7 天、9 天。他们云巢的会来通知的，金盖山的会派人来通知的。派人通知的话，很有礼数的。他们行船而来，请当地分坛的道士过去。请人的时候会带上帖子，实际上就是商会的帖子。去了之后就是念经，或者是念经比赛。结束之后，会分点糖果、糕点、茶叶就好了，没钱的，没有报酬的。

陈：德清的云巢道士能够被选中去参加活动就是最大的荣幸了。

陈：云巢道士全部没有了，只有当时的几个小道士。小道士现在也八九十岁了，不知道了。还有紫极观的三个老先生，不知道了。

孔：紫极观的那三个人，我们去采访了，没什么收获。

陈：只取了个道号，里面的科仪祭神等方面都不知道。

费:昨天丁细毛提到过,他在1945年或者1946年的时候，抗日战争结束之后，唯一也是最后一次做了玉皇忏。他说要做七天七夜。当时德清所有的分坛都去到了紫阳观。那么总坛是乡井坛，为什么去了梵云坛？是因为距离的关系吗？

陈：不是，是承办单位。紫阳观有这个实力，所以它承办这个活动。当时乡井坛没有这个实力。紫阳观在城关街上，那时候搭舞台，唱四大相声，联合起来做就能挣钱。

费：当时城关镇或者说德清县还是在国民党统治之下？

陈：对。

费：所以办玉皇忏的目的是祈求上天保佑国民党可以战胜共产党。这和新中国成立后所有分坛被取缔，这之间有什么联系吗？

陈：没有，没有。梅花观来德清开创分坛，讲清修，讲清静无为，这是倡导和平盛世的。但是在德清乃至浙北地区有一贯道流窜进来了。一贯道和同善社窜进来了。它们是反动的。但是当时没有分得这么清。龙门道坛、一贯道、同善社是不同的……

孔：在国民党时候他们都是合法的，新中国成立后镇压反动会道门，才把他们取缔了。大概是1953年的时候。

孔：昨天他们讲到，在紫极观有几个共产党的地下工作者，有一个叫齐道士，这个情况，你了解吗？

陈：姓齐的呀？

孔：对的，齐道士在紫极观住了比较长的时间。在那边教书，传播进步思想。那么他应该是党的地下工作者，你们德清县的党史里面有没有讲到？

陈：我这里没有党史。

孔：这（《抱春堂文集》）里面记载的阿道道士的生卒年月好像不太准确。这个结论的根据是哪里来的？

陈：是根据当地老人回忆的。

费：我们昨天采访了4个人，口径较为一致地都说阿道是在新中国成立后没多久就去世了，大概是1952年、1953年的样子。

孔：这里说他是居家道士。他不是出家的吗？

陈：这不对的，他是住观的。

孔：既然阿道的师父是华山派，他又是龙门派，这很奇怪。

陈：这个情况是有的。

孔：那意思是他有多个师父？

陈：师父只有一个，先生可以多拜几个。我估计他是华山派的正宗，龙门派是称先生的。

孔：那么他龙门派的先生是谁呢？

陈：龙门的先生应该是当地的。先生是自己认的。

孔：现在说五代弟子有三十多个人，那有没有一个名单？

陈：名单要问那些老先生，回忆几个行的，全部回忆出来是不行的。

孔：五十年代取缔德清的这些道坛，有没有一个文件，到底是哪一年取缔的，有没有一个准确的说法？

陈：准确的说法应该这本书上有（《抱春堂文集》），那时候包括一贯道、同善社、道教的坛口都一下子全部取缔。

孔：那国民党时期，德清有没有建道教会？

陈：1936年，这本书（《抱春堂文集》）上有的。

孔：那道教会的名单你有没有？

陈：有一部分。

费：上面写到 1947 年有一个道教会筹备会。

孔：档案馆里是不是有民国道教会的材料？

陈：应该是从档案馆拿的材料。

陈：现在已经讲完了龙门派、华山派、云巢派，其他的教派还要不要？

孔：要。

孔：金盖山古梅花观那些书，不一定是从那边传过来的。绿云坛等坛口当时所用的那些书，现在有没有保存下来的？

陈：抄本有的。等过几天我搜集好，6 号给你带过去。

陈：德清正宗的龙门派从升玄观讲起，从王常月祖师开始。王常月在这里传戒，然后就规范起来了。升玄观是德清县龙门派的一个基地，从王常月开始就规范起来了，出家道士就立规立字了，规矩全部立起来了。升玄观是丛林。

孔：升玄观当时是十方丛林？

陈：是的，当初常月祖师来升玄观，升玄观的当家名字不知道。

孔：应该是那个沈合，沈一光。

陈：他一脉相承，一直传到民国初期，玉皇山李理山接手升玄观。他派了个徒弟，叫黄宗庆来主持升玄观。当地人都知道的，玉皇山道士来接管的。

陈：到新中国成立初期还有十余位大小出家道士在升玄观里住着。这就是全真龙门派的情况了。

陈：正一派讲近代史还是古代史？

孔：从晚清开始讲起好了。

陈：那从我师父开始讲起吧。我们这边是正一天师派和上清茅山派，两派。

陈：我的师爷，朱宏定，道号叫清定。他有武功的，生卒年不知道，大概是清末的时候出生的。师爷是住观的。我的师父，郑鼎春，道号是琴春。我师父、师爷的道观在莫干山镇北湖村筏头朱藤庙，供奉朱藤万户侯，雷部诸天君。

陈：茅山派就是元朝的时候杜道坚，现在已经断掉了。

孔：民国道教会你了解一些情况吗？

陈：初步了解，德清县成立道教会，武康县没有。武康县没有成立道教会，要求参加德清道教会。德清县同意了，但是要求排在一百五十号以后，给号头。

孔：德清当时按照这个道士证的编号，至少是一百五十号了。那当时的会长是什么人？

陈：应该是正一和云巢派的道士来担任的。

孔：那当时会长住在哪一个观？

陈：紫阳观。后来动荡年代迁到碧云观去了。迁到敢山（今干山镇），钟管去了。

孔：在民国时期，紫极观在这些道观里面算大的还是算小的？

陈：就是很一般的。

孔：当时紫极观参加道教会的人是谁？你有没有见过这个名单？

陈：没有，我是从陈景超老先生那里听说的。（出示手机照片）这个证章是雷甸庞老道士保存的，他的儿子庞辰升掌握的。他也七十多岁了。

孔：那道士证应该还保存着。

陈：道士证没有了，只有一个铜章还保存着，是个见证。他是德清正一派的。

孔：当时德清龙门派的道士有没有受过戒？

陈：没有，都没有受过戒。

孔：就是取一个道名而已。

陈：关于道教会，按我推算，正式的出家道士不多。因为丛林的话是升玄观，它是走玉皇山的道路的。

孔：那是不是说民国的道教会是以正一派道士为主的呢？

陈：正一道士和云巢道士为主。

孔：德清道教协会在 1949 年之后是什么时候成立的？

陈：去年（2019）成立的。

孔：去年以前有没有，例如 50 年代以后有没有恢复？

陈：没有恢复。后来一直停了。

孔：紫极观那边有个戴老爷？

陈：戴老爷是北宋年间的，叫戴继元，应该是义士，救了好几个孩子。他本来是米行的伙计。农历六月二十在德清街上长桥头发了大水，他因救人牺牲了。后来历代朝廷就给他封号。

孔：现在有专门的寺庙吗？

陈：有，叫戴公祠。民间信仰场所，在乾元镇溪东街。戴老爷的神像在德清到处都有，武康地区不供奉的。每个小庙里面边上都配一个戴老爷。但一般都供三位，戴公、柳公还有叶公。

费：柳公是什么人？

陈：《德清县志》上找得到，应该是唐代的县令。还有一个叶公，余不亭侯庙就是供叶公的，也是明朝的一个县令。老百姓讲红老爷白老爷，实际上是柳老爷叶老爷。但是正式称呼是叫叶县令和柳县令。

孔：余不亭侯庙现在还有没有保存？

陈：没了，但是有一条余不弄还在。

陈：还有一句话，“戴老爷日管萧山，夜管德清”。来历就不知道了，是个俗语。

三、部分村民的口述史

采访时间：2020年5月6日上午10点至11点；下午1点至3点

采访地点：上午在德清县紫极观；下午在洑合道老家墅元头沈永泉家。

采访对象：上午参加者为潘水凤、潘小毛（潘永俊）、高阿毛、沈水琴等8名附近村民，姚金凤；下午参加者为洑珍珠（洑合道侄女）、沈永泉等9人。

采访人：孔令宏

本次为集体采访，人数多，说话时经常有交叉，故不具体列出各人所说的话，就话题归纳，整理结果如下：

齐志成，共产党地下工作者，曾住在新中国成立前的紫极观中，教附近村庄的儿童蒙学。齐志成抄写书籍给贫穷人家的孩子作为教材，组织当地儿童建立了大约30人的童子军，童子军的活动包括唱抗日歌谣，制作木质的刀枪棍棒来进行训练、巡逻。童子军活动持续了两年多。齐志成曾在道观门口的香樟树上刻字警醒村民躲避搜查，同时传播过一些关于共产主义的先进思想。据说头天晚上被逮捕，次日早上即被枪毙于县政府门前。

旧紫极观门口有一池塘，名为半月池，名字刻于池边的香樟树上。

冯虎林，国民党人。在齐志成教书时期为紫极观学校校长。嵇老师，齐志成离开之后的教书先生。

姚阿章是道士，但不在紫极观常住。他文化程度比较高，在其他村子也教当地儿童认一些简单的字和算术。

周炳生生时无子女，死后依据其遗嘱葬于紫极观附近。2002 年左右其墓因筑路被毁。

紫极观的道士会经常去县城紫极观所属的医馆施粥。该医馆注重慈善活动，曾经提供草药汤剂，放入缸中供人饮用，治疗传染病。

上述口述史的采访中，接受采访的人讲地方方言，主要采访者听不懂，只能通过费超宁和姚金凤转译。费超宇也只能听懂其中的大部分。此外，接受采访的人年龄大了，反应慢，有时答非所问，多处表示记不得了。

口述史采访中多次提及在紫极观里居住的共产党员齐志成，笔者到德清县档案馆查阅了相关档案，又到德清县党史办咨询，查阅了《中国共产党德清简史》① 等文献，均未找到。党史办提及，如果属实，那么齐志成的公开身份可能是抗战时期在共产党影响下，浙江省政府组织的浙江省战时政治工作队（简称政工队，其中有相当数量的共产党员）队员，但档案馆中政工队员名单中并无此人。档案馆中的国民党政府的镇反名单中也无此人。这有可能是因为姓名记忆错误，也有可能是当地乡民力图把紫极观与 1949 年后的意识形态挂钩而让紫极观合法化的集体无意识行为。即便是后者，也是有一定的真实性的，其真实性基础来源于紫极观周边群众所受到的抗击日本帝国主义入侵的宣传和种种保家卫国的英勇事迹。

① 参见中共德清县委党史研究室编：《中国共产党德清简史》，中共党史出版社 2001 年版。

第二章　德清太玄紫极观的道教文化

第一节　王常月与绿云醮坛

紫极观在初创时就有道坛三级，只是具体情况文献失载。清代，紫极观建有绿云醮坛，这可追溯至全真道宗师王常月①，并与本县计筹山升玄观、湖州金盖山古梅花观有关。

王常月（1494？–1680）与湖州的关系早自清代顺治戊戌年（1658）。《金盖心灯》内"靖庵先生"记载："（晟溪雪蓑翁）将就访，而昆阳王律师以卷册、如意、玉尘、芝杖谴人（即程谔山律师，原注）寄授，命名守贞。"②这是通过邮寄信物收徒，建立传承关系。

《金盖心灯》记载："康熙三年，岁次甲辰三月，国师王真人由京师出，驻杭州之宗阳宫，从者二十余人。""师（詹怡阳）闻诰谒，极相契，迭受三大戒，统领大众有年。随王南行，历驻金盖、穹隆、青坪、栖霞等境。"③王常月进入浙江后，先是入驻杭州宗阳宫，接着造访大德观。在康熙三

① 参阅尹志华：《清代全真道传戒初探》，载赵卫东主编《全真道研究》第1辑，齐鲁书社2011年版；尹志华：《王常月学案》，齐鲁书社2011年版。

② 《藏外道书》，巴蜀书社1994年版，第31册，第193页。

③ 《藏外道书》，巴蜀书社1994年版，第31册，第187页。

年（1664），为黄虚堂、程谔山、黄冲阳、谢凝素、周明阳、林茂阳等人授戒：

> 岁甲辰，（黄虚堂）始晋受中极戒于武林宗阳宫。①
>
> 至甲辰，王祖来杭，（程谔山）晋受中极戒。②
>
> 岁甲辰，（黄冲阳）随祖至浙，访隐真子于大德观，追述往事，互相庆赞。遂往建庵于天目，昆阳王祖署其堂曰饭麻精舍。③
>
> 康熙甲辰（谢凝素）谒昆阳王祖于宗阳宫，又多受授。④
>
> 康熙甲辰（周明阳）复遇赤阳黄祖于大德观，进受大戒……是岁秋，昆阳真人至武林，相依两载，多所授受。⑤

康熙四年，王常月依然住在杭州，周明阳等伴随。具体活动失载。康熙五年，林茂阳得王常月指点，授以偈："丙午（即康熙五年，引者注）秋七月，林师来山（即金盖山），我宗师谴至杭谒王祖师。昆阳王祖导之入室，出辞，祖示以偈。"⑥通过林茂阳的说辞，康熙六年七月，王常月应邀至

① 《藏外道书》，巴蜀书社1994年版，第31册，第187页。
② 《藏外道书》，巴蜀书社1994年版，第31册，第189页。
③ 《藏外道书》，巴蜀书社1994年版，第31册，第201页。
④ 《藏外道书》，巴蜀书社1994年版，第31册，第210页。
⑤ 《藏外道书》，巴蜀书社1994年版，第31册，第214页。
⑥ 《藏外道书》，巴蜀书社1994年版，第31册，第204页。

金盖山[①]，詹守椿、黄守元、江处士同游。“康熙六年，岁次丁未，秋七月，王昆阳真人来止我山，詹律师守椿、黄律师守元，从绩溪处士江太虚偕。”[②]止我山即金盖山的别称。王常月先为程华阳授戒。《金盖心灯》“程华阳律师传”记载：“岁丁未（康熙六年，原注），昆阳王祖来驻金盖，师礼之，命名守丹，叠受初真、中极两大戒，遂从王祖出驻江浙诸名境。”[③]同年，王常月应邀到松尘山，为周之臣授戒。沈季友（1654–1699）于康熙年间所编《槜李诗系》卷二十七提及嘉兴平湖人周之臣于“康熙丁未（1667），（周之臣）受炼师王昆阳戒于松尘山，奉真朝斗”[④]。松尘山具体位置不详，推测应该就在湖州地区，距离金盖山不远。王常月在金盖山停留了一年左右的时间。康熙七年秋天吕守璞来迎，遂离开浙江，到江苏苏州的穹隆山[⑤]。

王常月在浙江多个全真宫观开坛传戒[⑥]。其中，曾到德清县计筹山升玄观开坛传戒。《计筹山志》记载：“炼师姓沈，讳和一，字月光，别号茂苑……祖师常月王昆阳真人康熙间

---

① 《金盖心灯》之《詹怡阳律师传》，鲍廷博注引《金盖云笺》说：“康熙六年岁次丁未秋七月，王昆阳真人来止我山。”（《藏外道书》，巴蜀书社1994年版，第31册，第187页）

② 《藏外道书》，巴蜀书社1994年版，第31册，第187页。

③ 《藏外道书》，巴蜀书社1994年版，第31册，第203页。

④ （清）沈季友：《槜李诗系》，《影印文渊阁四库全书》第1475册，台湾商务印书馆1986年版，第646页。

⑤ 《藏外道书》，巴蜀书社1994年版，第31册，第187页。

⑥ 尹志华：《王常月传戒新考》，载：赵卫东主编：《问道昆嵛山 齐鲁文化与昆嵛山道教国际学术研讨会论文集》，齐鲁书社2009年版，第88–100页。

说戒于升玄观，弟子因此而得道者千余人，可谓盛矣。传有《龙门心法》两卷，有缘得读，幸莫大焉。”⑦ 这里没有记载王常月到升玄观说戒的具体时间。根据前述王常月行迹推测，应该是在康熙六年至七年之间。鉴于王常月在全真道中广泛的影响力，同在一县的紫极观道众应该会去升玄观受戒听讲。

不过，紫极观的绿云坛的直接渊源应该是湖州金盖山古梅花观。古梅花观从闵一得（1749–1836）以来，成为浙江北部最有影响力的全真道宫观⑧。闵一得在世时，古梅花观即已开始设立分坛，如顾半凡在海宁县开创龙山憩云坛。广泛设立分坛大致是从以王来因为代表的龙门派第十四代开始，一直持续到20世纪30年代，金盖山云巢坛在江南地区创建大量分坛，总数应该超过一百。这些分坛的基本特征主要是：第一，坛名的第二个字都是“云”字（个别例外）。第二，开坛前得到了宗坛的同意并派员指导。第三，每个分坛，坛名是对内使用的，对外则是以善堂命名⑨。扶乩是金盖山云巢派的特色，所以，分坛往往还有一个乩坛的名称。第四，一些分坛成为某个地区的总坛，以它为基础衍生出多个分坛。

---

⑦ 真谷子辑：《计筹山志略》，民国二十年版，浙江图书馆藏本，第39页。对沈和一，《嘉庆德清县续志》卷八“沈和一”条记载：“字月光，江苏人，曾住武康升元观。修道新市陆修静家，得五雷法，驱邪魅颇有验。雍正时，岁旱，扶院命祈雨，辞曰：返躬修德，泽施于民，则雨自降。扶院善其对。后住开元宫数年，与洞霄宫法师贝本恒往来谈道相契云。”

⑧ 孔令宏、韩松涛、王巧玲：《浙江道教史》，中国社会科学出版社2015年版，第708–763页。

⑨ 王宗昱：《吴兴全真道史料》，第230–231页；吴亚魁：《论清末民初的江南全真道“坛”》，第17–18页。

第五，宗坛与分坛之间的联系不甚紧密，宗坛为分坛进行宗教知识与技能培训、传戒，通常只对分坛进行指导，如提供书籍、服装、法器等，但不干涉分坛的具体活动。分坛有义务响应宗坛的召请，一年内至少一次派若干骨干成员到宗坛参与无报酬的法事活动。

具体到德清县，根据田野调查，云巢祖坛的德清分坛以乡井坛为总坛，衍生出14个分坛，其中，绿云坛位于紫极观。绿云坛乃清代晚期龙门道士周复仪、周本超开启，他们既是父子，又是师徒。《道统源流》记载：

> 周怡然嗣师，派名复仪，儒名鉴，号金波，道号怡然，归安①人。兼知雷法，并习释教，曾求戒于玉皇山，受衣钵②，启德清文墅山绿云坛支派。

周炳生嗣师，派名本超，儒名烈，号炳生，中兴文墅山绿云坛，系周复仪之长子。周氏父子的主要贡献是：重整殿宇三进（灵官殿、吕祖殿、斗母殿）和两侧配殿、香房，重塑紫微大帝、斗母、吕祖、灵官、六十甲子等神像，每逢正

---

① 宋太平兴国七年（982），为庆祝钱氏吴越国的归顺，将湖州府乌程县东南一十五乡分出新置归安县，同属湖州管辖。归安县衙旧址位于今湖州市中心骆驼桥东堍。明、清时期，乌程县与归安县同为湖州府首县，仍旧同城而治。民国元年（1912）撤废归安县，与乌程县合并为吴兴县（今湖州市市辖区）。原属归安县的乡镇有菱湖镇、双林镇、南浔镇等。就行政区域而言，归安县与六朝的东迁县(282–589)，和2003年设立的湖州市南浔区具有较高的一致性。

② 查光绪丙申年（1896）杭州玉皇山《登真箓》，并无周怡然的记载。他参与受戒的应该是玉皇山的其他三次授戒（光绪八年九月底十月初，光绪九年十月，光绪十一年），但无文献可查。

月初九玉帝诞、四月十四吕祖诞、九月九皇斗会等，大开斋醮法会和迎神扶鸾。紫极观绿云坛坛下弟子众多，道号法名均为扶鸾请吕祖临坛赐予，字辈系全真龙门谱，据不完全统计，有“14代——复、15代——本、16代——合、17代——教、18代——永”字辈俗家弟子30余人。例如，永字辈有姚银毛、丁如毛、姚水法、姚阿水、蔡林山、姚子祥、姚凤坤、张小狗、姚连福、蔡梅林、范阿童、姚凤鸣（姚阿章）、姚才庆、蔡杏生、丁细毛、潘小毛等16人，其中除后四人外，其余均已羽化。这些人绝大多数均为紫极观周边村民。

全真龙门绿云坛上第十八代弟子　丁如毛　羽化大嗣师
全真龙门绿云坛上第十八代弟子　姚水法　羽化大嗣师
全真龙门绿云坛上第十八代弟子　姚阿水　羽化大嗣师
全真龙门绿云坛上第十八代弟子　蔡林山　羽化大嗣师
全真龙门绿云坛上第十八代弟子　姚子祥　羽化大嗣师
全真龙门绿云坛上第十八代弟子　姚凤坤　羽化大嗣师
全真龙门绿云坛上第十八代弟子　张小狗　羽化大嗣师
全真龙门绿云坛上第十八代弟子　姚连福　羽化大嗣师
全真龙门绿云坛上第十八代弟子　蔡梅林　羽化大嗣师
全真龙门绿云坛上第十八代弟子　范阿童　羽化大嗣师
全真龙门绿云坛上第十八代弟子　姚凤鸣　羽化大嗣师

全真龙门绿云坛上第十八代弟子　姚才庆先生（永仪）
全真龙门绿云坛上第十八代弟子　蔡杏生先生（永超）
全真龙门绿云坛上第十八代弟子　丁细毛先生（永规）

绿云坛第18代俗家弟子名录（陈大慧道长提供）

云巢宗坛及其分坛与地方社会有紧密的互动关系。首先，地方世家豪族往往深度介入宗坛或分坛的事务，对宗坛和分坛的发展有很大的影响。以宗坛为例，陶靖庵、陶石庵、陶起哉为代表的陶氏家族对金盖山古梅花观的兴起起了奠基作用。闵氏家族继之对金盖山的发展起了重要作用，以闵一得为核心的一部分成员加入全真龙门派，造就了金盖山嗣龙门派的特色；以闵端甫为代表的另一部分闵氏家族成员没有加入龙门派，却以儒生的身份居山多年，聚集诸多儒生亲近金盖山，扩展了金盖山龙门道团的社会影响力；与闵氏同时，归安凌氏乃传承数百年的中医世家，也影响了金盖山云巢派而让它重视医药、养生。太平天国动乱之后，闵氏家族衰微，金盖山于是衰落，王护云、周公行住持时，古梅花观几无起色。接着郑养云掌管。郑养云本名延龄，曾到日本留学，担任吴兴女校校长，在吴兴地方有一定的社会声望。在他的管理下，古梅花观略有起色。到了曾任湖州商会会长的高古声任住持，古梅花观才真正恢复生机。把持德清各分坛的，同样多为退休官员、乡绅、富商。中兴绿云坛的周氏父子，也是归安富商。

其次，扶乩及其社会团体对20世纪上半叶的云巢宗坛和分坛影响深远。这表现在三个方面。其一，扶乩的功能是安排坛务、科仪勘定，还有服务信众，即寻病问药、择日算命、吟诗作对等。这对扶乩手提出了很高的要求，因为其心境、知识、品格等都会影响着神灵意思的表达。通常认为，侍坛乩手只有处在无欲无求的“真空分际”，才能真正表达神意。乩手虽然有禀赋方面的要求，但也是后天培训出来的。习乩者被要求攻读经、史、子、集和医、农、卜、筮等书，并熟练掌握扶乩技巧，“能根据请训人的心理、希望、要求、质疑、问难等情况，做到随机应变，出口成章，诗词问答，联句成对，得心应手，应付裕如”[①]，能应付不同职业、不同社会阶层的人的各类咨询。

其二，扶乩是入坛手续的重要一环。入坛手续，以诸暨觉云轩为例，要求入坛成员品性诚实，有一定的读写能力，在一位在坛成员引荐下，在神前焚香占卜，看准与不准。拟入坛者跪于神前求请，把写着“空”或“真”的纸揉成团，让其随机选择摊开，得“空”字则再求，得“真”字即准入坛。如已准者，送银数元，焚纸祈祷，立誓不泄露秘密[②]。然后，通过扶乩获得一个龙门派的派名，同时指派另一个在坛成员，即“恩职”先生作为其师，密授道行。已经皈依的成员均有一个称作“派单”的证书[③]。德清紫极观绿云坛的做法大致与此类似，只是不拈纸团，而由打交杯代替。

其三，云巢宗坛与分坛、扶乩社团的交涉。19 世纪 60 年代，济公乩坛被创建于杭州，进而扩展于江南广大地区。云巢宗坛本来就重视扶乩，受其影响，也大力在各地广设分坛，并与济公乩坛多有交叉融合的关系[④]。一些金盖山的分

① 石鑫三遗稿：《博山道院、红卍字会的创办与活动》，蒋又新、马砚农整理，山东省淄博市文史资料研究委员会编：《淄博文史资料选辑》第 2 辑，内部资料，1988 年，第 108 页。

② 颐渊：《诸暨民报五周纪念册》，诸暨民报社，1924 年，第 88 页。

③ 《龙门正宗觉云本支道统薪传》的篇首，提供了一份“派单”的样本。

④ 王见川：《清末民初中国的济公信仰与扶乩团体——兼谈中国济生会的由来》，《民俗曲艺》2008 年第 162 辑，第 215-232 页。

坛从济公那里接受降示[①]，就如同当时许多济公坛从吕洞宾那里接受神降一样。1903年，一位上海的富商甚至在梅花观内建立了一座济公神坛[②]。云巢分坛和济公分坛的称谓非常相似，许多济公分坛也模仿云巢分坛，第二个字为“云”，多数称为某“云轩”。在这种背景下，1915年冬，旅居上海的慈善人士在天津路富康里设坛扶乩，创立集云轩，为金盖山云巢宗坛的分坛。1916年10月25日，旅沪各省慈善家在集云轩的基础上成立了专门的慈善组织“上海中国济生会”。上海中国济生会既是金盖山全真嗣龙门支派，又是信仰济公的南屏派，具有佛教色彩的民间团体，以扶乩为基础，把金盖山系统和济公系统进行了融合。一些慈善家往往既是云巢系统的核心成员，又是济公乩坛系统的核心成员，在参与两个系统的活动中获取社会资源。通常而言，宗坛和位于上海这样的大城市的分坛吸收的多为上层士绅，位于县域的分坛吸收的则只能是地方乡绅。

再次，宗坛和分坛的成员主要是由在政界、军界和商界拥有非宗教职业的在家俗居弟子组成。这些人中有绅士，有在任的或退休的官员，富商也不少，还有一些医师。这些人虽然办理过入坛手续，有道名，拥有明确的全真道士身份，但是和正统的全真派道士显然是有区别的。不必独身、出家就可以参与教务，获得养生和修炼的指导，这在很大程度上激发了人们参与修炼、摆脱困境的欲望，这是嗣龙门派的主要魅力之一。此外，云巢宗坛及其分坛在思想上虽然以道为

① 《醒梦编》序言部分（载王见川、林万传：《明清民间宗教经卷文献》第11册，新文丰出版公司1999年版）。

② 王宗耀：《古梅花观志》，内部资料，第26页。

本，但既有儒家的入世情怀，又受部分佛教思想的影响，所以，入坛者在思想上鲜受束缚，往往既是金盖山系统的骨干，又是以儒家为本的孔教会的精英，还可能是佛教色彩甚浓的济公扶乩社团的领导。思想上的自由，也是嗣龙门派的另一个魅力。

经过这些人的活动，使得发端于道教全真派正统理念的金盖山系统既有与其他扶乩社团相同的共性，又有其特色，其三尼医世的思想被刻意彰显出来，更多地呈现为救世社团的面貌，在地方的政治、经济、社会中，产生着比较大的影响。这样一来，有些分坛异化成为被政治利用的工具。1953 年，云巢宗坛、分坛与其他的救世社团被列入反动会道门名单而一道被取缔了①。德清紫极观绿云坛也是同样的命运。

最后，云巢宗坛及其分坛使用的服装与一般的全真派用的不同，其衣服为青衫，其帽子也与龙门派的略有不同。与职业道士不同，嗣龙门派在度亡科仪中是不与尸体见面的，仅提供在道坛的拜忏仪式，使用的科仪本是《太极祭炼》。《太极祭炼》相传为郑所南（1241–1318）编著，费拨云曾编选刊印，凌氏家族对此也有所贡献。太平军占据湖州，战乱导致《太极祭炼》散佚。《道统源流》对《太极祭炼》的散佚与重刊记载：“粤逆平后，《太极祭炼》悉成灰烬，无有存者。幸师（王希贤，名来因，印者注）得以字簏之中刊而行世，并演行以授后学。故今之承演祭炼法，皆师所传。”② 战乱之后，

---

① 诸暨统战志编委会编：《诸暨统战志》，中国文史出版社 2014 年版，第 175 页。

② 孔令宏主编：《东方道藏·民间道书合集》第一辑，社会科学文献出版社 2019 年版，第 1 册，第 86 页。

出于度亡枯骨、安抚社会的需要，由王来因主持，金盖山龙门道团大规模编刊经忏科仪，李庸庵、凌赤霆、凌鹤秋、凌初平等都是主要的参与者。凌初平是王来因弟子，“精正一雷法，校勘《太极祭炼》有力，系凌来苏之长子”；凌赤霆，又名凌嘉六，周一庵弟子，“曾受戒律，与李来述校勘经忏，并复兴宗坛，均有力焉，系凌来苏之六弟”；凌鹤秋，周一庵弟子，“校正《太极祭炼》有力，系凌来苏之弟”。凌壶隐一家多人参与《太极祭炼》校刊，为道门所做之功德真不算小①。

民国德清道教会会徽

（陈大慧提供）

正因为云巢宗坛和分坛有自己的特色，所以，在20世纪80年代以前，云巢宗坛和分坛与道教全真派、正一派的联系都不多。例如，民国末期德清县道教会建立，德清只有极个别的分坛参与，绿云坛也没有参加。

总之，金盖山嗣龙门派在闵一得之后，逐渐演变为介于民间宗教信仰和上层社会精英之间的社会组织，与其他形式

---

① 赖全：《龙门派的发展与江南世家望族不得不说的二三事》，载：https：//m.2jiapu.com/zipai/zipai-20170715-35879.htm，2020年5月16日。

的宗教发生了多样化的联系和融合，是全真道在近、现代中国社会里多种复杂结构的一种形态。作为它在德清县的分坛之一，紫极观绿云坛虽然整体上没有这么丰富的内容，但同样在与周边村落社会的互动中形成了多方面的复杂面貌。前述口述史采访中即已呈现，住观道士人数少，举办大型法事活动时，需要多类辅助人员帮忙。为此，道观吸收附近村落的部分村民，让他们皈依道门，成为在家居士，平日保存与他们的较为紧密的联系，需要时请他们来道观协助完成大型法事活动。此外，道观还为教师提供住宿、教学的方便，教育附近村民的孩子。

绿云坛的科仪，使用的科仪本多来自云巢宗坛刻印的书，大都是扶乩出来的。田野调查中，陈金伟道长提供了《南极长生经忏》《云巢宗坛早晚功课》《太上地藏赦罪宝忏》《太上观音护道度人宝忏》《太上正一清微宏范早晚功课》《紫光朝谢科仪》等。这些是云巢宗坛常用的代表性科本。田野调查中，已过世的姚银毛道士保存的科仪本主要有《慈悲保蚕马鸣王宝忏》《慈悲路头宝忏》《慈悲壬申宝忏法》《慈悲三味水忏》《太上北斗七元消灾度厄延生宝忏》《太上赦罪天地宝忏》《太上总管财源宝忏》等，这些主要是湖州地区正一派道士常用的科本。至于烧天香拜天忏，现场调查发现，其实就是玉皇忏，所用科本为《高上玉皇宥罪赐福宝忏全集》，但有地方特色。总之，绿云坛的科仪，与云巢宗坛一样，混杂正一与全真，具有地方特色。

紫极观属于全真教龙门派云巢支派七十二分坛的绿云坛。古梅花观是龙门云巢派的宗坛，德清县的云巢总坛设于德清县乾元镇联合村战胜圩的清普庵，即乡井总坛，绿云坛是乡井坛的分坛。各坛坛主均由地方的上层人物担任。均为义务，没有报酬。当地的道教体系由清客道士和居士林组成。清客道士就是指常年住在道观中，出家了的，接受过传戒的道士，居士林指那些信仰道教，只在办忏等活动需要时才到道观来，并未接受传戒的人。听老前辈们说，湖州金盖山古梅花观当时为了发展龙门云巢派，主动来拉各县的乡绅贤达人物入教，只针对地方的上层人物，所以对他们颇为尊敬，见面时尊称为某某先生。云巢派不与全真道、正一道来往。因为云巢派都是上层的先生级别。他们来庙宇时，住庙的出家道士需要侍候他们。土改前后，很多云巢先生因为其他身份都被镇压了。他们互相称呼为：张先生、李先生、王先生，等等。他们的抱手礼仪，与全真、正一道士的抱手礼不同，现在还是如此。

醮坛内部的人际关系有社会学意义上的分层，即有坛主、副坛主、高功、大小先生、侍香、脚夫、行船等七个层次。

第二节　德清紫极观的殿堂与神灵

目前紫极观大殿第一层分左、中、右三殿。中殿供奉紫微大帝。左殿为老爷殿，供奉戴老爷、月老、送子娘娘。右殿供奉赵公明、范蠡、文武财神、圆通自在天尊（观音大士）、文昌、魁星。二楼东侧为元辰殿，供奉斗姆元君、六十甲子。二楼西侧为绿云醮坛，供奉吕洞宾祖师、王重阳祖师、丘处机真人、王常月祖师。

兹依序对上述神明作一简单介绍。

紫微大帝：第四章第二节有详细介绍，此处从略。

老爷殿：供奉戴、柳、叶三位神。戴被称为大老爷、戴侯，金面孔，居中位；左边的叫绿老爷、柳侯，白面孔，为柳察躬；右边的叫红老爷、叶侯，赤面孔，姓叶名忠良。这样的配置，实际上是把显佑侯庙，俗称戴公祠、戴侯庙、下庙的配置搬进来了。显佑侯庙本来位于乾元镇溪东街，1949年后逐渐毁坏无存。

柳老爷实即唐代著名文学家柳宗元（773–819）的祖父柳察躬（？–776）。他曾于天宝年间（742年正月–756年七月）担任德清县令，有惠政。柳宗元在散文《先侍御史府君神道表》中把他称为“德清君”①，晚年退居于江苏吴县。他是最早被载入地方志的德清县令。殁后，德清县民为其建柳公祠（也称为柳侯祠）祀之。

叶忠良为德清乾元镇小南门外东画使村人，是县衙当差的小吏。他见义勇为，经常为老百姓排难解纷，主持公道，深得民众爱戴，后人立庙祭祀，称东坝叶府。

戴老爷通称戴侯，本名戴继元（1210–1254），字承祖，小名阿大。南宋宝祐二年（1254）五月初五端午节，德清民众在长桥河举行赛龙舟，其间一龙舟倾覆，20余人落水。在城关焦山下溪东街一米店做伙计的戴继元伏在窗台上看龙舟比赛。见龙舟翻了，立即奋不顾身地跳进河里救人，不幸溺亡。戴继元舍己救人的故事被地方官逐级上报到朝廷，朝廷于是给予嘉奖赐封。元朝时期，在地方官员的提倡之下，他的封号被晋升为“显佑侯”和“湖州路总管”②。戴继元于是从平民变成了官员，德清民间于是有戴侯“日管萧山，夜管德清”的民间传说。戴庙被升格为“显佑侯”庙，具有了官方色彩。

---

① （唐）柳宗元：《柳河东集》，《影印文渊阁四库全书》第1076册，第108–109页。

② 《民国德清县志》卷十，第313页，按：《民国德清县志》卷三，第116页，“联盖侯有萧山城隍，德清总管之议也”。

清雍正八年（1730），朝廷加封“保济”①，嘉庆九年（1804），再封“惠安”，于是，显佑侯庙改称“惠安保济显侯庙”②。大概从元代开始，对戴侯的祭祀，每年春秋二季由守土官致祭，祭品用羊一、猪一，行三跪九叩之礼。

柳侯祠年久失修而毁，于是人们把柳侯恭迎入旧址旁边戴侯祠，继续祭祀以纪念他。德清民众不仅按时顶礼膜拜他，而且通过娱乐让他高兴。为此，在清明前四夜，满城锣鼓闹腾，绿老爷被绿社（赛社之一）组织的一众人等轮流抬着出庙、巡街，直进县门中，让他与民同乐。东坝叶府同样年久失修毁坏，人们也把叶侯奉迎入戴侯庙中安座，让他继续享受祭祀和香火。于是，这三个人被称为三总管神。《民国德清县新志》记载：“寒食夜，城乡十里内武装，戴侯、叶侯、柳侯神像四人肩之，灯笼、火把、锣鼓、外加以大纛旗、帅旗，三军司令旗巡行街巷间，并以天坛、地坛、迎春坛、焦山、丁山、上下兰山为经由之地，至清明前一夜止。”③

戴侯祠的庙会又称为巡塘庙会、险塘踏青庙会。举办的时间通常为清明节前的一天。抬着戴阿大的神像在西险大塘上走上一圈，首先是纪念戴阿大、柳察躬、叶忠良等乾元镇历史上忠勇的英雄，彰显社会正义，其次是巡视防洪堤塘，做好汛期前防范工作，寓意来年风调雨顺、国泰民安。除了卫星村的村民，附近的居民也会赶来。既可以参加庙会巡游

---

① 赵尔巽等撰：《清史稿》卷八十四《志五十九》，中华书局1977年版，第2546页。

② 吴翯皋等修，程森纂：《民国德清县志》，民国十二年修，二十年铅本，第116页。

③ 赵尔巽等撰：《清史稿》卷三《志五十九》，中华书局1977年版，第75页。

而感受热闹的氛围，还相当于参加了一次清明踏青的户外活动，让身心得到了放松、休息，为此后的辛苦工作打好基础。

月老：月老又称月下老人，其形象最早出于唐人李复言小说《定婚店》：杜陵人韦固在月色中遇见一位老人，老人倚着布囊坐在台阶上，在月光下翻看一本掌管天下姻缘的奇书，并告诉韦固，卖菜陈婆的三岁女将成为韦固的妻子，两人双足已系上红绳，姻缘已定。韦固视陈婆粗俗，不禁大怒，命仆人刺杀该女，仆人则在混乱中刺中女童眉间就慌忙逃离。多年之后韦固娶得美丽的刺史之女，却发现妻子眉间伤痕，细问缘由，才知道妻子就是当时的女童，方信月下老人姻缘注定之说①。

月下老人在小说中展现了一言定姻缘、红绳系夫妻的神异能力，经由后世流传，终于成为一个影响广泛的民间神祇。宋代的诗文中，就已有频繁的“月老”称谓出现，且多将红绳与姻缘书作为月老的标志，这说明“月老”成为习惯称谓，正是《定婚店》小说流传的结果。

出于对于美好婚姻的向往，月老形象逐渐从文学形象步入祠庙信仰的领域：“如浙江杭州宋城、吴山、白云庵、黄龙洞以及绍兴新昌重阳宫、平湖关帝庙、北京东岳庙、湖南长沙、江西龙虎山、河南商丘玉皇宫、山西榆次城隍庙、陕西户县重阳宫、上海大境关帝庙、江苏无锡太湖仙岛、江苏苏州城隍庙、福建漳州德进庙、海南定安县玉蟾宫等均供奉月老神；台湾、香港、澳门地区均有月老祠庙，其中尤以台

---

①　（唐）牛僧孺、李复言撰：《续玄怪录》，浙江古籍出版社1999年版，第199-202页。

湾的分布广泛、祠庙众多……”①

于诸祠庙中，月老多归属于道教俗神，且常与其他俗神并享祭祀，如台湾的大天后主祀天后，月老只是诸多属神之一，德清紫极观的月老亦不例外。祠庙中月老的形象基本保留《定婚店》中的核心要素，为白胡长须，手持婚姻之书与红绳的拄杖老者。同时，月老的功能特征十分单一，即掌管姻缘之合，而发展到各地的月老祠庙之中，又有些许差异，如台湾大天后宫的月老以赐红线来助得佳缘，而杭州西湖白云庵的月老祠则通过抽灵签来昭示信众的姻缘。

时至今日，月老观念更加深入人心，例如在文学叙事与口头表达中，撮合姻缘的媒人有时也被称作“月老”，月老信仰的广泛性亦由此可知。未婚的男子女子，皆喜前往月老祠求签祭拜，以求得良缘。

送子娘娘：送子娘娘又称注生娘娘，即司掌怀孕、生产之神，主要职能包括授子、保佑孕妇和褓幼。古时人皆祈求多子多福，有“不孝有三，无后为大”的观念，故将求子的希望寄予仙神。事实上，道教体系内的送子娘娘人物众多，各地所奉送子娘娘多有不同，如碧霞元君主要流行于华北地区，临水夫人主要流行于闽台与潮汕地区，三霄娘娘流行于淮河流域，金花夫人流行于广东。

在道教神仙体系中，影响力最大的送子娘娘应是泰山娘娘碧霞元君，送子娘娘是后者分职或属神之一。碧霞元君坐镇东岳泰山，故称泰山娘娘。《易经·泰卦》言：“天地交而万物通”，因而为人们附会为妇人生子之意。“碧霞元君”

① 张同利：《“月老”考论》，《西北大学学报》（哲学社会科学版），2012 年第 6 期。

的名号同样被赋予此含义："岱居木位，其色惟碧，而东方主生，一本乎坤元之资生万物，故有元君之称。"①碧霞元君主生的特性自然也包含了人的生育，因此《碧霞元君护国庇民普济保生妙经》就将"保生益算，延嗣绵绵"②作为碧霞元君的职能之一。明代的《灵应泰山娘娘宝卷》有《圣母娘娘送子歌》一篇，内有"善者求子就得子""求子圣母就送子"③的说法。久婚无嗣者在祭拜送子娘娘后，如果得子，当再往还愿："元君三座，左司子嗣，求子得子者，以银范一小儿酬之，大小随其家计，则以银小儿进。"④

赵公明：又称正一玄坛赵元帅，正一龙虎玄坛金轮如意执法赵元帅，为道教雷部将帅与五方瘟神之一，也是民间财神之一。据考证，赵公明的形象最早出于《左传·成公十年》："晋侯梦大厉，被发及地，搏膺而踊，曰：'杀余孙，不义。'"杜预《集解》云："厉，鬼也，赵氏之先祖也。"孔颖达《正义》："《世本》云：'公明生赵夙。'《晋语》云：'赵衰，赵夙之弟。'则括之祖公明是也。"⑤据此，赵公明被认为是晋景侯所杀赵同、赵括之祖，故里为陕西省周至县集贤镇赵代村，为惩恶之厉鬼。晋代时赵公明厉鬼形象颇为人知，进一步演化为瘟鬼，《真诰》就将赵公明称为"土下冢中王

---

① （清）于敏中：《钦定日下旧闻考》，《影印文渊阁四库全书本》第498册，台湾商务印书馆1986年版，第673页。

② 《道藏》第34册，第745页。

③ 《灵应泰山娘娘宝卷》，"圣母娘娘送子歌"篇，明刻本。

④ （明）张岱著，栾保群注：《琅嬛文集》，故宫出版社2012年版，第70页。

⑤ 《春秋左传正义·成公十年》，（清）阮元校刻：《十三经注疏（清嘉庆刊本）》，中华书局2009年版，第4139页。

气五方诸神”之一，可以“令子孙昌炽”，下注：“赵公明，今千二百官仪，乃以为温鬼之名。”[①]赵公明已由惩恶之厉鬼转变为瘟鬼和阴间五方诸神之一，具备惩恶和佑善两种职能，东晋《搜神记》卷五《王祐与赵公明府参佐》也将赵公明描述为主管人间索命的鬼帅：“上帝以三将军赵公明、钟士季，各督数万鬼兵取人。”[②]从东晋到南宋，赵公明的形象都以瘟鬼为主，如东晋后期的《太上洞渊神咒经》称赵公明“行瘟疫病”[③]，隋唐时期的《正一瘟司辟毒神灯仪》称其为“西方行瘟赵使者”[④]，南宋的《无上玄元三天玉堂大法》称其为“西方白瘟鬼赵公明”[⑤]。直至元代，赵公明瘟鬼的形象一变为赵元帅，并附以新的身份与神职。约成于元末明初的《道法会元》记载，赵公明本名赵朗，字公明，为终南山人。秦时避世，于山中精修至道，功行圆满后被玉帝召为神霄副元帅。至东汉时，祖天师修炼大丹，奏玉帝请赵公明为之守护，玉帝封其为正一玄坛元帅，“正”是说万邪不敢作乱，“一”则为纯一不生杂念。天师飞升之后，赵公明便永镇龙虎山[⑥]。

由此，赵公明行瘟疫惩恶的瘟鬼身份变为身具多种神职的善神，“驱雷役电，致雨呼风，除殟剪祟，保病禳灾……至如公诉冤抑，神能使之解释公平，买卖求财，利宜和合，

---

① 《道藏》第20册，第550页。

② 马银琴译注：《搜神记》，中华书局2012年版，第106页。

③ 《道藏》第6册，第41页。

④ 《道藏》第3册，第583页。

⑤ 《道藏》第4册，第40页。

⑥ 《道藏》第30册，第445页。

但有至公至正之事，可以对神言者，祷之无不如意。”[①] 其身份之所以有此变化，一来是元明时期宗教进一步世俗化、民众化以及三教融合，民间对宗教神膜拜有加，赵公明瘟神的形象在诸多宗教通俗书籍中被淡化，“其善神和财神的形象则得以凸显，以适应民间兴起的财神信仰；二来“其时神魔小说的广泛流布，则起了推波助澜的作用”[②]，如《封神演义》中姜子牙令赵公明率领四位财神，即招宝天尊萧生、纳珍天尊曹宝、招财使者陈九公与利市仙官姚少司[③]，故民间将赵公明与四位财神合称为“五路财神”，赵公明为五路财神之首，又被尊称为“武财神”。

在道教宫观中，赵公明的形象通常面黑而多须，头戴铁冠，金甲皂袍，手执铁鞭，跨骑黑虎，凛凛生威。每年农历三月十五日为赵公明圣诞，上香祈福者络绎不绝，所求多为招财得禄。

范蠡：范蠡（公元前 536– 公元前 448），字少伯，春秋时楚国宛地三户邑人，为越国大夫，辅佐勾践破吴，功成后隐去，乘轻舟入齐国，变姓名为鸱夷子皮，致力于耕作与经商，未有几年又累计数千万家产，受齐王赏识因而拜相。但在财富与权位至极之时，范蠡再次隐逸，归还相印，散尽家财，来到陶地。陶地恰是四通八达的经商要地，范蠡于陶治产，再次积资成为巨富，“于是自谓‘陶朱公’”[④]。

---

① 《道藏》第 30 册，第 445 页。

② 张富春：《厉鬼·瘟鬼·财神——论赵公明神格演变的轨迹》，《黄河科技大学学报》，2008 年第 4 期。

③ （明）许仲琳著，王维堤校点：《封神演义》，上海古籍出版社 2011 年版，第 716 页。

④ （汉）司马迁：《史记》，中华书局 1959 年版，第 1752–1753 页。

据《史记·货殖列传》记载，范蠡曾师计然，《集解》引范子曰："计然者，葵丘濮上人，姓辛氏，字文子，其先晋国亡公子也，尝南游于越，范蠡师事之。"① 范蠡既为通玄真人文子之徒，自己又多有隐迁的事迹，因此在《列仙传》《神仙传》《玄品录》《历世真仙体通道鉴》等道教典籍中，皆以范蠡隐世而得登仙籍。范蠡虽以经商治产闻名，但更重要的是在财富面前取舍有余，表现出超脱世俗的气度与智慧，遂被民间奉为司财之神，尤其是明清时期商品经济的进一步发展，范蠡财神信仰也由此日益广泛，被人们称为"文财神"。

文财神：财神种类众多，不同地区与行业奉祀的财神均有区别，但主要分为文财神与武财神二类。"文财神"的名称一方面表明财神本身的尚文属性，多为文臣，另一方面也表明了信众的类型，即文财神多为农民、文职人员与家庭主妇所奉祀。文财神包括比干、范蠡等，其中影响力最大的则为比干。

比干（公元前1092–公元前1029），子姓，殷商沫邑人，殷商宗室，因封地为比邑，故称其"比干"。比干为文丁之子、纣王叔父，官至少师。据《史记》记载，商末纣王暴虐荒淫，横征暴敛，比干直言上谏，纣王因而大怒，说："我听说圣人天生有七个洞的心脏，你相信有这样的事吗？"乃遂杀王了比干，刳视其心②。比干死后，其忠诚正义的精神深入人心，成为一代忠臣楷模，周武王"命闳夭封比干之墓"③，北魏孝文帝因其忠谏精神立比干庙，再到唐太宗追赠比干为

① （汉）司马迁：《史记》，中华书局1959年版，第3256页。
② （汉）司马迁：《史记》，中华书局1959年版，第1610页。
③ （汉）司马迁：《史记》，中华书局1959年版，第126页。

太师，谥忠烈公，比干由此被神化，成为从仕者敬奉的“官神”[①]。而此“官神”既与仕途相关，则也涉及文运，民间由此衍生了比干的文曲星君信仰，该信仰在民间酝酿多时，到明代《封神演义》中得到正式的表达，比干也由此被奉为文曲星君。[②]

除文曲星君外，比干财神的身份更广为人知。财神信仰最早出现在宋代，北宋孟元老《东京梦华录》记载：“近岁节，市井皆印卖门神、钟馗桃版、桃符及财门钝驴、回头禄马。”[③]这里的“财门钝驴”即最早的财神雏形。由于历史材料的匮乏，比干被奉为财神的时间已难以考证[④]，但其财神信仰的盛行，则与宋代以来流传的通俗文艺与民间传说大有关系[⑤]，例如在宋元时期的民间话本《武王伐纣平话》与明代小说《封神演义》等通俗文艺作品中，比干剖心而死的正直形象都被凸显而出，其忠义公正的精神开始为百姓所熟知。

在这些文艺作品中，比干生前公平正直，死后无心而不偏不倚的特点表达了人们对财富分配的愿望，因此逐渐被奉为文财神。同时，文财神比干的民间传说在河南卫辉比干庙

---

① 参见葛荣晋：《比干的人格与神格的转换：“神道设教”的典范》，《商丘师范学院学报》，2014 年第 4 期。

② （明）许仲琳著，王维堤校点：《封神演义》，上海古籍出版社 2011 年版，第 711 页。

③ （宋）孟元老撰，伊永文笺注：《东京梦华录笺注》卷十，中华书局 2007 年版，第 943 页。

④ 王记录、苗建新：《比干与中国的财神崇拜》，载林宪斋主编：《比干文化研究》，河南人民出版社 2012 年版，第 157 页。

⑤ 参见任志强：《从忠谏之臣到财富之神：比干财神形象的生成与中国传统商业伦理》，《楚雄师范学院学报》，2020 年第 2 期。

附近一带广为人知：传说比干剖心之后不死而升天，玉皇大帝怜其为国尽忠却无辜被害，又因为比干生前正直，死后无心，能做到不偏不倚，公正公平，玉皇大帝就封比干为财神，而比干生前为文官，民间因此称其为文财神[①]。

武财神：武财神与文财神相对，生前多为武臣，或以勇武闻名，如关羽、赵公明皆属武财神，多为经商者所奉祀。道教宫观中所立武财神，以关羽最多。

关羽（？-220），字云长，河东解良人（今山西省运城市），东汉末三国时蜀国名将。关羽早期跟随刘备起兵，事主忠心，作战勇武，其间辗转多地。建安五年（200）时曹操败刘备，关羽为曹操所擒，却不愿背主，白马之战时斩颜良首级而还，受封汉寿亭侯，而后离曹归刘。刘备入益州后，关羽镇守荆州。建安二十四年（219），关羽围曹军于樊城，擒于禁，斩庞德，战功赫赫，而后东吴背盟，遣军偷袭荆州，关羽腹背受敌，兵败被杀。景耀三年（260），蜀汉后主刘禅追谥壮缪侯。

关羽死后，其忠义神勇的品质为人所称颂，荆州民间开始祀奉关羽[②]，到隋代，关羽被奉为佛教伽蓝神。据《佛祖统纪》载，隋文帝开皇年间，智者大师来到湖北当阳玉泉山准备建立道场，见到关羽显灵，关羽称："弟子当与子平建寺化供，护持佛法。"[③]于是关羽的威德由此昭布，成为此山寺庙的护法神，被称为伽蓝神。到了宋代，从徽宗到孝宗

---

① 参见程玉艳：《卫辉比干庙风物传说研究》，河南大学硕士学位论文，2008年，第13页。

② 参见蔡东洲、文廷海：《关羽崇拜研究》，巴蜀书社2001年版，第52-56页。

③ （宋）志磐：《佛祖统纪》卷六《智者大师传》，载《大正藏》第49册，新文丰出版公司1983年版，第183页。

不断表彰关羽忠义之节，关羽先后被封“武安王”“义勇武安王”“壮缪义勇王”与“壮缪义勇武安英济王”，元朝统治亦多次加封关羽。与此同时，在宋元时期，关羽崇拜逐渐被纳入道教信仰之中，宋代话本《宣和遗事》载，关羽于解州除灭作乱蛟龙，被尊崇道教的宋徽宗封为“崇宁真君”①。自此，道教便不遗余力地纳关羽入道教信仰体系，宋元时期更有托名关羽的道经出现，即《太上大圣朗灵上将护国关王妙经》。到了明代，关羽更得到了道教最高封号，即“三界伏魔大帝神威远镇天尊关圣帝君”，该封号在万历年间得到官方的承认②。至此，“关圣帝君”的名号便为世人所崇奉。

民间奉关公为武财神，则起于明清商业活动最兴盛的时期，明代年画《上关下财》中就将关羽奉为财神③。在民间传说中，关羽被奉为财神的说法各有不同：据说关羽身在曹营时，曹操为笼络关羽，常送给关羽一些贵重财物，而关羽以义为重，将这些财物悉数清点，并以“原、收、出、存”四个项目分而录之，这种记账之法受到后人青睐。也有说法认为，“关公财神地位的确立起于明清晋商对关公的崇拜”④，一来，勇武的关公可充当商帮贸易的保护神，二来，祖籍山西解州的关公能与晋商团结增谊，三来，忠义的关公可以作为商业行为上的道德楷模与模范。财神之名借由晋商

---

① 《宣和遗事》前集，中华书局 1985 年版，第 11 页。

② （明）陈建：《皇明通纪集要》卷五十六，明崇祯刻本，第 1212 页。

③ 李金龙主编：《北京民俗文化考》上册，北京邮电大学出版社 2017 年版，第 167 页。

④ 庞阳：《论“关财神”崇拜的宗教内涵与民俗习尚》，《齐鲁艺苑》，2012 年第 5 期。

群体声名远扬。

文昌：文昌本为星宫名，在北斗七星之上有六颗星，分别叫上将、次将、贵相、司命、司中、司禄。这六颗星合称为文昌宫，道教尊其为主宰功名禄位之神，称其为“文昌帝君”。文昌帝君又称梓潼神、梓潼帝君，是人间职司天下科举，启佑文运的道教神祇。通常认为，文昌帝君是梓潼神张亚子、蜀王张育与文昌星神三个神灵合并的神祇。

梓潼神张亚子原为蜀中的民间俗神，供奉于梓潼县七曲山的善板祠中，其信仰的影响力并不显著。到东晋宁康二年（374），蜀人张育起兵抗击前秦苻坚，自立为蜀王，而后战死。蜀人纪念其英烈，遂于梓潼七曲山建张育祠，与善板祠相邻，二者信仰逐渐合一，民间或以张育为张亚子转世，其影响力日益显著。到唐代，梓潼神受到帝王敕封，神格性质由民间转而为官方，逐渐传入江南，为士子所敬奉，南宋时期，梓潼神已逐渐过渡到文运科举之神，梓潼神开始被称作文昌神①。元仁宗延祐三年（1316），梓潼神被诏封为“辅元开化文昌司禄宏仁帝君”，梓潼神信仰与文昌星信仰于是完全合一。

另一方面，道教的尊崇是文昌帝君信仰普遍化的重要原因，如宋代的《梓潼帝君化书》，元代的《元始天尊说梓潼帝君本愿经》，还有宋元道士所作的《文昌帝君阴骘文》，都褒扬文昌帝君，认为文昌帝君不仅有保佑科举文运的神职，还有道德教化、惩恶扬善之能。宋元以来，各地都建有梓潼宫或文昌祠，书院与私塾也奉文昌神位。文昌帝君神像一般呈现为文官或儒生的面貌，手持玉板、如意、书册或笔。相

---

① 参见张泽洪：《论道教的文昌帝君》，《中国文化研究》，2005 年第 3 期。

传每年农历二月初三为文昌帝君神诞之日，文人学士都会到文昌祠奉祀，以求文运昌盛。文昌祠有时会授下“文昌宝箓”，士子得此宝箓，有助于“律己修身，增益才华，开明鉴识，断除魔障，斥逐邪妖，显擢科名，进登禄位”①。

魁星：魁星本指北斗七星呈斗状的前四颗星（一说指这四颗星中的第一颗天枢星），自宋代起逐渐演化为民间信仰中的魁星神祇，主管科举仕途。

“魁星”一词本出于先秦两汉时的北斗崇拜，《史记·天官书》云：“魁枕参斗。”《正义》解释说：“魁，斗第一星也。”②《索隐》又引汉代纬书《春秋运斗枢》说：“斗……第一至第四为魁。”③可知，在秦汉时期，魁星既可以代指北斗第一星，也可以指北斗众星的前四星。到东汉末道教兴起，占星之术大兴，北斗崇拜更盛，《太平经》云：“故后六为破，天斗所破乃死，故魁主死亡，乃至危矣。”④表明北斗预示杀伐死亡。

科举创于隋代，兴于宋代。在这过程中，“魁星”有了新的变化，即“魁星”的魁首之意广为人们所抒发，并与科举考试联系在一起。唐宋时就有“魁大庭”“庭魁”与“省魁”之说，魁星渐而附会为科举状元或及第的士子。据考察，《宋史》中已有多处将科举考试中名列前茅者称为“魁甲”⑤，这里“魁”自然取为首或出众之意，南宋时期的诗词更有许

---

① 《道藏》第 28 册，第 503 页。

② （汉）司马迁：《史记》，中华书局 1959 年版，第 1291—1292 页。

③ （汉）司马迁：《史记》，中华书局 1959 年版，第 1291—1292 页。

④ 王明：《太平经合校》，中华书局 1960 年版，第 304 页。

⑤ 见（元）脱脱等：《宋史》卷三四七，中华书局 1977 年版，第 11008 页。

多以“魁星”指代科举及第士子的用法，如洪适《临江仙·会黄魁》云“北斗南头云送喜，人间快睹魁星”①，就称科举及第者为“魁星”。

魁星信仰的成型始于宋代，以魁星楼的出现为标志，魁星楼或魁星阁即奉祀魁星的场所。自宋代起，方志记载中开始出现“魁星楼”的记载，如《景定严州续志》载：“吴槃……造魁星楼，奏增贡额，未允。”②明代方志中的一篇《魁星楼记》则给出了魁星信仰与科举相联系的原因：

> 魁星楼，盖取北斗为第一星以名也，魁居斗为一，天之枢，枢所以旋斗杓而行乎周天也。志天文者谓，斗旋旋四星皆为魁，号不同，而其为魁首义一也。然则取以名楼何也？楼为邑庠作也，作楼以魁名以崇科目也。何也？系唐宋以科拔擢天下士，其名在举首者率曰魁大庭，系策曰廷魁，省闱奏名曰省魁……以其在人为魁名，在天为魁象，故特书魁星楼者，昭其名也。③

按此说，魁星在天文上为北斗第一星或前四星虽有差异，但都为魁首之意，故为士子所崇拜。明清时，更有“五魁”之说，即指“五经魁”或“五经魁首”，为科举中所取一经

① （宋）洪适：《临江仙·会黄魁》，载唐圭璋编：《全宋词》，中华书局1965年版，第1377页。

② （宋）郑瑶：《景定严州续志》，《影印文渊阁四库全书本》第487册，台湾商务印书馆1986年版，第535页。

③ （明）杨守仁修，（明）徐楚纂：《万历严州府志》卷二十四《魁星楼记》，万历六年刊本，第1018页。

之首[1]。

魁星像的形象与一般的星神或者星官不同，为“魁”字的形象化，即突出“鬼”与“斗”的要素。民间的魁星像状貌似鬼，左脚踢星斗，右脚踩鳌头，手握一杆笔，意为用笔点定科举中试者，即“魁星点斗，独占鳌头”。魁星不仅在魁星楼中奉祀，也常见于各地的文昌宫。每到农历七月七魁星神诞辰，求功名的士子就会到魁星阁祭拜魁星，以求文运亨通。

斗姆元君：斗姆元君又称斗姆、斗母、斗姥、紫光天母，尊号中天梵炁斗母元君、圆明道母天尊、紫光天后摩利支天大圣、九灵太妙白玉龟台夜光金精祖母元君、中天梵炁斗母元君紫光明哲慈惠太素元后金真圣德天尊，在道教中被尊为北斗七星之母与元始阴神。

“斗姆”信仰的出现，最早出自宋代。据《玉清无上灵宝自然北斗本生真经》记载，在人类初始的龙汉劫时，国王周御有一位紫光夫人，支持丈夫的大业，关心人民疾苦，受人尊敬。她发下了大誓愿：愿生生子，辅佐乾坤。而后一日，紫光夫人于金莲花温玉池里沐浴，体内有所感动，九朵莲花苞同时开放，化生九子，两位长子为天皇大帝与紫微大帝，七幼子为贪狼、巨门、禄存、文曲、廉贞、武曲、破军七星。紫光夫人被尊称为“北斗九真圣德天后、道身玄天大圣真后”，又因为紫光夫人是上天南岳的应现，又被尊为“庆华紫光赤帝之尊”。

在道经中，斗姆的神格主要作为星斗之母出现，其形象

---

① （清）梁章钜撰，王释非、许振轩点校：《称谓录》卷二十四“经魁”，福建人民出版社2003年版，第444页。

的出现与宋代紫微大帝信仰的兴盛有关，是“道士为了解释北斗七星的神性由来，为七星营造了一位圣母”①，因此斗姆元君信仰出现虽晚，其地位却无比崇高，尤其是在清代，人们已开始奉斗姆为元始“阴神”，地位甚至比肩元始天尊。

斗姆信仰虽衍生于北斗崇拜，但其神像却为三头八臂，与一般见到的道教神像不同。据清人《玉枢经钥》记载：斗姆“化身四头八臂，天神相，左猪右鬼，后狮相。八臂，两手抵日月，一手执戟。戟上有黄旛，上有金字，云九天雷祖大帝。一手剑，一手印，或曰杵，一手金绳，一手弓，一手箭。坐七猪辇”。②供奉斗姆元君的宫观十分常见，较为著名的是山东泰山的斗母宫与北京白云观的元辰殿，成都青羊宫的斗姥殿。斗姆元君的诞辰为每年的九月初九，因其主宰星辰，故祭拜各类星君前应当先祭拜斗姆元君。

六十甲子：六十甲子本为我国古代先民观测星辰轨迹和四季变换而发明用以纪年的方法，后为道教所吸收，成为道教信奉的六十位星宿神。

六十甲子即十天干（甲、乙、丙、丁、戊、己、庚、辛、壬、癸）与十二地支（子、丑、寅、卯、辰、巳、午、未、申、酉、戌、亥）排列组合而成的六十个组合（甲子、乙丑、丙寅、丁卯、戊辰、己巳、庚午……），是最古老的天文历法的系统理论，“甲骨文以十天干与十二地支构成的六十甲子单位来纪日”③，主要运用于祭祀与农事活动中。此后道教吸收

① 参见刘仲宇：《众星拱伏的斗姥神》，《世界宗教文化》，1999年第3期。

② 《藏外道书》第4册，巴蜀书社1992年版，第787页。

③ 甘露:《甲骨文地支纪日补例》,《殷都学刊》,2002年第2期。

发展了甲子干支文化，创造出六十位神仙与六十甲子对应，为时值年日的主宰之神，被尊称为六十甲子神、岁神、太岁大将军。据记载，六十甲子神被吸纳入道教体系最早出自东晋的《上清琼宫灵飞六甲左右上符》，其中称六十甲子神为“上清琼宫灵飞六甲玉女”[①]，将六十位甲子神分列六部。到唐代的《太上说六甲直符保胎护命妙经》，六十甲子神则各载有具体名讳，不再为玉女，且有护佑怀胎母子平安的职能[②]。人出生之年被称为本岁或本命之年，六十甲子神即主宰本岁人间的福祸灾害，以十二年为一循环，时值本命元辰之年必定祭拜六十甲子神，以此来达到保佑一年平安的目的。

自唐代至清代，六十甲子神的名讳多有变化，清代全真道龙门派道士柳守元所编《太上灵华至德岁君解厄延生法忏》列出六十位太岁大将军姓名，流传至今：

> 甲子太岁金辨、乙丑太岁陈材、丙寅太岁耿章、丁卯太岁沈兴、戊辰太岁赵达、己巳太岁郭灿、庚午太岁王济、辛未太岁李素、壬申太岁刘旺、癸酉太岁康志、甲戌太岁施广、乙亥太岁任保、丙子太岁郭嘉、丁丑太岁汪文、戊寅太岁鲁先、己卯太岁龙仲、庚辰太岁董德、辛巳太岁郑但、壬午太岁陆明、癸未太岁魏仁、甲申太岁方杰、乙酉太岁蒋崇、丙戌太岁白敏、丁亥太岁封济、戊子太岁邹铛、己丑太岁傅佑、庚寅太岁邬桓、辛卯太岁范宁、壬辰太岁彭泰、癸巳太岁徐单、甲午太岁章词、乙未太岁杨仙、丙申太岁管仲、丁酉太岁唐杰、戊戌太岁

① 《道藏》第 2 册，第 169 页。

② 《道藏》第 1 册，第 878–881 页。

姜武、己亥太岁谢太、庚子太岁卢秘、辛丑太岁杨信、壬寅太岁贺谔、癸卯太岁皮时、甲辰太岁李诚、乙巳太岁吴遂、丙午太岁文哲、丁未太岁缪丙、戊申太岁徐浩、己酉太岁程宝、庚戌太岁倪秘、辛亥太岁叶坚、壬子太岁丘德、癸丑太岁朱得、甲寅太岁张朝、己卯太岁万清、丙辰太岁辛亚、丁巳太岁杨彦、戊午太岁黎卿、己未太岁傅党、庚申太岁毛梓、辛酉太岁石政、壬戌太岁洪充、癸亥太岁虞程。①

吕洞宾祖师：吕洞宾（798-？），名岩，字洞宾，唐代蒲州永乐县人（一说关中人），号纯阳子，又自称回道人。吕洞宾为道教全真派五祖之一，也是世传“八仙”之一。

据传，吕洞宾生于唐德宗贞元十四年（778）四月十四日，为礼部侍郎吕渭之孙，年幼时便有仙道之志②。早年事儒，热衷科举，《金莲正宗仙源像传》谓“年弱冠登进士第”③。传说吕洞宾赴长安应举时，在一酒肆中（一说旅馆）遇钟离权以“黄粱一梦”点化，吕洞宾遂知金玉满堂、簪缨极品都是造物戏弄，不值得迷恋，于是弃儒学道，向钟离权学习金丹大道。后遇火龙真人传剑法，遇苦竹真人传驱使鬼神之术，遇崔希范真人传其内丹术。而后云游各方，历江州时，登黄鹤楼，于五月二十日午刻升天而去④。得道后，吕洞宾发大宏愿，欲要度尽众生，因此常显迹世间，传道度人。元世祖

① 香港蓬瀛仙馆、上海城隍庙编：《拜太岁》，宗教文化出版社2010年版，第27-31页。

② 《道藏》第5册，第705页。

③ 《道藏》第3册，第370页。

④ 《道藏》第5册，第358页。

至元六年（1269），敕封纯阳演正警化真君，元武宗至大三年（1310），加封纯阳演正警化孚佑帝君。

全国各地有许多宏伟的吕祖庙，如山西芮城永乐宫、太原纯阳宫、陕西西安八仙宫、内蒙古包头吕祖庙、河北邯郸吕仙祠、北京吕祖宫、广州纯阳观等，其中所奉吕祖像多为身着青色道袍的形象，一手持拂尘，另一手平放或捏剑诀，宝剑悬于腰间或背后。每逢四月十四吕祖圣诞之日，道教信徒多往吕祖庙烧香奉祀。

王重阳祖师：王重阳（1112–1170），名喆，道号重阳子，自称“害风”，京兆咸阳大魏（今陕西西安大魏村）人，为金元时人，创立了全真派，被尊为全真五祖之一。王重阳著有《重阳分梨十化集》《重阳全真集》《重阳立教十五论》《重阳真人金关玉锁诀》《重阳教化集》《重阳授丹阳二十四诀》等作品。

王重阳一生曾二易其名，其原名本为中孚，字允卿，早年好读书，入府学为诸生，后中武举甲科，于是改名德威，字世雄。后任甘河镇酒监，终日疲惫不得意，而后一日饮酒于甘河镇，遇仙人得授修真口诀。对此，《七真年谱》如此记载：“师饮酒于终南甘河镇，会二仙人，被发披毡而年貌同一，其人徐曰：此子可教。因授以口诀。故师《遇真》诗云：四旬八上始遭逢，口诀传来便有功。其所遇者，纯阳吕真君也。”[①]此时王重阳已经四十八岁，又改名王喆，字知名，道号为重阳子。四十九岁时，王重阳再遇真仙，得秘语五篇，于是出家修道，在终南山活死人墓中修行两年，又在刘蒋村结茅庵修行，而后云游四方，收丘处机、谭处端、马钰等为

① 《道藏》第3册，第381页。

弟子，居全真庵，即后来“全真”之名由来。此后王重阳与弟子隐居文登县昆嵛山烟霞洞，信众逐渐加多，又于多地建立五个传教组织，包括文登县“三教七宝会”、牟平县“三教金莲会”等，人称“三洲五会”。至五十八岁时，王重阳返关中时逝世，葬于终南山刘蒋村故庵之侧，后来全真祖庭重阳万寿宫便建于此。王重阳逝世后，先后所收的七个弟子马钰、谭处端、刘处玄、丘处机、王处一、郝大通、孙不二，因对全真道发展贡献极大，被尊称为“北七真”。

元世祖至元六年（1269），敕封王重阳为“重阳全真开化真君”，元武宗至大三年（1310）加封为“重阳全真开化辅极帝君”。每年腊月二十二日为重阳祖师诞辰，重阳宫都会举行祈福消灾的法会。

丘处机真人：丘处机（1148–1227），字通密，道号长春子，山东栖霞人，金末元初道士，为全真道一代掌门，为“七真”之一，也是全真道龙门派的祖师。丘处机著有《磻溪集》《鸣道集》（佚失）、《玄风庆会录》等作品，其弟子李志常根据丘处机赴西域朝见成吉思汗的经历撰成《长春真人西游记》。

据记载，丘处机于金世宗大定六年（1166）弃俗入道，其时十九岁，居山东昆嵛山，大定七年（1167）前往全真庵谒见重阳祖师，拜入门下，祖师训名处机，字通密，取道号长春子。丘处机早期随重阳祖师于山东与河南传教，重阳祖师逝世后，丘处机先后在陕西磻溪和陇州龙门山修行，约十二年，其间度化弟子，为日后龙门派的基础。其后下龙门山，居终南祖庵，主持祖庭事务。

金章宗泰和三年(1203),丘处机继王重阳、马钰、谭处端、刘处玄之后成为全真道第六任掌门，掌教时期达二十四年，其间全真道的发展进入兴盛时期。丘处机还云游各地，在山东蓬莱、芝阳、北海等地传教。元太祖十四年（1219），丘处机应成吉思汗诏，远赴西域觐见成吉思汗，以“敬天爱民”劝之。元太祖二十二年（1227），丘处机于长春宫羽化。

丘处机在世期间，金朝赐其封号“自然应化弘教大师”，待其逝世后，元世祖赠封其为“长春演道主教真人”。现北京白云观（即当时长春宫）仍设有丘祖殿，殿内奉祀丘处机，丘祖遗蜕供于其中。

王常月祖师：王常月（？—1680），原名王平，号昆阳。山西长治人，清初全真道龙门派道士，被称为龙门派中兴之祖。王常月著有《钵鉴》《初真戒律》，其传戒记录被其弟子施守平等辑录为《碧苑坛经》。

王常月早年经历明末之乱，在弱冠之年就开始游历名山，参访人道，慨然有出尘之心。中年时，王常月在王屋山遇到全真道龙门派六祖赵真嵩，于是恳求开示受戒，赵未允。于是王常月饿了就食松柏，渴了就饮清泉，一月有余，以表达求道之切。赵真嵩见其诚，在天坛王母洞告盟天地，授其龙门派戒律心法，并为其取法名常月。王常月之后游历四方，参师二十余位，历时八九年。后于九宫山再遇赵真嵩，赵真嵩认为王常月能够重振宗风，又授以天仙大戒，王常月遂于华山隐居修道。在华山隐居多年后，王常月来到北京白云观，受请任方丈，又奉旨说戒于白云观，说戒三次，收弟子千余人，道风大震，逝世后康熙皇帝赐号“报一高士”，命筑飨堂，塑神像。①

王常月极重持戒，其著作中便有《钵戒》五卷，《出真

① 《藏外道书》第20册，巴蜀书社1992年版，第591—592页。

戒说》一卷。龙门派得以中兴，也主要依赖于王常月的清整戒律措施，他不仅将传戒方式改回公开传戒，对传戒内容也进行了重新编纂，令其兼具条理性与整体性。①

观音大士（慈航真人）：

观音信仰在中国，经历了六朝、隋唐、宋三大发展阶段以后，呈现出女性化、世俗化的信仰特点。这主要表现在：其一，关于观音的起源。宋元多种文献记载的观音为妙善公主的传说，是受道教灵宝派《度人经》影响的结果。对此，俞樾在《茶香室续钞》指出："《文选·啸赋》注引《灵宝经》曰：'禅黎世 界坠王有女，字姓音，年至四岁仍不言。王怪之，乃弃于南浮桑之阿空山之中。女无粮，常日咽气，引月服精，自然充饱。忽与神人会于丹陵之舍，柏林之下。姓音右手题赤石之上。'语姓音：'汝虽不能言，可忆此文也。'遣朱宫灵童，下教姓音治弟之术，授其采书入字之音，于是能言。于山出，还在国中。国中大枯旱，地下生火，人民焦燎，死者过半。穿地取水，百丈无泉。王却惧。女显其真，为王仰啸，天降洪水，至十丈。于是化形隐景而去。按：此疑即妙庄王女之说所自来，姓音或即观世音也。"②其二，观音的道教形象。宋徽宗宣和元年（1119）废佛，《宋史·徽宗纪四》："宣和元年春正月……乙卯，诏：佛改号大觉金仙，余为仙人大士，僧为德士，女冠为女道，尼为女德。"③

---

① 参见李安：《王常月道教改革思想初探》，中央民族大学硕士学位论文，2011年，第28-32页。

② （清）俞樾著；李烈初，李也红点校：《俞樾全集》第21册《茶香室丛钞2》卷十七，浙江古籍出版社2021年版，第747页。

③ （元）脱脱等：《宋史》卷二十二，中华书局1977年版，第403页。

这一诏令次年即废，但在民间影响深远。佛教的观音信仰与道教的神仙信仰相糅合，逐渐形成“慈航真人”信仰，至少在明代即已定型。它宣称，慈航真人是昆仑山玉虚宫元始天尊门下的弟子，与广成子、赤精子、玉鼎真人、太乙真人、黄龙真人、文殊广法天尊、普贤真人、灵宝大法师、惧留孙、道行天尊和清虚道德真君一起并称道教“十二金仙”。为了强化这一信仰，人们一方面把慈航真人的成道时间提前，这有四说法。其一是商代，例如《历代神仙通鉴》记载，商代普陀山洛伽岩潮音洞中有一位女真人，发愿要普度世间所有男女。她经常以丹药及甘露水济人，南海人称之为“慈航真人”。其二是认为观音是老子的弟子尹喜的化身[①]。其三是把观音视为元始天尊的化身。北周时期甄鸾作《笑道论》，对道教大肆抨击，其中说：“臣笑曰：按《诸天内音八字文》曰：‘梵形落空，九灵推前。’天真皇人解曰：‘梵形者，元始天尊于隆汉之号也，至赤明年号观音矣。’”[②]这一传说后世鲜见流传。其四，明清时期的民间宗教往往把观音视为无生老母的化身，尤其是在反映民间宗教各种创世神话的宝卷文学中表现得非常清楚[③]。其次，从另一方面，在三教融合的大背景下，人们认为观音、文殊和普贤都是在中土得

---

① 参见顾希佳：《菩萨外传》，上海文艺出版社 1991 年版，第 30 页。

② 《广弘明集》卷九，《大正藏》第 52 册，新文丰出版公司 1983 年版，第 146 页。

③ 参见向达：《唐代长安与西域文明》，三联书店 1987 年版，第 600—616 页。

道，然后到西方成佛[1]。

观音也称观世音，梵文 Avalokitesvara，亦称“光世音”“观自在”“观世自在”。这透露了其职能。观音大士修成正果之后，其样貌是慈悲与智慧、观性与观音（即观相）、出世与入世、神圣与世俗、威严与慈祥五个方面的统一。其中的核心是智慧、慈悲、神通，三者相依互用，缺一不可。其中神通具有神通之力、显化之力、感应之力。神通之力指观音大士具有凡人所达不到的高超能力，观音的眼、耳、鼻、舌、身、意均已超出凡俗能力的范围，是无所不能的圣者。显化之力指观音为救度不同的众生，能根据不同的环境、条件随时变化其身，呈现出千差万别的身相。感应之力指众生无论在何时、何地，无论遇到什么苦难和麻烦，只要以虔诚之心，按照观音法门的修持仪轨而进行一定的称名、诵咒、念经、礼拜、供养等宗教活动，观音大士就能立即感知到什么地方、哪个众生遇到了什么苦难，从而通过显露真身妙相、化作凡间俗相或在冥冥之中施展法力等方式，使受苦众生获得解救。[2]

第三节　有关紫极观的民间传说故事

一、戴侯塑像前船内神秘的鞋子

戴公祠内戴老爷塑像前，必定要有两条船，这是作为他

---

① 刘晓艳：《仙释圆融佛道双栖——慈航真人观世音仙话传说的文化观照》，《集美大学学报》（哲学社会科学版），2012 年第 3 期。

② 李利安：《从中国民间观音信仰看中国道教文化与印度佛教文化的对话》，《人文杂志》，2004 年第 1 期。

救人的工具。但是，不少人注意到，船内还放着一双鞋。这起源于一位姓姚的画师得到戴老爷帮助的故事。

传说乾元镇联星村姚画使自然村的村名来自曾经在该村居住的一位姚姓的宫廷画师。该画师的名和生卒年代均不详。民间传说，某一天，姚画师正在宫廷里的一个亭子为皇帝和皇后作画。快到黄昏时，他还在给皇帝像画胡子，突然想起来，第二天就是清明节，家乡要办社酒，也就是同一高祖下各房子孙们一年一度的聚餐，今年还是轮到他当值。可是他人在京城，一夜之间根本就不可能赶回去。正在焦急发愁的时候，忽听外面有人喊："有人要去德清吗？船马上就要开了！"他一听，心急火燎地就往外跑，船家催得急，姚画师顾不上吃晚饭，在路边一家杂货店里买了一斤枣子，就上船了。他刚坐下，脱下靴子，把随身携带的雨伞一起放在船舱里，船家就吩咐他闭上眼睛，船随即开动。坐了一会儿，饥肠辘辘，他于是偷偷摸着刚才买的枣子吃了起来，吃完后感觉手上黏糊糊的，就偷偷把手伸到船舷外，想在水里洗干净。没有想到的是，手指不但没有碰到水，反而还被一棵长着利齿的小草给割破了。他心中一惊，明白自己坐的船走的并非寻常路，而是"逢山山过，逢海海过"，水陆双栖！没过多久，就听船家喊："德清三里塘到了！"姚画师这时才明白，这是戴老爷的仙船来接我回家了，不然的话，怎么可能那么快就回到德清了。他非常高兴，于是匆匆上岸往家里赶，把雨伞、靴子忘在了船里。第二天社酒结束后，姚画师来到戴公祠里上香致谢后，绕到戴老爷塑像前的小船旁一看，自己的雨伞、靴子果然还在船舱里。他看看四下无人，悄悄地把雨伞、靴子取出来，淡定地离开了。这就是姚画师坐仙船的故事。后人于是把姚画师居住的村子改名为姚画使村。

返回京城以后，姚画师才发现自己闯下了大祸：本该画在皇帝脸上的胡子，因为当时心中挂念回家乡值办社酒的事，心不在焉，竟然鬼使神差地画在了皇后娘娘的脸上！皇帝一看大怒，下令砍掉了他的双手双脚。姚画师在宫中痛得打滚，过了三天居然没死，皇帝心想，其中必有缘由，一问，知道了戴侯开仙船送他回家的事。几天之后，姚画师死了，皇帝于是就给他封了神，并赏赐他斧头、锯子。后来姚画使村的人们就把这个神称为“亭子菩萨”。

由于有了斧头、锯子，此后清明节前一天庙会中抬神巡游时，“亭子菩萨”的轿子可以转来转去、横冲直撞，碰到障碍物过不去，随从就直接用斧头、锯子把障碍物清除。可是这样一来，有时反而扰民，被一些人告发到官府和城隍，城隍准奏，就把斧头、锯子收回去了，但是抬“亭子菩萨”的轿子可以前后左右转动的习俗却保留了下来。

岁月弥久，姚画师的故事被逐渐淡忘，船里的鞋子也被不知实情的人们替换成了一双童鞋。但是船里放鞋子的“规定动作”已成为一种文化基因，被固执地保留了下来①。

二、有关潘烂头的民间传说

潘道人，俗称潘烂头，因德清方言将患有头癣的人称为癞痢头或烂头而得名。潘是紫极观历史上的高道之一，大致活跃于清朝。截至今日，紫极观所在附近乡镇还有关于他的事迹在流传。

据当地老人回忆，传说潘道人曾经和他那一代的张天师

---

① 参见郭涌主编：《德清县民间故事歌谣谚语集》，浙江省民间文学集成办公室，内部资料，2006 年。

有过一场斗法。年轻时的张天师周游四方，来到了湖州地区。乘舟经过紫极观附近时，河面突然激荡开来，似有无形之手在推波助澜，船只随时都会倾覆。张天师掐指一算，便知是有人要与他斗法一场。随即前往岸边几里地外的紫极观。此时的紫极观内，潘道人正立于一张八仙桌前，桌上放有一白瓷海碗，碗中清水晃荡不停，似乎随时都要溢出。潘道人手握一根麦秆，对着碗中不断鼓气。

潘、张二人见面之后亦有一场对话。张天师讥讽潘道人无有妻女，光棍一个。潘道人还以颜色骂道，你这病秧子定是活不过三十。随后二人施展道法，招来天兵天将。潘道人棋差一着，被天师所唤来的天兵天将一锤子击中天灵盖，落下好大一块伤疤，此后就被唤作了潘烂头。而那一代的张天师果然也在29岁那年羽化了。①

---

① 笔者在田野调查中听闻关于潘道人烂头的传说还有一种说法。潘道人一日在如厕时，兴之所至，以茅房厕纸为底，书符箓于其上，尝试召唤天兵天将现身于凡世。哪知当真成功。然而天将下凡之后，一看召唤自己之人，竟然蹲坐于茅房之中，顿生厌恶，就对潘道人的脑门一指，之后愤而离去。潘道人抱头叫唤，满头生疮，到死为止，也是“烂头”。此处所说有文献可证。潘烂头，明时江宁（今江苏南京）人，《神异典》卷二五九引《江宁府志》记载：

为朝天宫道士，能行穿心雷法。因于厕间召神取手纸，神怒，以雷火烧其头，故名烂头。每出游，群儿以钱索雷，则以手染头疮，书雷字于儿掌中，令固握，行数步开手，即云气蒸起，轰然雷作。人有疾病，则以头疮书符与之，或悬于门，或焚其灰而饮，病辄愈。后不知所终。按：此与“潘道泰”事全同，自系一人。又清·闲斋氏《夜谭随录》卷二有“潘烂头”一条，厕间召神而致头烂及以浓血书符治病事全同，又有与嗣张天师斗法事，为前书所未载。略云：潘所居古观在城外，跨一石桥，流水环绕。江西张真人入觐，将渡江。或谓潘曰：“汝素以术自炫，这一传说故事虽有民间故事的演义成分在，但亦可从中推导出一些线索。从那一代天师享年 29 岁来看，参考龙虎山天师世系，应是第 55 代天师张锡麟（1696–1727）。《龙虎山志》卷六《世家》云："五十五代锡麟，字仁趾。康熙五十五年袭爵……雍正五年，例应入觐命，法员娄近垣偕行。至杭州病亟。"[①] 龙虎山志虽未明言张锡麟入京觐见的路线，但从张病逝于杭州看来，上文所言张、潘二人的斗法似乎也不是空穴来风。据此，潘道人活跃于世间的岁月可以大概推算出来，大约是在清雍正年间。

此外，潘道人还有一个传说。潘道人算到自己死后，潘家恐会落败，便企图寻一风水宝地，福泽后人。他留下遗言："我死之后，要葬在四十里方山。"方山既名四十里，地方当然不是三丈之地，潘家人就问他："四十里方山如此之大，又将葬于何处？"潘道人回道："待我死去，你们将我的棺材抬到四十里方山。到地方了，抬棺的杠子就会自然断开。那个地方就是了。"但世间之事往往不能如预料的那般，潘

今能使天师不能渡江否？"潘乃注水于盆，取竹编小舟，以线牵之，至东复西，往来不已。天师之舟时已挂帆，乘风破浪而渡，然每将至岸，辄为逆风吹回，如此十余次，终不得渡。有人知潘所为，急白太守，太守亲往止潘，天师乃得渡。天师深衔潘，及自京返，亲往观中访潘。适潘外出，天师环视，指石桥曰："此桥大碍风水。"命拆之，未及一半，得一白鹤，羽毛未充，见人惊飞，未逾丈，堕水而死。张乃去。潘自此得病，半月而亡。雍正《云南通志》卷二五则云为云南永昌府（今云南保山）人，幼随长春真人学法。余同。

参阅：栾保群编著，《中国神怪大辞典》，人民出版社 2009 年版，第 373 页。

① 《藏外道书》第 19 册，巴蜀书社 1992 年版，第 475 页。

家人将潘道人的棺材抬到了四十里方山之后，东奔西走，那抬棺的杠子却迟迟不见断裂，只是叫人累死累活罢了。久病床前无孝子，更何况是个躺在棺材里的死人呢。抬棺的人不用说，跟着送葬的人都受不了，所以就有人说："他活着都疯疯癫癫，死了也不叫人安生。干脆直接砍断了杠子，葬在此处吧。怎么断不是个断法。"此言一出，得来一片赞同之声。然后众人，你一刀我一刀砍在杠子之上。但这杠子，明明只是普通木柴，却硬是砍了许久也不见断开。当杠子终于断裂之际，一声轰隆，装载着潘道人尸身的棺材应声蹿了出去，也不见谁人推，谁人拉，十余丈地开外才停住。送葬的潘家顿时只觉脖子后面一股寒气，恐惧之下，就在那处地方将棺材草草下葬。显然，这并不是潘道人所想要的埋骨之地。因此，潘家后来就家道中落，生下来的孩子每一个天生头癣，潘家烂头这个名号也如附骨之蛆难以摆脱了。

这第二个传说故事中更多凝聚的是百姓对于死生之事的或是害怕或是不解。但从潘道人给自己选择下葬之地来看，他对于风水推演之道是有研究的。这亦可以说明紫极观是有相关传承的。

三、有关洑合道的民间传说

洑合道（？①–1954），德清县洛舍镇三家村墅元头人，俗称阿道，道教龙门派合字辈道士，太玄紫极观 20 世纪的最后一任住持。

据当地老人回忆，洑合道身高大约 1.75 米，面容姣好，

① 洑合道的生年不详，但根据当地吴胜珠（1928 至今）老人回忆，活到今日应当有 120 岁，所以应为 1900 年前后。

蓄发留髻，丰神俊朗，有出尘之姿[①]。沭合道在新中国成立前的十余年里都主持着紫极观内的日常以及祭祀活动，是龙门派云巢支派清客道士独特的宗教信仰体系在紫极观最后的支柱。

关于沭合道的师承，较为明确的是他拜师高池山太素宫谢法师[②]。

谢法师其人，生卒年不详，修炼内丹功夫，道行高深，亦精通风水易术[③]。关于谢法师的记载不见于正史，只能从太素宫的相关记载中去窥测其传承线索。

《道光武康县志》卷十一载："太素宫，在县南二十里高池山，旧名圣堂。明季毁，国朝雍正九年（1731），道士贝长吉重建。"[④]关于贝长吉，《长春道教源流》卷七有记载："贝师本恒，字常吉，淮阳人。年十七，礼武当袁正遇为师，后访王昆阳受修真戒律。康熙己亥（1719）结茅武康之高池山，参玄静炼，得祖气符箓，祈者响应，群以真人呼之……师之学宗郝太古真人。先明易道之原，晚造神仙之域。其徒陈仁恩奉教三十年，得明其旨，撰《周易参义》《黄老归旨》二书……师化乾隆二十三年（1758）十一月十八日也，

---

① 此处身高形象，根据丁永规（1927 至今）、潘永俊（1937 至今）、姚财庆（1929 至今）口述还原。

② 根据当地丁永规老人回忆，其儿时多次跟随沭合道前往高池山问道。

③ 根据丁永规回忆，谢法师食量是普通成年男子的三倍。不管寒暑，常年只着一件单衣。经常于榻上打坐练功。

④ （清）疏筤修；（清）陈殿阶，吴敬義纂；欧阳习庸点注：《浙北历史与文化 清道光武康县志》点注本，三秦出版社 2003 年版，第 266 页。

寿七十一。”[①]王昆阳即王常月，号昆阳子。《长春道教源流》谓贝常吉受王常月戒律，故他应为龙门派道士。

此外，《嘉庆余杭县志》也有记载：“贝本恒，字常吉，淮阳人。蚤失怙恃。年十七坚志慕道，投武当山袁正遇为师，度为道士。袁化后，访茅山乾元观求王昆阳律师授修真戒律，遂南游浙江。康熙己亥（1719）结茅于武康之高池山，参元静炼，得祖气符箓，施符济人，祈者响应。时通元观沈月光法师往来谈道多所契合，四方道俗受师之益者，群以真人呼之。”[②]这里说得更具体，贝常吉是在武当山受度成为道士，之后受戒于龙门派王常月。但是仔细研究后就能发现，贝常吉求访王常月受戒是不正确、也不可能的。康熙十九年（1680）王常月逝世，贝常吉出生于1688年，在时间上两人就不可能相遇，所以《长春道教源流》与《嘉庆余杭县志》的记载当误。

但贝常吉有龙门派的学问这点是可以肯定的。据《道统源流》载：“贝旭阳律师，名清升，原名常吉。先皈郝祖所开华山派，得名同仁，后遇樊师于武林，又皈依龙门，后主大涤山洞霄宫讲席。”[③]《金盖心灯》卷三《樊初阳律师传》也说贝常吉是华山派道士：“得其宗旨者华山嗣师贝常吉。考之道谱，华山派乃宋元之间郝太古真君所开也。贝君名本

---

① （清）陈铭珪：《长春道教源流》，载《藏外道书》第31册，巴蜀书社1992年版，第136页。

② （清）张吉安等修，朱文藻等纂：《嘉庆余杭县志》卷三十，民国八年重刊本，第907页。

③ 庄严编辑，潘本瑕、俞合达参订：《道统源流志》（下），民铎报社1929年版，第9页。

恒，后主大涤之洞霄宫者，轻云子所述如此。”[①]《金盖心灯》卷四《沈轻云律师传》也有提及：“（沈轻云）出访道于高池，武康名山，贝常吉，名本恒为华山派裔，厚遇之，临别谓师曰：‘他年得君同主大涤洞足矣。余年长，请先往以待君。’既而常吉住余杭洞霄宫。”[②]沈轻云死后“常吉门人李仁凝，碑本作月峰，盖李仁凝号月峰，为封其龛，享年七十有九葬于大涤山之金筑坪，盖师所自择也。是谓龙门第十一代律师”[③]。沈轻云是龙门派第十一代律师，而贝常吉与之为友，不难看出贝与龙门派之交往密切。其后主持余杭大涤山洞霄宫。贝之门人李仁凝亦是如此。《金鼓洞志》卷八《月峰李真人传》记载：“月峰真人者，即世所称妙衷定命真人也，姓李名仁凝，皈依常吉真人为师。隐于云窝山房，好清静，修性炼命，备尝苦楚。性喜洁，最爱花木，精修三十年。”[④]金鼓洞道观属于龙门派杭州栖霞岭金鼓洞支派。结合前文，李仁凝在贝死后，很有可能又拜沈轻云为师。《诸真宗派总簿》记载：“至一元上道，崇教演全真，冲和德正本，仁义礼智信。”[⑤]根据这里记载的辈字谱，贝本恒为华山派第十五代，李仁凝为十六代。

根据以上分析，贝常吉为华山派道士，又皈依于龙门派，参学其中。如此来看，高池山太素宫不仅有华山派的传承，也有龙门派的传承。那么太素宫谢法师掌握炼丹心法，懂风

---

① 《藏外道书》第31册，巴蜀书社1992年版，第219页。

② 《藏外道书》第31册，巴蜀书社1992年版，第247页。

③ 《藏外道书》第31册，巴蜀书社1992年版，第249页。

④ 《藏外道书》第20册，巴蜀书社1992年版，第293页。

⑤ 李养正编著：《新编北京白云观志》，宗教文化出版社2003年版，第440页。

水也就有脉络可循了。

据当地老人回忆，洑合道虽然不曾修炼内丹功夫，但颇通草药金石，在那个医疗条件落后的年代里，治疗了当地许多生病的村民。紫极观附近村落曾有一村民得了难疾，体内废物排不出去，遍访周边名医、吃了无数汤药，病状也毫无改善。经人推荐，造访紫极观，阿道扶乩之后，出现一黑色的条状物体。阿道据此开出一个药方，告诉他回家只需服下半条丝瓜，加盐即可病除。该村民回家之后，按吩咐去做，果然如此。

除了医术，洑合道留给人们更深的印象是他生前的多则预言后世得到了应验。在笔者田野调查的过程中，几乎大部分的采访对象都说了几则类似的故事。

其一，阿道说以后南京、北京的皇宫里做戏，紫极观这里的人也能看见。这指向了电视机在我国的逐渐普及。

其二，阿道说以后天上都会布满蜘蛛网。这指向了现在村村通电、通网、通路的基础设施建设。

其三，阿道说以后人都会被放在长方形的锅子里烧掉。这指向了新中国成立后逐渐取消土葬，改为火葬。

其四，阿道说以后很多山里面都会有皇帝洞。这指向了20世纪六七十年代防空洞的建造。

其五，以后要楼上、楼下电灯、电话，小河全红，大河半红，全国一片红。

预言与现实之间的联系，也许不能作为说明洑合道拥有预言能力的证据，但可以肯定的是，洑合道在当时，是少见的具有卓越见识的人物。在他独自主持紫极观的岁月里，他不仅勤于宣道，培养了一批教字辈和永字辈的龙门派居士，还以医术救死扶伤，尽可能地去帮助紫极观周边的贫苦百姓，成为旧时代里的一抹光亮。

1954年冬天，洑合道因病去世。留诗一首——《第三次春会》：“上通天文地理，下通阴阳八卦；道通龙华大开，大众来了复来。”

第四节　道教医学与德清太玄紫极观的道医

传统医学并非只是中医。“中医”这一概念是受西方医学的影响，仿照其内容而到传统文化中寻找资源而逐渐建立起来的一个知识体系，并不能完全反映中国传统文化中全部有关人体及其疾病预防、治疗的知识。所以，最近十多年来，“道教医学”这一概念被提出来，“道医”的称呼相应地在社会上产生了越来越大的影响。

道教与医学的关系绝非对立冲突的，“道门出于宗教信仰和目的的需要，以医传教、借医弘道，不断‘援医入道’；另一方面，传统医学也不断汲取、借鉴道教医学养生思想和成就，许多医家也‘援仙入医’”①。因此，只有认识到道教与医学互融互摄的关系，才能对道教医学有清楚的把握。

日本学者吉元昭治的《道教与不老长寿医学》说：“所谓道教医学，可以说就是以道教为侧面的中国医学。这些被看作是道教经典中的主要内容。不过现在，就像道教湮灭在民间信仰（民俗宗教）之中那样，道教医学可以在民间医疗或民间信仰疗法中见到其踪迹。”② 这里“以道教为侧面”

---

①　盖建民：《道教医学》，宗教文化出版社2001年版，第10页。

②　［日］吉元昭治著，杨宇译：《道教与不老长寿医学》，成都出版社1992年版，第8页。

的说法稍显笼统，未能指出医、道为何能够融贯，从而成为道教医学的根本原因。在说明道教医学的具体内容之前，这一根本——即道教与传统医学得以融贯的基础——必须先被揭示。

一、道教医学的前提

道教医学成立的基础首先在于道教与传统医学有共同的思想来源，即先秦两汉留下的思想遗产，以易学思想、老庄思想、阴阳五行学说、内三宝说为中心，它们与道教的关系自不必说，它们同时是传统医学所运用的思想方法与框架。

例如，关于易学与医学，“中医界历来有‘医易互通’‘易具医之理，医得易为用’之说”①，如药王孙思邈，明代医家张介宾、清代医家唐宗海等都有此说，《类经附翼》说：“易者，易也，具阴阳动静之妙；医者，意也，合阴阳消长之机。虽阴阳已备于《内经》，而变化莫大乎《周易》。”② 就是说，传统医学是通过研究人体阴阳动静消长的奥妙来治疗人的身体，易学实际为传统医学提供了认识论和方法论。

又如先秦道家的理论学说，传统医学养生思想几乎全借此阐发，《老子》说“道法自然”，即是传统医学养生治病依于天理的根据，顺应四时寒温，昼夜晨昏，养阴养阳，都是顺应自然以延年益寿。同时，“归根曰静”与“恬淡虚无”也是养生要诀，恬淡寡欲则忧患不入，邪气不侵，心神宁静

① 参见盖建民：《道教与传统医学融通关系论析》，《哲学研究》，2002 年第 4 期。

② （明）张介宾编著，郭洪耀等校注：《类经·类经附翼》卷一《医易义》，中国中医药出版社 1977 年版，第 664 页。

则神藏于内，形体不衰。事实上，传统医学养生之语，几乎都发端于先秦道家的思想理论。

阴阳五行作为认识框架，也是道教与传统医学的共同特质，《国医指南》开篇就指出："凡人乃阴精阳气合而成之者，病之起也，亦不外乎阴阳二字，和则生，不和则病。"① 阴阳须达到和谐的地步，传统医学以"和"为准绳，断症时常有"阳盛""阴虚"之言。五行的应用则更为普遍，丹家的内炼养生、人体的五脏等，都是采用了五行的划分与其相生相胜的道理。

内三宝即精、气、神，《太平经》说："道之生人，本皆精气也，皆有神也。"②后世道教以精、气、神为人身内三宝，甚至说"修炼金丹者，炼精、气、神而已"③。精即先天元精与后天阴精，气即先天元气与后天呼吸之气，神即先天元神与后天思虑之神。医家亦以此作为人健康与否的凭据："善养生者，必宝其精，精盈气盛，气盛则神全，神全则身健，身健则病少。"④ 内三宝是医、道共同对于人体的认知模式。

除了道、医具备共同的思想基础，另一个重要前提是其强烈的目的性。简言之，道教医学是道教徒以长生、成仙为直接目的而发展出来的，其形态应当是"援医入道"而非"援道入医"，如无此目的，道教医学便与中国传统医学或中医无法区分。基于此宗教目的，道教医学便不仅限于道教徒自

---

① 李涵馥编著：《国医指南》卷上《阴阳之义》，新文化书社 1934 年版，第 1 页。

② 王明：《太平经合校》，中华书局 1960 年版，第 723 页。

③ 《藏外道书》第 9 册，巴蜀书社 1992 年版，第 16 页。

④ （明）张介宾编著，郭洪耀等校注：《类经·摄生类》，中国中医药出版社 1997 年版，第 1 页。

身为长生成仙的修炼所发展出的医学内容，同时也是道教徒为布道而传医、治病救人过程所积累的医学，这是道教医学常现于民间医疗的原因。

二、道教医学的内容

道教医学的内容与中医虽有交界，但又有自身宗教色彩极强的部分，吉元昭治对于道教医学内容的叙述就明确展示了这种区分：他将汤药、本草、针灸、外丹术等归为第一类，为“本草学”，这一部分是道教医学和中医最接近的部分；导引、调息、内丹、辟谷、房中等为第二类，有极强的道教丹鼎派印记；符、占、签、咒、斋、禁、祭祀、祈祷等为第三类，可以说是道教符箓派的内容，这一部分与民间信仰、民间疗法密切相关。[①] 胡孚琛先生的说法亦近于此。[②]

现对上述提到的三类道医内容进行进一步的说明。

第一类即约等于传统医学的内容：其中汤药不单指以药物熬煮的汤剂，也包括丸剂、散剂、膏剂和药酒等药物，按《千金翼方》的说法，五脏骨髓有患宜用汤药，汤药也适用于养性延午。本草即草药，本草类书籍一般讲述药物的名称、形态、功能、主治以及采取、保存、加工的知识，道医极重本草知识，例如《太平经》中就有《草木方诀》《生物方诀》篇，南朝高道陶弘景也有《本草经集注》《太清草木集要》，例子不胜枚举，道士采药的形象可以说深入人心。针灸即针法与灸

① 参见[日]吉元昭治著，杨宇译：《道教与不老长寿医学》，成都出版社1992年版，第8–9页。

② 参见胡孚琛：《道教医药学述要》，《中国中医基础医药学杂志》，1995年第4期。

法，针灸首先建立在道医共通的经络系统上，以针刺或火灸人体穴位来治疗疾病，《太平经》中就有针灸的概念："灸者，太阳之精，公正之明也，所以察奸除恶害也。针者，少阴之精也，太白之光，所以用义斩伐也。"①葛洪的《肘后备急方》与陶弘景《真诰》也保留了大量针灸疗法，其中有道医针灸特有的穴位。外丹为道教修炼方法之一，即以液体溶解或炉火烧炼矿石药物以制取仙丹或"金丹"，所用药物以铅汞为主。外丹术本为求长生不死，秦汉时就有帝王沉迷于此。到魏晋南北朝时，外丹逐渐应用于疗疾，例如葛洪的"密陀僧""三仙丹"等丹药，可以防腐治肿。后来的孙思邈"首次将炼丹术的化学制药方法正式引入中医学，成为中国古代医药化学的先驱"②。丹药救急济危的功能也为常人所熟知。

第二类则是道教的养生术，靠自我摄养和调节精气神来防病疗疾：其中导引术是一种以肢体运动为主，兼容行气、按摩、咽纳和存想等方术的养生之法，后被道教吸收、传承与创新，形成道教独有的导引术。如五禽戏、八段锦就是极典型的导引术，"导引术本源起于对某些疾病的治疗和预防，被道教吸纳、改造和创造之后，虽有一定附魅仙化的倾向，但其绝大多数功法仍然保留了鲜明的治疗、预防或保健特性"③。调息即调理气息，通常以静坐为形式，结合呼吸与心理调理，以达到心宁神静、气息平和，《太平经》中就

① 王明：《太平经合校》，中华书局1960年版，第179页。

② 韩吉绍：《医药化学家孙思邈》，《南京中医药大学学报》，2010年第2期。

③ 魏燕利：《道教导引术的历史演变探析》，《四川大学学报》（哲学社会科学版），2016年第5期。

提到守一、胎息的调息方式。调息广泛应用于治病养生，《素问遗篇·刺法论》就说：“肾有病者，可以寅时面向南，静神不乱思，闭气不息七遍，以引颈咽气顺之，如咽甚硬物，如此七遍后，饵舌下津令无数。”[①]内丹术即是基于阴阳消长、天人感应思想，以人身为鼎炉，烧炼人体内的精、气、神，在体内凝练结丹。通常认为，内丹术的主要医学功效是养生与延寿，例如《宋史》所记载的内丹家大多高寿，其中陈抟寿长 118 岁，张无梦 99 岁，张伯端 96 岁，石泰 136 岁，薛道光 113 岁。辟谷又称断谷，绝粒等，即不食五谷杂粮，或者减少谷类、肉类食物的摄取，葛洪《抱朴子内篇》提出辟谷的方式有服饵、服气、服石或服水几种[②]。道教之所以视辟谷为长生之术，是认为辟谷可以驱除秽气与三尸虫。其实这也是一种改善饮食结构的方法，因为许多疾病的发生都和粪便在体内的滞留有关，因而短期辟谷确有保健疗疾之效。房中术即基于阴阳和合思想的行房之术，道教中的房中术以节欲为准则，可以起到补益和养生的效果，现代科学中同样提倡适度的性生活。

第二类最具宗教信仰的特征，与传统医学截然不同，实际是依靠社会环境与心理环境进行治疗，且其中的各种术法都互相联系，互为补充，共同构成一次道医治疗的宗教仪式。例如以符治病，有时需立祭坛，辅以咒、印、剑、诀、水等工具，召神驱鬼，以祛除疑症，有时只需从道观求得符箓，兼以秘咒或祈祷，再将符箓引燃溶于水中饮入，便可治病驱邪。道书记载张鲁就行此法治病：“（张鲁）后隐身学

① 《道藏》第 21 册，第 464 页。

② 《道藏》第 28 册，第 226 页。

道，以符法治病，致米一斗，疾苦立愈”①，五斗米道也因而信奉者甚多。在历史记载中，道士以符箓、符水、符咒为人治病的例子俯拾皆是，各类道书所录的治病符咒也种类繁多②，其目的自然是以医弘道。事实上，无论是符箓还是咒术等疗法，其医疗作用并不依赖于符咒本身所具有的神力，而在于施符念咒术法的背后所暗含的药物治疗和精神心理治疗，尤其是后者。此类治疗方式，“是通过发挥宗教信仰所特有的精神作用和功能来调整、改善病人情绪，为病人缓解病痛乃至消除病魔，达到治愈（或莫种程度的症状改善）的效果。信仰疗法是宗教医学普遍使用的一种治病手段”③。道教占卜之术、祝由术与药签的疗病作用等都是此理。

上述对于道教医学内容的叙述虽不能囊括道教医学的全貌，但也勾勒出道教医学的清晰轮廓。由此可知，道教医学的范围实际大于传统中医学的范围，与传统医学相较，道教医学同样包含本草学的内容，却更重养生与预防，同时还重视调解人的社会环境与心理环境。

三、紫极观的道医

“长生不死，得道成仙”是道教的终极信仰目标。长寿是这一信仰的前提。为了长寿，防病治病是必需的。防病治病是巫术和方术的重要内容。战国至西汉时期成书的《黄帝

---

① 《道藏》第5册，第208页。

② 盖建民：《道教符咒治病术的理性批判》，《世界宗教研究》，1999年第4期。

③ 盖建民、何振中：《道教医学精义》，宗教文化出版社2013年版，第120页。

内经》已经采纳了道家为自己的哲理框架而建构医学体系，作为道家的实践性继承者，道教孜孜不倦、不遗余力地传承、发展医学，为医学的发展做出了极大的贡献，例如，葛洪、陶弘景、孙思邈等，既是道教宗师，也是医学发展史上里程碑式的人物。流风所及，“十道九医”成为一个普遍的现象。

德清历史上还出现了几位医学大家。以姚氏为例，姚僧垣（499–583），字法卫，吴兴郡武康县（今浙江省德清县）人。历任临川国左常侍、江州田曹参军、殿中医师、大医正。北周时历任小畿伯下大夫、遂伯中大夫、骠骑大将军、华州刺史、太医中大夫，南北朝时期医学家，治验不可胜记，声誉远闻诸蕃外域。著《集验方》十二卷，撰《行记》3 卷行于世，今佚，部分佚文尚存于《外台秘要》《医心方》等书。次子姚最（536–603）也继承父业从医，著有《本草音义》《续画品录》。

太玄紫极观与医药也多有联系。唐代道士沈法谦曾经受朝廷之命到十二个州采药，虽然目的是炼丹，但由此可以推测他也是懂医药的。清朝光绪年间的紫极观道士周复仪、周本超父子不但知医懂药，还为当地村民义诊。民国时期的泆阿道，根据口述史采访可知，也是个知医懂药的道士。目前紫极观住持刘崇明道长，他先于杭州抱朴道院出家，后到浙江中医药大学读书，有行医执业资格。丙申年受天仙大戒，继拜冯宁汉学习九宫八卦针法，后师承吴奇教授学习马丹阳的天星十二穴，移光定位针法体系。刘崇明道长十多年来致力耕耘于道教经典导读和道医临床实证相结合的领域。

第三章 紫微大帝背景泥塑《天地人三界一炁流转图》介绍（上）

第一节 《一炁流转图》的整体结构

《天地人三界一炁流转图》构思的本意是用绘画的方式形象生动地展示道教的教义。根据《道德经》所阐述的“有无相生”的哲理，道教的教义可以概括自无生有的本源论和自有归无的实践功夫论。“无”即作为本源的道。“有”即万物，其中人为万物之灵长，能够认识道、理解道并懂得回归于道的必要性与可能性。“自有归无”也就是通过修炼而得道。得了道，自然能够成仙。本图充分彰显了这一哲理。从上往下看，表达的是自无生有的哲理，即道化元炁而生化三界，天地人生生不息，万物群生、众神仙真保守真性，生机蓬勃，各得其乐；从下往上看，表达的是自有归无的哲理，即在以道性为本的终极价值观的指引下，通过修炼，返璞归真，从后天回返先天，超越生死，步步提升，得道而及于圆满、完满。

本图大致可以分为左、中、右三列。以中为尊，左右配列。

不同于西洋绘画讲究照相式的实景呈现，中国传统绘画追求意在画外，画有尽而意无穷。所以，它强调虚实相通，亦虚亦实，虚中有实，实中有虚，虚实相应。本图的构思体现了这一思想，在有限的画面上，通过少数画点，表达了三界互通的意境。

西洋绘画中有抽象派，表达的抽象之意，艰涩难懂。与此不同，中国绘画多为教化服务，往往要表达一定的价值观。道教即是以道教化之途，当然其绘画也多有价值观的彰显。本画的主旨即彰明教义，它表达了行善去恶，轻淡名利，及早修真的价值观，要人们努力实现生的超越，永生不死。至于实现的途径，道士与道众虽然异途，但最终归宿则是相同的。

总之，本画务在以画透意，融真、善、美为一体，把抽象与具体相结合，务在触情、达意、传真，极尽教化之能，及于流芳百世。

示意图如下：

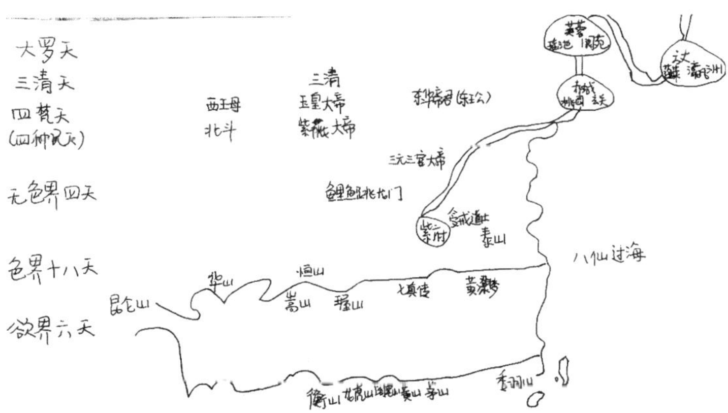

天地人三界一炁流转图示意（孔令宏手绘）

第二节　第一层地界

一、四海龙王

龙是中国古代神话的灵兽。在《诗经》中就有关于龙的描述。《诗经》："龙旗阳阳"①、"龙旗十乘"。在古代盛大的祭祀中，绘有龙纹的旗帜迎风飘扬，场面庄严而壮观。屈原在《离骚》中记载："为余驾飞龙兮，杂瑶象以为车，何离心之可同兮，吾将远逝以自疏。……屯余车其千乘兮，齐玉轪而并驰。驾八龙之婉婉兮，载云旗之委蛇。"②屈原以真诚的诗句表现了他高尚的人格和浓烈的爱国热情。屈原因不被楚国的宵小之徒接纳，而欲上天去求圣女贤妃，幻想自己如同仙人一般，驾乘龙车在天空中遨游。

《太上洞渊神咒经》中有记载"龙王品"③。"龙王品"以空间方位将龙王划分为"五帝龙王"。"五帝龙王"包括中央黄帝黄龙王、东方青帝青龙王、北方黑帝黑龙王、西方白帝白龙王、南方赤帝赤龙王。按照海洋名称，可以将其划分为"四海龙王"。"四海龙王"包括北方北海龙王、西方西海龙王、南方南海龙王、东方东海龙王。其名称分别是北海广泽王敖顺、西海广顺王敖闰、南海广利王敖钦、东海广德王敖广。

---

①　（汉）毛亨：《毛诗注疏》，《影印文渊阁四库全书》第69册，台湾商务印书馆1986年版，第915、978页。

②　程俊英，蒋见元：《诗经注析》，第777页。

③　《道藏》第6册，第47页。

另外，“龙王品”还记载了与天地万物有关的五十四名龙王和六十二名神龙王。龙王被古代帝王视为君王的象征，所以，历代帝王多次下诏封龙为王，祈求江山社稷风调雨顺。唐玄宗时，朝廷信仰道教，诏祠龙池，设坛官致祭，用祭祀雨师之仪制祭祀龙王。此后，宋太祖沿用唐代祭祀龙王的仪制。宋徽宗大观四年（也即 1110 年）下诏天下五龙神并封王爵①。宋徽宗封青龙神为“广仁王”、封赤龙神为“嘉泽王”、封黄龙神为“孚应王”、封白龙神为“义济王”、封黑龙神为“灵泽王”②。清代同治二年（1863），封运河龙神为“延庥显应分水龙王之神”，命令河道总督按时祭祀。《台湾县志》记载：“雍正二年敕封四海龙王之神③，东曰显仁，南曰昭明，西曰正恒，北曰崇礼。”④唐宋以降，由于佛教在中国的传播，文学和民间传说里有关龙的故事就越来越多。

龙王管理海洋及人间气候风雨，能上天下海，呼风唤雨，其人间职能是兴云布雨，解人炎热之苦。龙王治水是民间普遍的信仰。据《太上洞渊神咒经》之“龙王品”记载：“国土炎旱，五谷不收，两两三三莫知何计。”⑤元始天尊乘五色云来到国土，与诸天龙王降下甘霖，普救黎民，大雨滂沱，

---

① （清）高宗弘历：《国朝宫史》，《影印文渊阁四库全书》第 657 册，台湾商务印书馆 1986 年版，第 306 页。

② （元）马端临：《文献通考》，《影印文渊阁四库全书》第 612 册，台湾商务印书馆 1986 年版，第 177 页。

③ （清）高宗弘历：《皇朝文献通考》，《影印文渊阁四库全书》第 634 册，台湾商务印书馆 1986 年版，第 359 页。

④ （清）王必昌纂：《乾隆重修台湾县志》，清乾隆十七年刊本，[CD] 鼎秀古籍全文检索平台，2016 年版，第 251 页。

⑤ 《道藏》第 6 册，第 47 页。

滋养万物。

古代文献中的龙，是自由地驰骋于天地之间的存在。《易经》有“见龙在田”“飞龙在天”“龙战于野”。然而，龙王却是统治地上某一特定地域的。所谓龙王，并不是作为龙家族一族之长的王，而是指受封于某地为王的龙。龙王作为民间所信仰的神祇，是中国古代龙神崇拜与佛经中的龙王和海神信仰结合的产物。由于四海龙王是海洋主神，远离天庭，在神仙中身份比较特殊，保持着较大的独立性，所以天庭对海洋事务，任由其自治。龙王必定与某一特定地域维系在一起。龙王育有龙子龙孙，统领虾兵蟹将，治理下界。大龙王有四位，掌管四方之海，称四海龙王。小的龙王可以存在于一切水域中，比如井、潭。龙王形象往往是龙头人身。

各种文献和民间传说对于龙王降诞之日，都有差异。古代专门供奉龙王的庙宇与城隍庙、土地庙宇一样普遍。古代先民民智未开，每逢大旱、大水等风雨失调的情况，百姓就认为是龙王发威惩罚众生，都要到龙王庙焚香祈愿，祈求龙王治理干旱或水患，以求五谷丰登。

水面以下是酆都阴府。酆都大帝又称“酆都北阴大帝”，是道教阴府地狱的最高神灵。酆都大帝信仰起源较早，《山海经》中即有鬼国的记载，称度朔山上有大桃木，蟠屈三千里，其枝间东北叫鬼门，为万鬼出入的地方，门上有二神人，一叫神荼，一叫郁垒，主闭领万鬼之出入者①。《太平经》中亦有阴府召人灵魂考人魂魄的记载：“大阴法曹，计所承负，除算减年。算尽之后，召地阴神，并召土府，收取形骸，考其魂神。”②晋代葛洪在《元始上真众仙记》中记载：“蔡

---

① 《道藏》第36册，第293页。

② 王明：《太平经合校》，中华书局年1960年版，第579页。

郁垒为东方鬼帝，治桃丘山；张衡、杨云为北方鬼帝，治罗酆山；杜子仁为南方鬼帝，治罗浮山，领羌蛮鬼；周乞、嵇康为中央鬼帝，治抱犊山；赵文和、王真人为西方鬼帝，治嶓冢山。”①梁陶弘景在《真灵位业图》和《真诰》中系统地描绘了“酆都大帝”。《真灵位业图》神阶第七位就是酆都北阴大帝。《真灵位业图》记载：“炎帝大庭氏，讳庆甲，为天下鬼神之宗，治罗酆山，三千年而一替。”②

《真诰》卷十五《阐幽微》记载：“罗酆山在北方癸地……其上其下并有鬼神宫室，山上有六宫，洞中有六宫，辄周回千里，是为六天鬼神之宫也……第一宫名为纣绝阴天宫，以次东行，第二宫名为泰煞谅事宗天宫，第三宫名为明晨耐犯武城天宫，第四宫名为恬昭罪气天宫，第五宫名为宗灵七非天宫，第六宫名为敢司连宛屡天宫。”③传说普通人初死后要以第一宫受事，而贤达之人死去是先到明晨第三宫受事，主张人生在世应多行功德善事，才能有好结果。上述记载表明，酆都大帝住在北方罗酆山。这种说法一直延续到唐末五代。到了宋代，有关酆都大帝的记载发生了新的变化。如宋范成大《吴船录》载：“忠州酆都县，去县三里有酆都山，碑牒所传，西汉王方平后汉阴长生皆在此得道仙去，有阴君丹炉。……阴君以炼丹济人，其法犹传。”④可见，宋时人们认为酆都地点在南方的忠州（今重庆忠县），并称王方平为阴王，阴长生为阴君。

---

① 《道藏》第3册，第271页。

② 《道藏》第3册，第280页。

③ 《道藏》第20册，第579页。

④ （宋）范成大：《吴船录》，《影印文渊阁四库全书》第460册，台湾商务印书馆1986年版，第862、863页。

二、鲤鱼跃龙门

龙门位于今河南省洛阳市，传说鲤鱼只要跳过龙门就会变成龙飞升。诗人李白在诗《赠崔侍御》中写道："黄河三尺鲤，本在孟津居，点额不成龙，归来伴凡鱼。"① 后世用鲤鱼跃龙门比喻加官晋爵等飞黄腾达之类的喜事，也比喻逆流而上的精神。

鲤鱼跃龙门（清代四川夹江董大兴荣商号印绘年画）②
中间题匾：龙门。对联：禹门三级浪，平地一声雷。左右题字：一元复始。

---

① （唐）李白：《李太白文集》，《影印文渊阁四库全书》第1066册，台湾商务印书馆1986年版，第270页。

② 中国美术全集编委会编：《中国美术全集·绘画编·民间年画》，人民美术出版社2014年版，第191页。

山西省河津市城西北12公里黄河峡谷中的龙门，今称禹门口，也是“鲤鱼跳龙门”的出处。《埤雅·释鱼》：“俗说鱼跃龙门，过而为龙，唯鲤或然。……是以仙人乘龙，亦为骑鲤，乃至飞跃山湖。”[①]意思是说，鱼跃过龙门，就会变化成龙，跃不过去仍为鱼，而能跃过龙门的，只有善跃的鲤鱼，所以，仙人乘的龙，也是骑的鲤。在道教文化中，鲤鱼跃龙门意味着在地上活动的凡体变成可以遨游天际的仙体。西汉刘向《列仙传·琴高》中记载，鲤鱼常被当作仙人的座骑[②]，《列仙传·子英》也有子英骑鲤鱼成仙飞天的记载[③]。道士赋予了鲤鱼更多的属性，骑乘鲤鱼就成为仙人得道的标志。

三、八仙过海

八仙是民间传说中的八位神仙，包括铁拐李、汉钟离、曹国舅、韩湘子、何仙姑、张果老、吕洞宾、蓝采和。八仙的组成有不同的说法。在汉代，八仙称为“八公”，是号称“淮南八仙”的八个文学家。《小学绀珠》记载：“淮南八公：左吴、李尚、苏飞、田由、毛披、雷被、晋昌、伍被。”[④]据此，汉代的八仙只是八个文人，不是神仙。因为后世有淮南王成仙的神话，人们便把他门下的八公附会成了神仙，作为“八仙”。晋代谯秀撰写的《蜀纪》记载：“蜀之八仙”，

① （宋）陆佃：《埤雅》，《影印文渊阁四库全书》第222册，台湾商务印书馆1982年版，第62页。

② 《道藏》第5册，第68页。

③ 《道藏》第5册，第73页。

④ （宋）王应麟：《小学绀珠》，《影印文渊阁四库全书》第948册，台湾商务印书馆1982年版，第503页。

依次是："首容成公，即鬼容区，隐于鸿蒙，今青城山也；次李耳，生于蜀，今之青羊宫；三曰董仲舒，亦青城山隐士，非三册之仲舒也；四曰张道陵，今大邑鹤鸣观；五曰庄居平，卜肆在成都；六曰李八百，龙门洞在新都；七曰范长生，在青城山；八曰尔朱先生，在雅州。"①《蜀纪》的"八仙"与今传的八仙毫无关联。八仙的传说故事多见于唐、宋时期的典籍，当时的八仙还没有形成固定的群体。八仙说法的确定最早体现在元人创作的杂剧戏曲中。但是这些杂剧戏曲中声称的八仙组成各有不同。

马致远的杂剧《吕洞宾三醉岳阳楼》逐个列名八仙："第一个是汉钟离现掌着群仙箓……这一个是铁拐李发乱梳……这一个是蓝采和板撒云阳木；这一个是张果老赵州桥骑倒驴……这一个是徐神翁身背着葫芦……这一个是韩湘子韩愈的亲侄……这一个是曹国舅宋朝的眷属……则我是吕纯阳爱打的简子愚鼓。"②这个版本的八仙没有今传八仙中的何仙姑，而是换成了徐神翁。明代吴元泰的小说《东游记》③选定了八仙并排定了次序：一、铁拐李，二、钟离权，三、蓝采和，四、张果老，五、何仙姑，六、吕洞宾，七、韩湘子，八、曹国舅。这个版本的八仙组成和次序与今传八仙相同。

在杂剧《争玉板八仙过海》中讲述了八仙过海的故事。有仙长邀请八仙同赴蓬莱仙岛观赏牡丹，回程时铁拐李建议大家不乘船渡海，于是众仙各施法器，逍遥过海。这就是后

---

① （明）杨慎：《升菴集》，《影印文渊阁四库全书》第1270册，台湾商务印书馆1986年版，第398页。

② 王学奇主编：《元曲选校注》第2册下卷，河北教育出版社1994年版，第1678页。

③ 参见（明）吴元泰：《东游记》，中国文联出版社1998年版。

世“八仙过海、各显神通”的起源。

八仙过海①

汉钟离②

---

①　许才：《八仙过海》，2018 年 8 月 3 日，载：https：//auction.artron.net/paimai-art5131390085/，2020 年 10 月 26 日。

②　高淳县文化局编：《明清道教神像画》，第 94 页。

吕洞宾①

何仙姑②

① 高淳县文化局编：《明清道教神像画》，第96页。
② 高淳县文化局编：《明清道教神像画》，第97页。

张果老①

曹国舅②

① 高淳县文化局编：《明清道教神像画》，第 98 页。
② 高淳县文化局编：《明清道教神像画》，第 99 页。

韩湘子①

蓝采和②

① 高淳县文化局编:《明清道教神像画》，第100页。

② 高淳县文化局编:《明清道教神像画》，第101页。

四、十洲三岛

十洲

十洲是古代人们所认为的神人居住的十个岛。《十洲记》记载："汉武帝既闻王母说八方巨海之中有祖洲、瀛洲、玄洲、炎洲、长洲、元洲、流洲、生洲、凤麟洲、聚窟洲。有此十洲，乃人迹所稀绝处。"[①]汉武帝听说大海中有神人居住的十洲，便向东方朔询问。《十洲记》又名《十洲三岛记》或《海内十洲记》，原题"东方朔集"，《隋书·经籍志》始著录一卷，后世传本甚多，《道藏》收入洞玄部记传类，《云笈七签》亦录其文。《十洲记》记载："祖洲在东海，瀛洲在东海，炎洲在南海，玄洲在北海，长洲在东海，元洲在北海，流洲在南海，生洲在东海，凤麟洲在东海，聚窟洲在西海。"[②]该书保存了不少神话材料，行文风格有意模仿《山海经》。

道教与海洋文化有着密切的联系。"涉海人群生活中的种种禁忌反映出人们对海洋的敬畏和求助，其观念与做法皆与道教祈求禳解之术有关，人们借此祈求海洋给人以丰富馈赠和安康。龙王、妈祖等众多的海神信仰是道教结合中国本土原有神明形象和职能而创造出来，为充满凶险和挑战的涉海生活提供精神护佑，尤其宋元以后东南沿海出现的一些地方海神和专司某一海洋事项的专业海神等更是如此。"[③]道教文化对沿海人们的衣食住行、节庆、文学、语言、艺术等各方面都产生了深远的影响。

---

① 《道藏》第 11 册，第 51 页。

② 《道藏》第 11 册，第 52 页。

③ 王巧玲：《海洋文化中的道教文化研究——以浙江省为例》，《浙江万里学院学报》，2012 年第 5 期，第 41 页。

三岛

三岛即蓬莱、瀛洲、方丈，是仙人所居。传说三岛上有长生不死药，并且海域经常出现海市蜃楼现象，更激发了人们对仙岛的向往和寻求仙药的热情，秦始皇、汉武帝纷纷遣使开展寻访神仙的活动。《史记·封禅书》记载，“自威、宣、燕昭使人入海求蓬莱、方丈、瀛洲三神山者，其传在渤海中，去人不远。患且至则船风引而去。盖尝有至者，诸仙人及不死之药皆在焉”①。三仙山的传说对中国古代水域景观的布局有深远的影响。《史记·孝武本纪》记载：“于是作建章宫，度为千门万户。前殿度高未央，其东则凤阙高二十余丈，其西则唐中，数十里虎圈，其北治大池，渐台高二十余丈，名曰泰液池，中有蓬莱、方丈、瀛洲、壶梁，像海中神山龟鱼之属。”②这种仙山的模仿建造一直延续到明清两代，如清代有布置瀛台、水云榭、琼华三岛，清漪园中有布置治镜阁，藻鉴堂、龙王庙三洲的昆明池，圆明园有布置“蓬岛瑶台”等。

---

① （汉）司马迁：《史记》卷二十八《封禅书》，中华书局1959年版，第1369、1370页。

② （汉）司马迁：《史记》卷十二《孝武本纪》，中华书局1959年版，第482页。

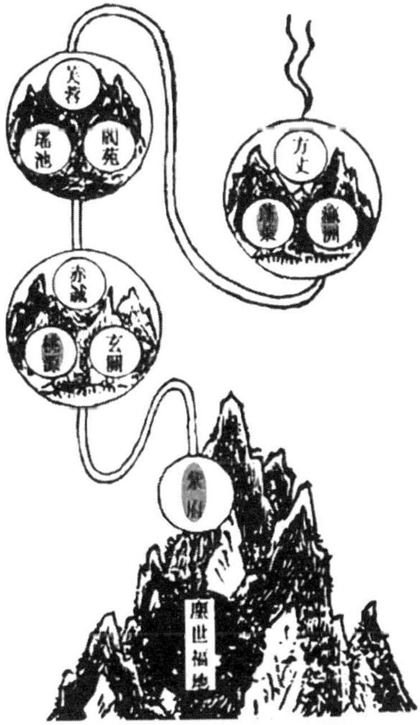

海中三岛十洲之图[①]

第三节　第二层地界

一、名山

（一）昆仑山

昆仑山，《河图括地象》描述其“昆仑山为柱，气上通天。

① 《道藏》第3册，第96页。

昆仑者，地之中也。下有八柱，柱广十万里，有三千六百轴，互相牵制，名山大川，孔穴相通。”①昆仑山被誉为中华“龙脉之祖”，具有“万山之祖”的显赫地位。

《山海经·海内西经》云：“昆仑之虚，方八百里，高万仞。”②《山海经·叙录》：“穆王享王母于瑶池之上，赋诗往来，辞义可观。遂袭昆仑之丘，游轩辕之宫，眺钟山之岭，勒石西王母之山，玩帝者之宝，纪迹玄圃之上。”③《山海经》中描写的昆仑山在中国西北部，传说是黄帝在人间的行宫，山上还有西王母的瑶池。实际上，昆仑山的位置一直众说纷纭，没有定论。诸如《尚书》《山海经》《尔雅》《逸周书》《竹书纪年》《穆天子传》《庄子》《列子》《管子》等先秦典籍记载“昆仑”也是莫衷一是，或山名、或部落名、或国名，或在西、或在西北、或在北海之北，或甘肃、或青海、或新疆、或葱岭，或大昆仑、或小昆仑，或海内昆仑、或海外昆仑，还有西北昆仑虚、河源之昆仑、黄帝所休之昆仑、大地中央之大山、神仙居所等等，五花八门。④另外，刘宗迪详细研究了《山海经》中的“昆仑”，认为《海内西经》和《海外南经》对昆仑之丘的描述表明，《山海经》的“昆仑”原本并非一座自然造就的巍峨高山，而只是一座人工建

① （宋）谢维新：《古今合璧事类备要》，《影印文渊阁四库全书》第939册，台湾商务印书馆1982年版，第43页。

② （晋）郭璞：《山海经》，《影印文渊阁四库全书》第1042册，台湾商务印书馆1986年版，第64页。

③ （晋）郭璞：《山海经》，《影印文渊阁四库全书》第1042册，台湾商务印书馆1986年版，第3页。

④ 汤洪，吴玥：《屈辞“昆仑”再探索》，《中华文化论坛》，2013年第5期。

筑物，即观象授时的明堂。[①]古人仰视天空，见其广大无垠，高不可攀，以为必有神人存在。人类之宗教心理，想象天神必常居地面，以便与凡人接触，因此建立庙宇及神坛，成为神明护驾之所，但神又不能长居凡尘，则又想象崇高之山岭，为神地面之栖止处，于是神山“昆仑”便应运而生。[②]

昆仑山的仙主是西王母。“西王母”的称谓，始见于《山海经》。《山海经》中西王母的形象是：“其状如人，豹尾虎齿而善啸，蓬发戴胜。”[③]《穆天子传》记载周穆王曾西游玄池、苦山、茂苑、黄鼠之山等，最后到达西王母之所。现代学者推测周穆王经由内蒙古草原进入甘肃、青海，到达黄河源头，西行入新疆，经昆仑山北麓之于阗到达葱岭，然后可能去了吉尔吉斯或中亚锡尔河一带，后经疏勒返回。[④]在神话中，昆仑山是古代诸神聚集之所。昆仑丘与西王母的神话，被后世口口相传。

西王母

西王母即民间传说故事当中的王母娘娘。在道教的各种典籍又被称为金母、西姥、金母元君、九灵西母、西元九灵上真仙母、九灵太妙龟山金母、太灵九光龟台金母、西灵金

---

① 刘宗迪：《昆仑原型考——〈山海经〉研究之五》，《民族艺术》，2003 年第 3 期。

② 牛汝辰：《昆仑神话及其语源探讨》，《中国地名》，2016 年第 3 期。

③ （晋）郭璞：《山海经》，《影印文渊阁四库全书》第 1042 册，台湾商务印书馆 1982 年版，第 16 页。

④ 牛汝辰：《昆仑地名与昆仑文化——西域最早的汉语地名考释》，《测绘科学》，2016 年第 41 卷第 1 期。

母梵气祖母元君、上圣白玉龟台九灵太真西王母、太虚九光玄台金母元君。

早在战国时代就有关于西王母的文字描述记载。学术界目前认为《山海经》是最早关于西王母及其神化的文献，其中《西山经》有："西王母其状如人，豹尾虎齿而善啸，蓬发戴胜，是司天之厉及五残。"①《庄子·大宗师》中也有："西王母得之，坐乎少广，莫知其始，莫知其终。"②另外西晋太康二年出土的《竹书纪年》中有成书于战国时期的《穆天子传》，其中记载了周穆王与西王母相见的故事："穆王十七年西征昆仑丘，见西王母。其年来见宾于昭公。"③

在先秦时期，西王母是一个混杂了原始宗教信仰和神话传说的复杂的综合体。从《山海经》的相关描述中可见：

> 《海内北经第十二》：西王母梯几而戴胜杖，其南有三青鸟，为西王母取食。④
>
> 《大荒西经第十六》：西海之南，流沙之滨，赤水之后，黑水之前，有大山，名曰昆仑之丘。有神，人面虎身，有文有尾，皆白处之。其下有弱水之渊环之，其外有炎火之山，投物辄然。有人，戴胜，虎齿，有豹尾，穴处，名曰西王母。此山万物

① （晋）郭璞：《山海经》，《影印文渊阁四库全书》第1042册，台湾商务印书馆1986年版，第16页。

② 陈鼓应：《庄子今注今译》，中华书局2016年版，第189页。

③ 《道藏》第5册，第40页。

④ （晋）郭璞：《山海经》，《影印文渊阁四库全书》第1042册，台湾商务印书馆1986年版，第65页。

尽有。①

西王母最早是以昆仑山神的形象出现的，是具有兽形特征的原始的图腾神。到汉时，或许是受《穆天子传》的影响，西王母与汉武帝之间发生了故事，凡是谈到西王母就经常会联系到汉武帝，这段故事在汉以后也被多番演绎。西晋张华《博物志》卷八这样记载西王母与汉武帝的相会。

> 帝东面西向，王母索七桃，大如弹丸，以五枚与帝，母食二枚。帝食桃辄以核著膝前，母曰："取此核将何为？"帝曰："此桃甘美，欲种之。"母笑曰："此桃三千年一生实。"②

民间传说西王母设蟠桃寿宴的故事就出自这则西王母把三千年结一次果的蟠桃赐给武帝的典故。西王母形象中的人性特征逐渐被重视。

到西汉末年，伴随着以西王母为崇拜对象的宗教活动流行开来，在汉哀帝建平四年爆发了"中国宗教史上第一次席卷全国的西王母信仰运动"③。根据《汉书·哀帝纪》记载："（建平）四年春，大旱，关东民传行西王母筹，经历郡国，西入关至京师，民又会聚祠西王母，或夜持火上屋，击鼓号

① （晋）郭璞：《山海经》，《影印文渊阁四库全书》第1042册，台湾商务印书馆1986年版，第77页。

② （晋）张华撰：《博物志》，《影印文渊阁四库全书》第1047册，台湾商务印书馆1986年版，第604页。

③ 黄勇：《西王母神话的转型与西王母信仰的兴起》，《中国俗文化研究》，2017年第2期。

呼相惊恐。”① 颜师古解释行筹为执国家筹策行于天下，在汉时筹策在用作算数工具以外，也象征着至高无上的国家权力。“传行西王母筹”显示了当时民间对于西王母崇拜的氛围之浓厚。《五行志》记载：“其夏，京师郡国民聚会里巷阡陌，设（祭）张博具，歌舞祀西王母。又传书曰：‘母告百姓，佩此书者不死。不信我言，视门枢下，当有白发。’至秋止。”②

汉代是道教酝酿萌芽到诞生发展的重要时期，“从西汉末年的《天官历包元太平经》，到东汉中期的《太平清领书》，从巴蜀汉中的五斗米道，到东方中原的太平道，是早期道教形成过程中的重要标志。”③ 西汉末年的这场群众性西王母信仰运动在道教尚在酝酿的土壤中爆发，对于道教的产生是具有促进作用的，另一方面也可以说是西王母信仰发展历程中的一个重要节点，西王母崇拜开始从神话传说演变成具有相当影响力的宗教信仰。

东汉以降，伴随着道教的产生与兴起，原本作为神化人物被崇拜的王母形象开始向道教靠拢。表现在以下几个方面。

一、形象的转变

魏晋时期有托名班固的《汉武帝内传》，其中对于王母的形象描述与《山海经》中已经大有不同：

> 王母上殿，东向坐，着黄锦袷襡，文采鲜明，光仪淑穆。带灵飞大绶，腰分头之剑。头上大华结，

① （汉）班固撰：《汉书》，中华书局 1999 年版，第 239 页。

② （汉）班固撰：《汉书》，中华书局 1999 年版，第 1195 页。

③ 卿希泰主编：《中国道教史》第一卷，四川人民出版社 1996 年版，第 101 页。

戴太真晨婴之冠，履玄琼凤文之舄。视之可年卅许，修短得中，天资奄霭，云颜绝世，真灵人也。①

唐代杜光庭试图改变西王母图腾神的形象，他在《墉城集仙录》卷一《金母元君》中解释说："又云王母蓬发戴胜，虎齿善啸者。此乃王母之使金方白虎之神，非王母之真形也。"② 将西王母原来的图腾化形象降为西王母的使者，即西方白虎之神。

宋张君房《云笈七签》卷一一四《西王母传》载七月七日西王母见汉武帝的形象："王母乘紫云之辇，驾九色斑龙，带天真之策，佩金刚灵玺。黄锦之服，文彩鲜明，金光奕奕，腰分景色之剑。结飞云大绶，头上华髻，戴太真晨缨之冠，蹑方琼凤文之履。可年二十许，天姿奄蔼，灵颜绝世，真灵人也。"③

在历代道门中人的想象与加工之下，王母的形象最终定为了风姿绰约、雍容华贵的女仙之首。

二、被纳入道教的神仙信仰体系当中

东汉末年有托名老子的道经《老子中经》④，其中记载

① 《道藏》第 5 册，第 48 页。

② 《道藏》第 18 册，第 168 页。

③ 《道藏》第 22 册，第 794 页。

④ 关于《老子中经》的成书年代，国内外学者多有考证。马伯乐认为当成书于《上清大洞真经》之前；日本学者楠山春树、前田繁树、加藤千惠都认为应当作于公元 5 世纪初；刘永明考证其为东汉末的作品；王卡、丁培仁认为约出于魏晋之际；刘屹认为成书于《抱朴子》之后的东晋前期。本作采纳的是刘永明的观点，详见刘永明：《"老子中经"形成于汉代考》，《兰州大学学报》，2006 年第 4 期，第 60–66 页。

五十五位神仙。西王母位列道教神仙太一道君、太上元君、东王父之后的第四顺位。

葛洪《元始上真众仙记》记载:“元始天王在天中心之上,名曰玉京山。山中宫殿并金玉饰之。常仰吸天气,俯饮地泉,复经二劫,忽生太元玉女……元始君下游见之,乃与通气结精……生九光玄女,号曰太真西王母。”① 葛洪宣称西王母是元始天王之女,是将西王母纳入神仙体系的一次尝试,也对西王母神话注入了新的内容。在葛洪的神仙体系中,元始天王是和宇宙原初混沌状态一起出现的最初的至高的神。将西王母的来历与大道化身的元始天王联系起来,无疑抬高了西王母在神仙中的地位。

在南朝梁时陶弘景所撰《真灵业位图》中也将西王母收录在了其神仙谱系中,居于第二中位玉晨玄皇大道君之下,名曰“紫微元灵白玉龟台九灵太真元君”②。这个“紫微元灵白玉龟台九灵太真元君”,根据宋《太平御览》卷六百七十八云:“紫微元灵白玉龟台九灵太真元君,即西王母也”③,就是西王母的道号。陶弘景也对西王母和元始天王的关系有所继承并发展,“元始天王,西王母之师”④ 为上清派的经教体系作了铺垫。

六朝时期,道教上清派通过将西王母加入神仙谱系、赋予西王母授经者形象,用神仙故事来构建西王母的神仙形象,将西王母塑造成了其自身道法的传授者。上清派神仙三茅真

---

① 《道藏》第3册,第267—270页。

② 《道藏》第3册,第274页。

③ (宋)李昉等:《太平御览》卷六百七十八,中华书局1960年版,第3026页。

④ 《道藏》第3册,第276页。

君和上清派宗师魏华存，都曾得到西王母传授的大道。

> 王母命上元夫人授茅固、茅衷《太霄》《隐书》《丹景》《道精》等四部宝经，王母执《太霄》《隐书》命侍女张灵子执交信之盟以授于盈、固，及衷。事讫，西王母升天而去。其后，紫虚元君魏华存请斋于阳落之山隐元之台。王母与金阙圣君降于台中，乘八景之舆，同诣清虚上宫，传玉清隐书四卷，以授华存。①

因此，西王母在上清派享有很高的地位。“据《上清七圣玄纪经》说，上清派曾撰著有七圣传，即：上清太上大道君传，紫清太素三元道君传，白玉龟台九凤太真西王母传，中央黄老君传，扶桑大帝君传，金阙圣君传，东海青童君传。将西王母作为七圣之一，与太上大道君并列。”② 六朝时期的道教各派当中，上清派最为致力于建构道教神仙系谱。上清派对西王母的尊崇对西王母信仰的道教化起了重要作用。

不惟上清派，道教灵宝派也在自身的重要经典《灵宝无量度人上品妙经》中呈现王母传授道教经典的形象：

《灵宝无量度人上经大法》云：“西王母奉元始之命，说《灵宝三十六部尊经》。于武帝时下降人间，授帝无上洞真洞玄洞神之教。”③

---

① （宋）李昉：《太平广记》卷十一《大茅君》，中华书局1961年版，第79页。

② 卿希泰主编：《中国道教》第三卷，知识出版社1994年版，第44页。

③ 《道藏》第3册，第615页。

元陈致虚《太上洞玄灵宝无量度人上品妙经注解》云："西汉元封间，西王母以上卷并二章授武帝，始成全经。"①

三、职司的转变

根据《山海经》的描述，王母原本是掌握刑罚的凶神，且面目狰狞。

《庄子·大宗师》曰："西王母得之，坐乎少广，莫知其始，莫知其终。"②王母得道之后，得以长生。这是王母最早和道教的核心"大道"与道教的最终追求"长生"相联系在一起。

《穆天子传》中，"西王母为天子谣曰：'白云在天，山陵自出，道里悠远，山川间之，将子无死，尚能复来。'"③《淮南子·览冥训》曰："羿请不死之药于王母，姮娥窃以奔月。"④西王母似是握有不死药之神，掌管长生不老。人们到昆仑见西王母是为了取得升仙的不死之药、仙道、仙籍。

秦汉方仙道以为女人成仙必谒金母，与东王公并称，视为女仙之首。《真诰》卷五《甄命授》云："昔汉初，有四五小儿，路上画地戏。一儿歌曰：'着青裙，入天门，揖金母，拜木公。'"⑤

唐末杜光庭撰写的《墉城集仙录》收录了众多女仙形

---

① 《道藏》第2册，第393页。

② 陈鼓应：《庄子今注今译》，中华书局2016年版，第189页。

③ 《道藏》第5册，第40页。

④ 刘文典撰，冯逸、乔华点校：《淮南鸿烈集解》，中华书局1989年版，第217页。

⑤ 《道藏》第20册，第490页。

象[1]，卷一《金母元君》说："体柔顺之本，为阴极之元，位配西方，母养群品，天上天下三界十方女子之登仙者、得道者，咸所隶焉。"[2]这些女仙统属于西王母之下，而墉城则是昆仑山上王母之居所，故此经以此为名。

明《三教源流搜神大全》卷一也记载西王母住在昆仑之圃，"位配西方，母养群生，盖主天下三界十方女子之登仙得道，咸所隶焉。"[3]这说明在明朝时，西王母在道教的神仙谱系中作为众仙之长，掌管女仙名籍的形象已经在民间广为流传了。

在道教神话中，西王母主宰阴气，是女仙之首，是生育万物的创世女神，与之对应男仙之首东王公。晚期西王母多被尊奉为婚姻、生育的女仙，并出现在民间戏曲小说中。西王母在道教中有较高地位。"王母娘娘"一词，出自元代的《全元曲杂剧》，一般称其为"白玉龟台九灵太真金母元君""九灵太妙龟山金母""西灵王母""金母元君""西池极乐金慈圣母""瑶池金母"。

上清派认为西王母是盘古之女，将王母娘娘列为七圣之一，并推崇王母娘娘为尊神。西王母掌管三界内外得道的女仙，具有至高无上的权力。民间祭祀的西王母，一般有六位随侍夫人，有两送子者、两催生者、两治瘟疹者。上清派吸收西王母信仰，将她列为元始天王的弟子，并且承担传授经

① 该经原本为十卷，共记录109位女仙。现《道藏》本存六卷，仅存汉魏以来广为流传的圣母元君、金母元君、上元夫人、昭灵李夫人等37位女仙的传记。

② 《道藏》第18册，第168页。

③ 《绘图三教源流搜神大全》，上海古籍出版社1990年版，第29页。

典秘笈的职责。

西王母信仰融入道教后，进一步扩大了她的影响力，另一方面也丰富了道教自身的神仙信仰体系。但是作为一种民间信仰传统的王母信仰依旧存在，这是道教独特的多神信仰的包容性决定的。这是道教对中国传统文化发展的一个特殊贡献。

（二）泰山

1. 泰山简述

泰山，又名岱山、岱宗、岱岳、东岳、泰岳，为五岳之一，有“五岳之首”“天下第一山”之称。五岳为群山之尊，泰山为五岳之长。五岳是中国五大名山的总称，一般指东岳泰山（位于山东）、西岳华山（位于陕西）、南岳衡山（位于湖南）、北岳恒山（位于山西）、中岳嵩山（位于河南）。泰山因其气势之磅礴，又有“天下名山第一”的美誉。

泰山远古时始称火山、太山，“大”在甲骨文与金文中均见其形，读音为“太”。且“太山”意为“大山”，先秦古文中，“大”“太”通用。《康熙字典》说：“按经史，太字俱作大。如大极、大初、大素、大室、大玄、大庙、大学及官名大师、大宰之类。又作泰，如泰卦、泰檀、泰誓、泰春、泰夏、泰秋、泰冬之类。”[①]按古文字的传统读法，“大”亦有“大”“太”“代”三音。春秋战国时，由于同音字的引申和同义字的演变，“太”与“泰”、“代”与“岱”、“岱”与“岳”也互相变通了，这样相继出现了“泰山”“岱

① 汉语大辞典编纂处：《康熙字典》（标点整理本），汉语大辞典出版社 2002 年版，第 184 页。

山”“岱宗”“岱岳”等专用名称。“泰山”之称最早见于《诗经》。“泰”意为极大、通畅、安宁。《易》曰：“履而泰，然后安。”① “泰”字就由原来的高大、通畅之意引申为“大而稳，稳而安”。随即出现了“稳如泰山”“国泰民安”“泰山鸿毛”之说。

2. 特点

古人形容泰山“地之五岳者，东方青帝，乃发生万物，以东岳泰山为五岳之长也”②。中国古代神话传说中，盘古死后，头部化为泰山。据《史记集解》所载：“天高不可及，于泰山上立封禅而祭之，冀近神灵也。”③古代传统文化认为，东方为万物交替、初春发生之地，故泰山有“五岳之长”“五岳独尊”的称誉。

泰山有丰厚的历史文化内涵，被古代百姓崇拜视为“直通帝座”的天堂，是帝王封禅的神山。古代有“泰山安，四海皆安”的说法。古代中国先民往往把雄伟奇特的东岳视为神灵，把山神作为祈求风调雨顺的对象来崇拜，于是，地处东方的泰山便成了“万物孕育之所”的“吉祥之山”“神灵之宅”。受天命而为帝王的“天子”更把泰山看成是国家统一，权力的象征。为答谢天帝的“授命”之恩，往往到泰山封神祭祀。自秦代至清代，先后有十三位帝王登临泰山祭祀或封禅，另外有二十四位帝王派遣礼官至泰山祭祀共七十二次，

---

①　（魏）王弼撰，楼宇烈校释：《周易注校释》，中华书局2012年版，第262页。

②　《道藏》第11册，第405页。

③　（汉）司马迁：《史记》卷六《秦始皇本纪》，中华书局1959年版，第243页。

并在泰山上下建庙塑神，刻石题字。历代帝王借助泰山的神威巩固自己的统治，使泰山的神圣地位被抬到了无以复加的程度。泰山上有宫、观、寺庙等古建筑群二十九处，古遗址一百二十八处，有大小碑碣、摩崖石刻等两千余处。其历史文化、自然风光、地质奇观和谐融为一体，具有巨大的历史、文化、美学和科学价值。

3. 名道与神

张志纯（1220–1316），字布山，号天倪子。泰安埠上保（今肥城市安驾庄镇张家安村）人。幼年聪慧，宿有道缘。六岁能通五经，十二岁即入玄门，居岱麓会真宫（原为奉高宫，宋真宗东封驻跸于此，改额会真宫。其遗址在今泰安军分区宿舍院内），事师崔道演。崔道演，字元甫，号真静，以医术闻名于世，是全真创教祖师王重阳的再传弟子，事师长生真人刘处玄。据此，则张志纯为全真随山派再传弟子。志纯秉承师学，“其学也老庄，其志也轩岐”①，以老庄之道修真养性，以岐黄之术济世救民，过着“赤松宗世远，岳地作神仙”②的隐逸生活。

当时，元世祖忽必烈闻其名，屡召而问道。志纯原名志伟，帝将之改为“志纯”，赐号“崇真保德大师”③，授紫服，令其住持岱庙。

张志纯喜与文人名士游，好诗词。当时的名士元好问、徐世隆、杜仁杰、王奕等多与他赠诗唱和，交谊甚厚，元好

---

① 查志隆：《岱史》，《道藏》第35册，第724页。

② （元）王奕：《玉斗山人集》，《影印文渊阁四库全书》第1195册，台湾商务印书馆1986年版，第645页。

③ 《道藏》第35册，第723页。

问《送天倪子归布山》流露出“拟欲高人参药镜”之意，徐世隆《纪梦》《送天倪子还泰山》则称赞张志纯“骨强清似鹤，步健老犹龙”[①]、“九十行年发未华，道人风骨饱烟霞……隐居自爱陶弘景，莫作山中宰相夸。”[②]张志纯本人也有《题桃花峪》《泰山喜雨》等诗作传世。张志纯九十余岁坐化升仙。羽化之际，预言归期，颂偈而逝。偈曰：“脱下娘生皮袋，此际乐然轻快。百尺竿头进步，蓬玄洞府去来。去来前世宿德，医僧今非道门小才。”[③]

张志纯“形虽羸，于道则肥；性虽介，于物则齐。具儒墨之体用，见天地之端倪”（徐世隆题其小影）。其“具儒墨之体用”，致使“形羸”“道肥”之举，在于呕心沥血修葺泰山庙观。金末元初，泰山庙宇，百废待兴。张志纯承元世祖之命，历时三十余年，悉皆修复。据《岱史》记载，张志纯“重建岱岳，升元二观及上岳庙”[④]。晚年上书皇帝重修蒿里山神祠，获准后未竣即仙脱。全真十八宗师之一宋德方之弟子祁志诚后继修竣。张志纯数十年，整修泰山庙观二十余处。最为艰巨而又名垂青史者，当为创建南天门。

泰山道教早在战国时就有方士隐居岱阴岩洞；秦汉后祠庙林立，现存有王母池（群王庵）、老君堂、斗母宫（龙泉观）、碧霞祠、后石坞庙、元始天尊庙等。其中以王母池为最早，创建于东汉建安二十五年（220年）以前；以碧霞祠影响最大。

訾守慎，金元时金乡（今属山东省）人，赐号妙真大师，

---

① 《道藏》第35册，第758页。

② 《道藏》第35册，第757页。

③ 《道藏》第35册，第757、758页。

④ 《道藏》第35册，第724页。

女冠。元光二年（1223 年）闻丘长春应诏回道，住燕京，亲炙师席，省心玄训。承旨于泰安县西北创建长春观，元太宗八年（1236 年）命为住持。事迹详载于《长春观碑》。

东岳大帝为泰山神，又称泰山君、五岳君，排于玉清元宫之第二位，冠五岳之首。相传为盘古王的第五代孙，它掌握人们的魂魄，主掌世人生死、贵贱和官职，是万物之始成地。自战国至汉代，泰山始终是君主告成于天的封禅圣地。

泰山是王母娘娘神话传说的发祥地之一。早在魏晋时期就建有王母池道观。王母池位于泰山南麓环山路东首，古称“群玉庵”，又名“瑶池”。三国魏曹植有“东过王母庐”的诗句，唐李白有“朝饮王母池”的吟咏。碧霞元君即天仙玉女泰山碧霞元君，俗称泰山娘娘、泰山老奶奶、泰山老母等，道经称“天仙玉女碧霞护世弘济真人”“天仙玉女保生真人宏德碧霞元君”。宋真宗赐号为“天仙玉女碧霞元君”。道教认为，碧霞元君“统摄岳府神兵，照察人间善恶”①，是道教中的重要女神，也是中国历史上影响最大的女神之一。

4. 东王公

即木公、扶桑大帝、东华帝君、东华青童君。原为古代神话中的男神。现存较早的文献记载见于托名东方朔的《神异经》：“东荒山中有大石室，东工公居焉。长一丈，头发皓白，人形鸟面，而虎尾载一黑熊左右顾望。”② 东王公这半人半兽的形象与《山海经》记载的西王母形象十分相似，说明这一时期东王公是作为西王母的对偶神出现的。

① 《道藏》第 34 册，第 744 页。

② （明）陶宗仪：《说郛》，《影印文渊阁四库全书》第 881 册，台湾商务印书馆 1986 年版，第 94 页。

汉桓麟《西王母传》曰："在昔道气凝寂湛体无为，将欲启迪玄功，化生万物，先以东华至真之气，化而生木公，木公生于碧海之上，苍灵之墟，以主阳和之气，理于东方，亦号曰东王公焉。"①

东汉成书的《吴越春秋》，其《勾践阴谋外传第九》云："乃行第一术，立东郊以祭阳，名曰东皇公。立西郊以祭阴，名曰西王母。"②"东皇公"即东王公。这说明在东汉时，东王公已经成为与西王母相对应的代表东方阳和的男神，是人们消灾祈福的对象。

《十洲记》云："扶桑在东海之东岸……上有太帝宫，太真东王父所治处，地多林木叶皆如桑。又有椹树，长者数千丈，大二千余围，树两两同根偶生，更相依倚，是以名为扶桑……真仙灵官，变化万端，盖无常形，亦有能分形为百身十丈者也。"③东工公摇身一变，掌管东方太帝宫百千灵官真仙。李远国考证认为，"'扶桑'即是一棵神树，亦是东海岸边的一个国度。在这个岸边居住的都是真仙灵官，属于海上的蓬莱仙境，这正是东王公治所居处。正如同'昆仑'与西王母联系一样，蓬莱亦成为东王公的仙境，'扶桑大帝'便成为东王公的帝号。"④

秦汉方仙道以为成仙必谒金母木公，这在陶弘景《真诰》

---

① （明）陶宗仪：《说郛》，《影印文渊阁四库全书》第881册，台湾商务印书馆1982年版，第412页。

② （汉）赵晔：《吴越春秋》，时代文艺出版社2008年版，第109页。

③ 《道藏》第11册，第53、54页。

④ 李远国：《论金元全真道的神仙谱系》，载赵卫东主编：《全真道研究》第7辑，齐鲁书社2018年版，第75页。

中也有体现，其卷五《甄命授》云："昔汉初，有四五小儿，路上画地戏。一儿歌曰：'着青裙，入天门，揖金母，拜木公，到复是隐言也。时人莫知之，唯张子房知之，乃往拜之，此乃东王公之玉童也。所谓金母者，西王母也，木公者，东王公也，仙人拜王公，揖王母。"①

在道教创立之后，东王公也被纳入其神仙信仰体系，"东王公，讳倪，字君明。天下未有民物时，钟化而生于碧海之上，苍灵之墟。道性凝聚，湛体无为，赞迪玄功，育化万物。主阳和之气，理于东方，亦号东王公。凡上天下地，男子登仙得道者，悉所掌焉。"②

《十洲记》中东王公即扶桑大帝的说法为葛洪所采纳，《元始上真众仙记》称："元始君经一劫乃一施太元母，生天皇十三头，治三万六千岁，书为扶桑大帝东王公，号曰元阳父。"③又"扶桑大帝，元始阳之气，治东方，故世间帝王之子应东宫也"④。"扶桑大帝住在碧海之中，宅地四面，并方三万里，上有太真宫……众仙无量数，玄洲、方丈诸群仙未升天者在此。"⑤

早期《上清大洞真经》称："扶桑大帝九老仙黄君。"⑥陶弘景《真灵业位图》将其排在上清左位第六位，号曰"太微东霞扶桑丹林大帝上道君"⑦。扶桑大帝在上清派享有极

① 《道藏》第20册，第490页。
② 《道藏》第35册，第368页。
③ 《道藏》第3册，第269页。
④ 《道藏》第3册，第270页。
⑤ 《道藏》第3册，第270页。
⑥ 《道藏》第1册，第549页。
⑦ 《道藏》第3册，第273页。

高的地位，是上清七圣之一，也是上清经典重要的传授者。“有《黄庭经》者，东华之所秘也。诚学仙之要妙，羽化之根本矣……扶桑大帝君，命旸谷神王传授南岳魏夫人《黄庭内景经》。”①

在古灵宝经也能见到扶桑大帝之名号，《元始无量度人上品妙经》中元始天尊告命十方天人，其一即为扶桑大帝②。另外可能由于扶桑大帝住于碧海中，又与道教三官之水官相联系，所以《太上说玄天大圣真武本传神咒妙经》称“下元宫主三品五气解厄水官扶桑大帝”③，《上清灵宝大法》称“水府扶桑大帝”④。可“指挥下三河、四海、九江、四渎、五湖、七泽、溪谷、川源、桥梁、堰闸、龙宫水园、应干责役、冥狱去处、照应神吏、备去姓名、根刷亡过”⑤。

陶弘景《真灵位业图》之第二左位有“东海王青华小童君”⑥。《上清大洞真经》中有“东华方诸宫高晨师玉保王青童君”⑦之名。在上清派中，青童君占据着重要地位。他不仅是经书符箓的传授者，也掌管着仙籍。《上清洞真解过诀》云：“至冬至之日，日中，天真众仙皆诣方诸东华大宫，

① 《道藏》第 4 册，第 844 页。

② “于是元始抚雕云琼几，挥紫金丹光尘尾，流眄垂光，告命大众十方天人曰：吾自造立混沌，化生二仪，役御阴阳，始封皇上元君，青灵上真，青天帝君，青华帝君，苍华大帝，青灵天君，扶桑大帝，九老仙都君，上相青童君，东华三官。”《道藏》第 1 册，第 335 页。

③ 《道藏》第 17 册，第 98 页。

④ 《道藏》第 31 册，第 616 页。

⑤ 《道藏》第 30 册，第 1254 页。

⑥ 《道藏》第 3 册，第 273 页。

⑦ 《道藏》第 1 册，第 547 页。

诣东海青童君，刻定众仙籍。”①

可能是青童君与东王公在掌管仙籍这一职能上有了交集，所以南宋金允中《上清灵宝大法》中，木公即东王公便与东华青童君合而为一，有了“东华木公青童道君”②、“东华上相木公青童道君”③等称号。所以《历世真仙体道通鉴》卷六云：“一云木公即青童君，治方诸山，在东海中。”④

元明之际《三教搜神大全》将东王公、扶桑大帝、东海青童君之诸神格，结合道教各派的论述，以东华真君的神明相统一，并赋予了极高的地位，仅次于玉皇上帝、圣祖尊号、圣母尊号。其卷一《东华真君》云：“扶桑大君东皇公号曰元阳，又考之仙经或号东王公，或号青童君，或号东方诸，或号青提帝君，名号虽殊，即一东华也。”⑤

《三教搜神大全》中东华帝君的地位可能是受全真道奉东华帝君为教主的影响。李远国认为“全真道奉东华帝君为第一祖，并得到了教内的普遍认同”⑥。元彭致中《鸣鹤余音》卷三收录有题名王重阳的《满庭芳》一词，云：“汝奉全真，继分五祖，略将宗派称扬。老君金口，亲付与西王圣母，赐东华教主。东华降钟离承当，传玄理，富春刘相，吕祖悟黄

---

① 《道藏》第6册，第633页。

② 《道藏》第31册，第372页。

③ 《道藏》第31册，第464页。

④ 《道藏》第5册，第139页。

⑤ 《绘图三教源流搜神大全》，上海古籍出版社1990年版，第27页。

⑥ 李远国：《论金元全真道的神仙谱系》，载赵卫东主编：《全真道研究》第7辑，齐鲁书社2018年版，第83页。

梁。”①

东王公神格在不同历史时期的变化与发展实是道教神学内涵之丰富的表现。

酆都为我国宗教神话中的冥界之一。汉以前小说有幽都之说。《山海经·海内经》说，“北海之内有山名曰幽都之山。”②《淮南子·坠形篇》高诱注说，“古之幽都在雁门以北。”③六朝时期道经称之为罗酆山，又将鬼帝与酆都联系在一起。葛洪《元始上真众仙记》说，“张衡、杨云为北方鬼帝，治罗酆山。”④陶弘景《真灵位业图》说“酆都北阴大帝（炎帝大庭氏，讳庆甲，天下鬼神之宗，治罗酆山，三千年而一替）。”⑤陶弘景《真诰·阐幽微》说，“罗酆山在北方癸地。”⑥无论称幽都、罗酆，还是称酆都，无论指实，还是言虚，均将其地理位置放在北方。根据五行与其他事物相配的学说，水主北方，主玄冥，主冬季，主黑色，主潜藏，冥界酆都应位于北方。六朝以后的道经和其他文献，也大都沿袭酆都在北方的神话，有时干脆称为北酆。

位于中国西南部的著名的重庆市丰都县“酆都鬼城”，由来已久，因地名而起。隋代因平都山下有丰民洲，山与洲名各取一字组合成县名，建置丰都县。其地自三张之时，即

---

① 《道藏》第24册，第268页。

② （晋）郭璞：《山海经》，《影印文渊阁四库全书》第1042册，台湾商务印书馆1986年版，第83页。

③ 刘文典撰，冯逸、乔华点校：《淮南鸿烈集解》，中华书局1989年版，第139页。

④ 《道藏》第3册，第271页。

⑤ 《道藏》第3册，第280页。

⑥ 《道藏》第20册，第579页。

是道教流传之地，居民对道教冥界酆都神话当不陌生。故而，自建置丰都县后，由于音同字近，出于追求新奇、陶醉恐怖的民众心理，人们很快突破了酆都应在北方的老框框，将丰都县附会为酆都冥府所在地，可说是无师自通、必然而然之事。今“酆都鬼城”所存碑文记载，这种附会早在唐代即开始为人津津乐道了。宋代的一些笔记小说，如洪迈《夷坚志》和范成大《吴船录》，甚至将丰都县径直记为酆都县。民间信仰、民间文学的影响如此巨大，以至于明代官方索性正式将丰都县改名为酆都县。直到 1958 年，政府才砍掉“酆”字的右耳朵（邑旁），恢复了最初的县名。

（三）三山五岳

1. 茅山

（1）茅山简述

茅山（位于江苏镇江地区）是道教上清派的发源地，被称为“上清宗坛”，在洞天福地中为“第一福地，第八洞天”。汉景帝时期，茅盈在北茅山修炼道术，并以医术行医济世，后来茅固、茅衷追随其修道，当时人称大、中、小茅君。后世人因茅盈、茅固、茅衷兄弟三人开始在此修道，称为茅山，尊称茅氏三兄弟为“三茅真君”。

上清派是由南天师道分化、衍变而来。在东晋时期，江南士族受到南下的司马氏政权的猜忌，许多世家大族在政治上并不得志。这些世家大族便将精神寄托于老庄思想，进而转向道教信仰。他们均受到过良好的教育，文化修养较高，对原本天师道中反映下层平民的那些思想甚是鄙夷，对原来道教中存在的浅陋庸俗的科仪教戒不满。于是，他们开始按照自己的学识对旧的天师道进行改造。

上清派创始人是东晋天师道士杨羲、许谧、许逊。晋哀帝兴宁二年（364），杨羲扶乩降神，声称魏夫人降授三十一卷《上清真经》，命杨羲用隶书写出，传承至句容许谧及其子许逊，二许又传写上清经，并修行上清经法得道。东晋末，王灵期向许逊之子许黄民求取上清经后，经过增删改订，将上清经法增加至五十余卷。江东道士仰慕上清经法内容丰富，争相传抄，所以在江东地区形成了传授修习上清经法的上清派。上清派奉晋代女道士魏华存为上清第一代宗师，奉杨羲为上清第二代宗师。上清派第三代至第九代宗师按传授次序分别是许穆、许翔、马朗、马罕、陆修静、孙游岳和陶弘景。齐梁时陶弘景于茅山传上清经法，开创茅山宗，自此茅山宗承继上清派传法。上清派宗师多出身江东世家大族，经过他们修饰完善，上清经理论更加成熟，并广为传播。上清派堪称东晋南北朝时期江东地区最有影响的道派。

（2）特点

上清派尊奉元始天王和太上大道君为最高神灵。上清派的修炼方法，注重调意和修养精神，通过炼神达到炼形，不太重视符箓、斋醮和外丹，排斥房中术。上清派以存思作为主要的修炼方法，认为人体通过存思，可以将人体之神与天地之神混融，即可长生不老，飞登成仙。上清派的存思、服气、咽津、念咒、佩符等修持方法，对道教斋醮仪式有较大影响。

（3）经典

上清派的主要经典是《上清大洞真经》和《黄庭经》。早期上清派的经典较多，代表性的经典有《太霄琅书琼文帝章诀》，陆修静撰述的《洞玄灵宝斋说光烛戒罚灯祝愿仪》《洞玄灵宝五感文》《陆先生道门科略》《太上洞玄灵宝授度仪》《太上洞玄灵宝众简文》等。上清派中期，其思想中引入了注重思辨的重玄思想，此时的经典有司马承祯的《服气精义论》《坐忘论》《太上升玄消灾护命经颂》，吴筠的《玄纲论》《心目论》《神仙可学论》和杜光庭的《金箓斋忏方仪》《太上洞渊三昧神咒斋十方忏仪》《道门科范大全集》《无上黄箓大斋立成仪》《太上正一阅箓仪》《太上洞神太元河图三元仰谢仪》《太上三洞传授道德经紫虚箓拜表仪》《太上黄箓斋仪》《太上三五正一盟威阅箓醮仪》《洞神三皇七十二君斋方忏仪》《太上灵宝玉匮明真斋忏方仪》《金箓斋启坛仪》《太上三五正一盟威阅箓醮仪》《道德真经广圣义》等。经过杜光庭整理的科仪范本对后世影响较大。宋元时期的上清派经典有一部分为内丹著作，有萧应叟著的《元始无量度人上品妙经内义》，萧应叟的弟子许明道著的《还丹秘诀养赤子神方》等。

（4）名道

陆修静

陆修静（406–477），字元德。南北朝时吴兴东迁（今浙江吴兴东）人。陆修静主张儒、佛、道三教合一，认为求道之本在于斋醮，辅以礼拜和诵经。

东晋南朝时期，道教的组织形式发生了重大变化，主要表现在祭酒制的衰落和道官制度的兴起。祭酒制度的基本特征是“立治置职”，是早期五斗米道施行的旧制，道官祭酒“领户化民”，实行政教合一的统治方式。自魏初天师道北迁至晋宋时期，天师道组织管理混乱，科律废弛。当时许多道民在三会之日不赴师治参加集会，不报户籍，不交租米命信。[①]祭酒制度走向腐朽败落。针对天师道纪律废弛的现象，

① 董沛文：《论陆修静在中国道教史上的贡献》，中央民族大学硕士学位论文，2009年，第25页。

陆修静进行了整顿改革。

首先，陆修静禁止道官自行署职，实行按级晋升的制度。他认为，普通民众须有功德，才能受箓为道民；道民受箓之后，有功者才能晋升。其次，陆修静十分重视道教斋仪的作用，“他在总结前代斋仪的基础上，制定了‘九斋十二法’的斋醮体系，并撰述一系列斋戒仪范之书”。[①] 不仅使道教斋法有了系统的仪式戒科，而且使斋戒仪范的理论更加完备。最后，陆修静不仅完善斋醮仪式、整饬组织，而且还整理和分类道教经典。当时《灵宝经》的内容错乱混杂，后代信众难以持诵。陆修静对《灵宝经》进行了整理考证，编制成《灵宝经目》，有力地推动了灵宝派的发展。陆修静一生致力于道教典籍的搜集、整理，并分类为洞真、洞玄、洞律三部，并称“三洞经书”。陆修静著述了“三洞经书目录”，这是道教最早的道藏书目著作。陆修静还完善了三洞、四辅、十二类的道教典籍分类体系，该分类体系成为隋唐以后历代编修“道藏”所采用的分类方法。

刘宋升明元年（477），陆修静在建康景德观仙逝，终年 71 岁。经陆修静改革后的上清派是南朝道教宗派中势力最强的宗派。

陶弘景

陶弘景（456–536），字通明，自号华阳隐居，谥贞白先生，丹阳秣陵（今江苏南京）人，出身于江东名门丹阳陶氏，是上清派的重要代表人物。永明十年（492），陶弘景辞去官职，

---

① 张应怀：《陆修静道教学术思想研究》，湖南师范大学硕士学位论文，2015 年，第 1 页。

"脱朝服挂神武门，上表辞禄"①，退居茅山修道。归隐以后，陶弘景仍"知时运之变，俯察人心，悯涂炭之苦"②。陶弘景率领弟子在茅山经营数十年，继承上清派道统，开创茅山宗，使上清派不断发展壮大，从而使茅山成为上清派的发源地。后世也称上清派为"茅山宗"，它在道教史上声威显赫，影响广远。陶弘景还编写了《真诰》记载茅山道教的传授历史。陶弘景的《真灵位业图》对建构道教神谱有重大贡献。《本草经集注》等药学著作对中医药的发展作出了重大贡献。陶弘景在天文、历法、炼丹等方面也有著作。他的弟子达三千多人，其中不乏名传于世者。

三茅真君③

① 《道藏》第5册，第242页。

② 《道藏》第5册，第504页。

③ 高淳县文化局编：《明清道教神像画》，第82页。注：张继禹在本书《序言》中提到，"高淳道教神像画是目前国内保存数量较多并且成系统性的道教文化遗产之一。"

大茅君①

二茅君②

---

① 高淳县文化局编：《明清道教神像画》，第 83 页。
② 高淳县文化局编：《明清道教神像画》，第 84 页。

三茅君[①]

许逊[②]

① 高淳县文化局编：《明清道教神像画》，第 85 页。
② 高淳县文化局编：《明清道教神像画》，第 87 页。

2. 龙虎山

（1）龙虎山简述

龙虎山位于江西省鹰潭市西南20公里处，是道教天师道祖庭所在地。天师张道陵撰述《老子想尔注》，为后世道教理论的发展奠定了基础。张道陵的孙子张鲁改革教团，被曹操封为镇南将军后，天师道教开始向北方传播。张道陵第四代孙张盛在三国或西晋时已迁至龙虎山，此后张天师后裔世代居于龙虎山，历经一千九百多年，至今已传承六十三代。因道教徒尊称张道陵为天师，故称“天师道”，亦称正一道、正一盟威道。

张道陵创立的天师道，奉太上老君为最高教主，使道教正式以教团组织的形式出现，区别于以前松散的方仙道，奠定了千年以来的道教发展格局。从唐会昌至五代末，嗣教天师道的张道陵子孙为二十代天师张谌，二十一代天师张秉一，二十二代天师张善，二十三代天师张季文。在此期间天师道修建了三清观、张天师庙和真仙观。北宋以后，天师道逐渐受到朝廷重视，龙虎山道教信仰随之兴盛。南宋时期，除各代嗣教天师外，龙虎山还出现了多位有名望的道士。宋代天师道修建了大批宫观，先前几座旧宫观也得到扩建、朝廷赐额。天师道在元代达到鼎盛。元代嗣教的张道陵后嗣为第三十六代至第四十一代，其名依次为张宗演、张与棣、张与材、张嗣成、张嗣德、张正言。从张宗演开始，历代都被元室封为天师、真人，主领江南道教事。到三十八代天师时，张与材被封为正一教主，敕命主领三山符箓，天师道位居诸符箓派之首。明代前中期，嗣教张道陵后嗣是第四十二代至第四十九代。明太祖朱元璋赐第四十二代天师道天师张正常为“真人”，并诏命天师世代主持全国道教事。

（2）天师道的特点

第一，以张道陵后嗣为掌教。元成宗元贞元年（1295），张与材嗣为第三十八代天师，执掌道教，大德八年（1304）受封“正一教主，主领三山符箓”①，后世的历代天师皆承袭此封号；元武宗时（1308）张与材获授金紫光禄大夫，封留国公，御赐金印。元仁宗延祐四年（1317），张嗣成嗣为第三十九代天师，继领江南道教事，同样主领三山符箓。由于历代天师被元代朝廷封以“正一教主”，而且统领江南阁皂山、龙虎山、茅山三大道派的符箓事务，三派合流，天师道改称为“正一道”。正一道与全真道并列为道教史上的两大道派。

第二，天师道“在组织上，由原有的新旧各符箓派合而成，包括龙虎宗、茅山宗、阁皂宗、太一道、净明道，以及神霄、清微、东华、天心等小派。其组织比较松散，类似联盟性质。组成大派之后，原有的小宗派或因承传乏人而彻底融入大宗，有的则只以天师道为大宗主，而继续其原有小宗的承传。如净明道、清微派等，直至清代，仍各自承传不绝”②。

第三，共同奉持《正一经》。天师道的主要道术是符箓、咒语、斋醮祈禳，为百姓驱魔降妖，消灾解难。

第四，天师道道士被称为“火居道士”，他们既可以不仕道观，也可以娶妻生子。天师道道观较全真道的规模小，对持戒也没有很高要求。明初第四十三代天师张宇初鉴于“吾

① （明）宋濂：《元史》，《影印文渊阁四库全书》第295册，台湾商务印书馆1986年版，第627页。

② 卿希泰主编：《中国道教史》第3卷，四川人民出版社1996年版，第362页。

道自近代以来，玄纲日坠”[1]，希望整顿天师道教之纲纪，因此撰写《道门十规》以加强教规，但收效甚微。

（3）经典

天师道的经典有《道德经》《河上公章句》《老子想尔注》《正一法文天师教戒科经》《老子西升经》《老子妙真经》《老子太玄经》《老子升玄经》《女青鬼律》《玄都律文》《太清金液神丹经》《太平经》《黄庭经》《老子中经》《太上老君开天经》《正一经》《正一五戒品》《赤松子中诫经》《太上老君经律》《太上老君戒经》《老君说一百八十戒》《老君音诵诫经》《太上感应篇》等。

（4）名道

张宗演

张宗演（1244–1292），字世传，号简斋，贵溪县（今江西省贵溪市）人，是天师道第二十六代天师。张宗演生性渊静，少聪颖，十九岁时嗣教。元代至元十三年（1276），元世祖敕命张宗演主领江南道教，赐二品银印。次年，张宗演于长春宫斋醮，并于京师修建崇真万寿宫，由其弟子张留孙主持。至元十八年和二十五年，张宗演几次入朝觐见元世祖，其“天师”称号正式获得朝廷的认可，这对天师道意义非凡。因为张道陵虽然有天师的称呼，但只是在民间私下流行，并未获得朝廷认可。历代王朝真正承认张天师头衔的，只有元朝，而且该头衔在明太祖即位后就被取消了。张宗演获得主领江南道教的职权，比此前只是主领三山符箓范围扩大了不少，不只管龙虎山、茅山、阁皂山，而是扩大到了南

① 《道藏》第32册，第146页。

方其他符箓道派和丹鼎派，这是史无前例的。[①]元朝时期，天师道的历代掌教都承袭定制而受封为“真人”“天师”，准许“主领江南道教事”。可知张宗演对弘扬天师道做出了巨大贡献。张宗演在道法上沿袭了张继先的神霄雷法，从朱梅靖处获传《帝令宝珠五雷祈祷大法》。对于该雷法的功用，《道法会元》说：“遇之者精勤修炼，行持既久，可以坐役鬼神，可以指挥将吏，可以啸命风雷，可以超凡入圣，非特能保命护身，其实可登真度世。当正心修行，始终如一，奉道尊师，济幽度显，慈仁正直，忠孝清廉，勿自持而妄叱雷霆，勿傲忽而轻视神鬼。临之在上，质之在傍，使人鬼两全，是阴功也。勿专慕淫祀，视物如我。若泥于杀牲祭设鬼神以求灵，则非大道之正法也。”[②]

张宇初

张宇初（1359–1410），字子璇，别号耆山，是第四十二代天师张正常长子，第四十三代天师，有道门硕儒之称。明洪武十年（1377），张宇初嗣教，十六年，受命于紫金山修玉箓大斋，十八年，受命于神乐观祈雨，立刻应验，二十二年，向朝廷启奏重修龙虎山大上清宫，二十四年，受朝廷赐“正一玄坛之印”[③]。建文（1399–1402）中，张宇初行为不法，被撤销印诰。明成祖即位后旋即诏令复职。永乐元年（1403），张宇初受命陪祀天坛，永乐四年，受命编

① 黄剑敏：《明清以来赣北道教与地方音乐文化研究》，安徽师范大学博士学位论文，2016年，第138页。

② 《道藏》第29册，第497页。

③ 《道藏》第34册，第835页。

修《道藏》，永乐五年，受命建玉箓大斋于朝天宫，永乐六年（1409）和永乐七年（1410），曾两次受命四处寻访张三丰，均没有结果。

张宇初的理论宗源为《道德经》，强调修道必须性命双修，反对空修心性而落入枯寂，认为内丹修炼为万法之根本，一切符箓斋醮、雷法等法术，必须先炼成内丹才有效验。张宇初倡导天师道早期遗风，认为道士必须严格恪守清规戒律，崇尚艰苦朴素的生活。张宇初的著作有《三十代天师虚靖真君语录》《岘泉集》《元始无量度人上品妙经通义》《道门十戒》等。

张道陵①

① 高淳县文化局编：《明清道教神像画》，第86页。

3. 阁皂山

（1）阁皂山简述

阁皂山位于江西省樟树市东南方，属于武夷山支脉，有清江碧嶂之赞誉。唐高宗仪凤年间（676–678），阁皂山被尊为天下第三十三福地。据《阁皂山景德观记》记载："唐仪凤中，道士孙道冲请于朝，朝廷命以赐之。"① 说明在南北朝之前，灵宝派还没有传入阁皂山。阁皂山的道教始于南北朝晚期。后世相传阁皂宗由葛玄创立。但是根据《江西道教史》分析认为，葛玄，甚至葛洪均未涉足阁皂山，葛玄与阁皂宗并无关系。②

至隋代，阁皂山建有灵山馆。宋周必大《记阁皂登览》："阁皂山旧有灵山馆，焚于隋。唐有道士程信然望气至此，掘地得铁钟一口，下有玉石尊像一座，高尺余，遂立草堂。先天元年（712），孙道冲始立台殿，赐名阁皂观。"③ 唐咸通年间，阁皂观被毁。南唐时，阁皂观更名为玄都观。宋代有大批道士来此修道，阁皂山道教达到鼎盛时期。阁皂山与江苏茅山、江西龙虎山并称道教三大名山，声名显赫。宋徽宗、宋理宗分别赐号景德观为崇真宫、大万寿崇真宫，追封葛玄为冲应真人、冲应孚佑真君，赐"元始万神"铜印，许可阁皂山、龙虎山、茅山为道教传箓之地，朝野上下均以

---

① （清）邓廷辑修，熊为霖纂：《乾隆清江县志》卷二十六，清乾隆四十五年刻本，第 751 页。

② 孔令宏、韩松涛：《江西道教史》，中华书局 2011 年版，第 233 页。

③ （宋）周必大：《记阁皂登览》，《文忠集》卷一八三，《影印文渊阁四库全书》第 1149 册，台湾商务印书馆 1986 年版，第 65–66 页。

获得阁皂山灵宝符箓为荣。元代时期，在统治者的支持下，阁皂宗广泛传播。明代时期，阁皂宗传承不断。宣德年间，阁皂宗仍有余绪，此后陷入衰败，祖庭凋零，直至一蹶不振。

（2）特点

“灵宝”一词原为神灵宝贵之意，最早见于《太平经》。葛巢甫以《灵宝五符》为基础，造作三十余卷《灵宝经》，构建了一个上达元始天尊，下至葛玄及其后嗣的传承谱系。至南朝宋时，陆修静“更加增修，立成仪轨，于是灵宝之教，大行于世”[①]。

灵宝派“受上清派的影响，在存神、诵经、修功德以及轻丹鼎、贬房中等方面与上清派相似，但在注重符箓科仪方面则近于正一道”[②]。认为“斋直是求道之本”[③]。相比道教各派，灵宝派的斋戒仪式最为完备。灵宝派强调修道者不能只求个人得道成仙，更要帮助别人行善，积功累德。唐代时期，灵宝派的道法思想被茅山上清派逐渐吸收。两宋时期，阁皂山灵宝宗坛与江苏茅山上清派、江西龙虎山正一派并称为符箓三山。

（3）经典

灵宝派的经典有《灵宝五符序（经）》《灵宝赤书五篇真文》和《灵宝无量度人上品妙经》（简称《度人经》），其中《度人经》主张劝善度人，符合灵宝派立教的宗旨，所以历来被灵宝派道士所看重，并收录于《正统道藏》第一部

---

① 《道藏》第6册，第376页。

② 杨波：《阁皂山的历史文化及其旅游发展》，江西师范大学硕士学位论文，2007年，第16页。

③ 《道藏》第9册，第824页。

经。《度人经》的地位越来越高，注者蜂起。灵宝教义的主要内容是劝善度人，后世的灵宝经书不断阐发这一主旨。陆修静《洞玄灵宝斋说光烛戒罚灯祝愿仪》称："圣人传授经教，教于世人，使未闻者闻，未知者知，欲以此法桥，普度一切人也。"[①]《太上洞玄灵宝本行因缘经》告诫地仙三十三人说："子辈前世学道受经，少作善功，唯欲度身，不念度人；唯自求道，不念人得道，不信大经弘远之辞，不务斋戒，不尊三洞法师，好乐小乘，故得地仙之道。"[②]意思是，道士只念度己身，不念度他人，最后只能成为地仙，而不能成为天仙。

（4）名道

葛玄

葛玄（164–244），字孝先，本琅琊人，后迁丹阳句容。葛玄高祖葛庐为汉代骠骑大将军，封下邳侯，祖葛矩仕汉为黄门侍郎，父德儒历大鸿胪登尚书，素来崇奉道法。葛玄出身世家名门，自幼聪敏好学，博览群书，性喜老、庄玄学，不愿做官，后在天台赤城山修炼，获传《白虎七变经》《太清九鼎金液丹经》《三元真一妙经》等。汉室倾颓，三国混乱，葛玄在葛仙山（今江西铅山）筑庵修道，立炉修炼金丹，其思想在后世影响深远。

陆修静

陆修静对弘扬灵宝派和传播灵宝经有重要贡献。

第一，系统整理灵宝经书。自葛巢甫造作《灵宝经》后，不少人将《灵宝经》和上清经相杂糅，继续造构灵宝典籍。

---

① 《道藏》第 9 册，第 824 页。

② 《道藏》第 24 册，第 671 页。

“或删破《上清》，或采抟余经，或造立序说，或迴换篇目，裨益句章，作其符图，或以充旧典，或别置盟戒”①。陆修静为了改变当时“精粗糅杂，真伪混行”②的状况，对当时流传的《灵宝经》细加辨别，删除伪经，编辑《灵宝经目》，并于元嘉十四年（437）呈宋文帝御览。陆修静表文中说：“即今见出元始旧经，并仙公所禀，臣据信者合三十五卷。”③但《灵宝经目》已佚，陆修静考订的究竟是哪三十五卷，已经很难考证。

第二，阐释灵宝经典。陶弘景《真诰·真诰叙录》称陆修静“既敷述《真文赤书》《人鸟五符》等，教授施行已广”④。《真文赤书》即是《五篇真文》，收录于《道藏》多处，此处是指《元始五老赤书玉诀》，即《太上洞玄灵宝赤书玉诀妙经》卷上，是葛巢甫所造。《人鸟五符》是早已亡佚的古《灵宝经》。陆修静对它们作了“敷述”，扩大经文的传播范围，到了陶弘景时代，这些经文“教授施行已广”。

第三，撰写斋醮科仪。三张在五斗米道时期，曾制作了一些道教斋仪，如涂炭斋、旨教斋等。后来寇谦之革新天师道，葛巢甫造作灵宝派时，也曾新制一些斋法和斋仪，但内容大都较粗略简单。陆修静重新规范了大量斋仪，充实和提高了斋仪的内容和形式。据《洞玄灵宝五感文》记载，陆修静把原天师道的斋仪完善为包括灵宝、上清、天师等各派斋仪在内的“九斋十二法”，即洞神斋一法，即涂炭斋；上清

① 《道藏》第22册，第19页。

② 《道藏》第22册，第19页。

③ 《道藏》第9册，第839页。

④ 《道藏》第20册，第606页。

斋二法和灵宝斋九法。灵宝斋九法包括金箓斋、黄箓斋、明真斋、三元斋、八节斋、自然斋、三皇斋、太一斋、指教斋。据《无上黄箓大斋立成仪》记载，陆修静撰写了除黄箓斋外的各种斋仪书。陆修静还撰有多种斋仪乐章，包括《步虚洞章》《灵宝步虚词》《升玄步虚章》等。《茅山志》称陆修静"所著斋法仪范百余卷"①。经过陆修静的规范造作，灵宝派的斋仪基本上建立起了完整的体系。隋唐道士张万福和唐末五代道士杜光庭继续著述斋仪，均以陆修静的著作为基础。科仪法事是道士进行宗教实践和谋生重要方式，也是为朝廷和群众祈福消灾的重要手段，是道教立派的根本。陆修静的建树广受赞誉，"于是灵宝之教，大行于世"。②可以说，灵宝派虽然是由葛巢甫所创建，但将灵宝派发扬光大的却是陆修静。

郑所南

郑所南（1241–1318），字思肖，号忆翁，又号三外野人，福州人（或福建连江人），原为南宋太学生，博学多才。宋亡之后，郑所南客居吴中（今苏州市），誓不效力元朝，由儒转向佛老，善为书画。据卢熊《郑所南小传》载，郑所南著有《诗》《文集》《释氏施食心法》《自叙一百二十图》《谬余集》《太极祭炼》。《太极祭炼内法议略》收录于《正统道藏》，是阐述灵宝斋法的著作。第四十三代天师张宇初曾为此书作序："灵宝斋法，始徐（来勒）、葛（玄）、郑（隐）三师流于世，讫汉唐宋元以来，蹊殊径异，纷纠交错，

---

① 《道藏》第5册，第599页。

② 《道藏》第6册，第376页。

不啻千百……世传则有丹阳、洞阳、通明、玉阳、阳晶诸派，而莫要于仙公丹阳者也。丹阳本乎南昌，而南昌乃灵宝一名也。得丹阳之要者，莫详于所南郑先生《内法议略》……其言首主于诚学之大本，何莫非诚，故曰诚者天之道，诚之者人也。”① 依此，郑所南是灵宝斋法的重要传承者。元末，黄公望弟子王玄真以郑所南等人所著之书为基础撰成《丹阳祭炼内旨》，其序云：“夫祭炼者，祭所以祭鬼神，炼所以炼自己也。苟不炼己，则鬼神不能升度……必先以志诚为体，慈悲为用，悯兹六道之沉魂，念彼九泉之滞魄。”② 体现了将符箓斋醮与内丹修炼融合为一体的倾向。

葛洪③

---

① 《道藏》第 10 册，第 439、440 页。

② 《道藏》第 30 册，第 312 页。

③ 高淳县文化局编：《明清道教神像画》，第 32 页。

五岳

五岳是五大名山的总称，源自民间崇敬山神、五行观念和帝王封禅，后为道教所沿袭，被称作道教名山。岳的意思是高山。五岳分别是中岳嵩山（位于河南省郑州市登封市）、北岳恒山（位于山西省大同市浑源县）、南岳衡山（位于湖南省衡阳市南岳区）、西岳华山（位于陕西省渭南市华阴市）、东岳泰山（位于山东省泰安市泰山区）。五岳是古代帝王为维护统治而加封的。五岳曾是帝王封禅祭祀的地方，象征帝王的皇权是受命于天。五岳始见于《周礼·春官·大宗伯》："以血祭祭社稷、五祀、五岳。"[①]《史记》明确提出五岳是岱宗（泰山）、嵩高（嵩山）、恒山、衡山、华山。《史记集解》载："天高不可及，于泰山上立封禅而祭之，冀近神灵也。"[②]帝王常以五岳为祥瑞，在顶峰设置祭坛，举行封禅大典。

魏晋南北朝时期，道教和佛教在五岳修建道观、佛寺，开展宗教活动。五岳均尊奉一位神祇掌管该岳，五岳的风景亦供信徒观赏。因此，"五岳又成为中国以山岳自然景观之美而兼具佛、道人文景观之胜的风景名胜区"[③]。唐宋之前，五岳上的道佛二教共存。宋代以后，道教和佛教为五岳的宗教活动使用权展开争夺。明清时期，西岳和东岳以道教势力为长，中岳、北岳和南岳的道教与佛教势力平分秋色。

"五老君"是道教崇奉的五位神仙。五老君具体有东方

---

① （汉）郑玄：《周礼注疏》，《影印文渊阁四库全书》第 90 册，台湾商务印书馆 1986 年版，第 96 页。

② （汉）司马迁：《史记》卷六《秦始皇本纪》，中华书局 1959 年版，第 243 页。

③ 刘博洋：《由五岳山前拜谒空间看华山古柏行设计》，西安建筑科技大学硕士学位论文，2009 年，第 2 页。

安宝华林青灵始老君，南方梵宝昌阳丹灵真老君，中央玉宝元灵元老君，西方七宝金门皓灵皇老君，北方洞阴朔单郁绝五灵玄老君。[①]五老君是“三清”之前地位最高的五位天神，受到历代帝王的祭祀，后来被归到道教的神仙体系，“天中则称五老上帝，在天文则称五帝座及五方五星，在神灵则称五方五帝，在山岳则称五岳圣帝，在人身则称五脏神君”[②]。

五岳大帝分别指中岳大帝、南岳大帝、北岳大帝、西岳大帝、东岳大帝。这五位神仙也位列道教的信仰体系。五岳大帝的信仰源自中国古代山川的神秘崇拜，古人认为山川险峻，充满神秘，既畏惧又崇敬，因此人们为之祭祀礼拜。

元始天尊生于万物之先，禀自然之气，无极无限，即使天地毁灭他也不会毁灭。每到天地轮回，毁灭重生之后，元始天尊就会向贤人们传授秘法，即所谓的“开劫度人”。元始天尊开劫度人的具体事迹，据传被记录在晋代道书《灵宝经》中，可惜此书早已亡佚，《正统道藏》中保存的《太上洞玄灵宝真文要解上经》，是解释《灵宝》其书及“灵宝自然五篇卫灵神咒”的一篇文章，其中说道：“天地所以长存不倾者，元始命五老上真，以灵宝真文封于五岳之洞，以安神镇灵，制命河源，致洪泉不涌，大灾不行。”[③]也就是说，为了防止天地相交，元始天尊命令五老上真将灵宝真文封印于五岳，因此《灵宝经》确系元始天尊所传，可惜现代人无缘得见。关于具体的劫数，刘宋时期陆修静所作的《灵宝经目序》保留着只言片语：

---

① 《道藏》第 1 册，第 777、779、780、782、783 页。

② 《道藏》第 31 册，第 618 页。

③ 《道藏》第 5 册，第 903 页。

> 《灵宝》之文，始于龙汉。龙汉之前，莫之追记。延康长劫，混沌无期。道之隐沦，宝经不彰。赤明革运，灵文兴焉。诸天宗奉，各有科典。一劫之周，又复改运。遂积五劫，迨于开皇。已后上皇元年，元始下教，大法流行。①

这里面按照时间顺序记录了“五劫”，即龙汉、延康、赤明、开皇、上皇，与《隋书·经籍志》所记载的顺序不同，且多一劫上皇，其中“开皇”是其第四劫。这表明元始天尊开劫度人需要五老的配合。

东岳大帝②

---

① （唐）张君房：《云笈七签》，《道藏》第22册，第19页。

② 高淳县文化局编：《明清道教神像画》，第66页。

南岳大帝①

西岳大帝②

① 高淳县文化局编：《明清道教神像画》，第67页。

② 高淳县文化局编：《明清道教神像画》，第68页。

北岳大帝①

中岳大帝②

① 高淳县文化局编：《明清道教神像画》，第69页。
② 高淳县文化局编：《明清道教神像画》，第70页。

（四）全真二山及其名观、名道

1. 终南山

终南山是“道文化”“孝文化”“寿文化”“钟馗文化”“财神文化”的发祥圣地，是“寿比南山”“终南捷径”等典故的诞生地。终南山雄峙在古城长安（西安）之南，是长安城高大坚实的依托和雄伟壮丽的屏障，并素有“仙都”“洞天之冠”和“天下第一福地”等美称。

终南山为道教发祥地之一。据传楚康王时，天文星象学家尹喜为函谷关关令，于终南山中结草为楼，每日登草楼观星望气。一日忽见紫气东来，吉星西行，他预感必有圣人经过此关，于是守候关中。不久一位老者身披五彩云衣，骑青牛而至，原来是老子西游入秦。尹喜忙把老子请到楼观，执弟子礼，请其讲经著书。老子在楼南的高岗上为尹喜讲授《道德经》五千言，然后飘然而去。传说楼观台的说经台就是当年老子讲经之处。道教产生后，尊老子为道祖，尹喜为文始真人，奉《道德经》为根本经典。终南山为道教发祥地之一。自尹喜草创楼观后，历朝于终南山皆有所修建。秦始皇曾在楼观之南筑庙祀老子，汉武帝于说经台北建老子祠。魏晋南北朝时期，北方名道云集楼观，增修殿宇，开创了楼观道派。唐代，李唐宗室奉道教始祖老子为圣祖，大力尊崇道教，特别是因楼观道士岐晖曾赞助李渊起义，故李渊建立唐朝后，对楼观道特予青睐。武德（618–626）初，修建了规模宏大的宗圣宫。当时主要建筑有文始、三清、玄门等列祖殿，还有紫云衍庆楼和景阳楼等，成为古楼观的中心。以后历代虽时有修葺，但屡遭兵燹，至清末，宗圣宫仅存残垣断壁，一片废墟。此后，楼观的中心便转移到了说经台。新中国成立后，对古楼观进行了多次修葺，形成了以说经台为中心的建筑群。终南山是道教全真派发祥圣地，又名太乙山、地肺山、中南山、周南山，简称南山。“福如东海长流水，寿比南山不老松”中的南山指的就是终南山。周代把终南山、太白山统称为太乙山。

2. 王重阳

王重阳（1112–1170），原名中孚，字允卿，入道后，改名喆，字知明，号重阳子，咸阳（今陕西咸阳）人，金代道士，道教全真道的创始人。王重阳以内丹修炼为基础，提倡三教合一，主张无心忘言，柔弱清静，正心诚意，少思寡欲，出家修行；因内修“求返其真”，主张功行双全，以期成仙证真，所以叫“全真”。

王重阳在修行上主张出家投庵，创立了道士出家住观的教团形式。王重阳本人在修行之初就舍弃妻女离家修行，在度化已经成家立室的马钰、孙不二夫妇时亦劝导他们出家皈依，因此强调出家修行是全真道创立初期的一大特色。王重阳认为凡是出家的人都先须投庵。因为庵是房舍，乃人一身的依靠。当身体有所依仗支援，心灵便会渐得安定，气与神亦会因此和合畅顺，得以进入真道。王重阳重视群体形式的修炼，主张修道者应“合道伴”，但对道伴的条件有着明确要求。

王重阳在修行上，主张去除世俗欲念。他曾经对马钰说“凡人入道，必戒酒色财气、攀缘爱念、忧愁思虑，此外更无良药矣”①。他认为酒、色、财、气会令人沉沦，丧乱失神，故在生活上的衣食亦应以简朴为主，才能在修行上取得成功。

---

① 《道藏》第19册，第729页。

除了戒绝酒、色、财、气外，王重阳亦教导门人要保持心中清静，过简单自然的生活，修养性命。他教导会众："诸公如要修行，饥来吃饭，睡来合眼，也莫打坐，也莫学道。只用尘凡事屏除，只用心中清静两个字，其余都不是修行。"①

王重阳在修行上以内丹为重心，十分注重性与命的修持。例如他在《重阳立教十五论》《第十一论混性命》中提到："性者神也，命者气也。性若见命，如禽得风，飘飘轻举，省力易成。"②可见他认为性与命对修行同样重要，是互相增益的。王重阳亦视内丹为通向证道的阶梯，在他关于修行主题的诗词中有大量运用内丹术语的作品。

王重阳主张儒、释、道三教平等，提出"三教从来一祖风"③的和谐学说。全真道内以修习《道德经》为主，修习《孝经》《般若波罗蜜多心经》为辅。

王重阳的传教足迹遍及陕西、山东、河南地区。其门下弟子甚众，当中最著名的七位是马丹阳、谭处端、刘处玄、丘处机、王处一、郝大通、孙不二，后世尊称为北七真。

3. 昆嵛山

昆嵛山，古称姑余山，位于山东文登、牟平交界处，历史上有"仙山之祖"之称。昆嵛山山东道教发源地而闻名于世。昆嵛山古属齐国，自古是道家思想和知仙方、炼仙丹的方士集散中心。秦汉之际是方仙道鼎盛时期，秦皇汉武为求长生不死之药，均一再东巡，祠祀山川八神（天主、地主、兵主、阴主、阳主、月主、日主、时主）。此八神皆在古齐

① 《道藏》第 25 册，第 788 页。

② 《道藏》第 32 册，第 514 页。

③ 《道藏》第 25 册，第 693 页。

之地，其中阴主（祠芝罘）、日主（祠成山）、月主（祠莱山）在昆嵛山脉系之中。汉唐时期，昆嵛山寺院林立，洞庵毗连，香火缭绕不断，是僧道修炼和传经布道之地。主峰泰礴顶旧有三皇宫，其北有岳姑殿、神清观，南有禅教寺、无染禅院，西南有圣水宫，东南有甘泉寺，东有六度寺、金水庵等，皆盛极一时，迄今遗迹犹存。金元时期，昆嵛山成为道教全真派的发祥地。金代道士王重阳东游海上，于金大定七年（1167 年）在昆嵛山讲经庵、烟霞洞和文登姜氏庵创立全真道，收下 7 个弟子，号称“北七真人”。王重阳与其弟子在昆嵛山留下众多遗迹。金大定八年（1168），挈马钰、丘处机、谭处端、王处一等弟子登昆嵛山石门口，开烟霞洞修真，后至文登区立“三教七宝会”①。

大定二十二年（1182），马钰过昆嵛山紫金峰东华观遗址，于白玉台下创筑契遇庵，又于紫金峰前为古仙人东华帝君故宅建殿堂，曰东华宫。

昆嵛山《玉虚观碑》记载，整个昆嵛山脉，每峰必有一观或数观，每一宫观均碧瓦飞甍，雕梁画栋，宏伟壮观。除正殿、配殿、藏经楼、静修院外，有的还为玉帝和王母盖起寝殿。寝殿中的衣服、枕衾、帐幔，都用彩绣锦缎做成，而且按照季节寒暖更换之。

4. 丘处机

丘处机（1148–1227），字通密，号长春子，山东栖霞人，家世名族。19 岁昆嵛山出家，拜王重阳为师。金大定八年，随师及马钰、谭处端等在宁海、福山、登州、莱州等地传道，

---

① 《道藏》第 19 册，第 724 页。

创立全真道。王重阳病逝后，扶柩归葬终南故地，庐墓3年。大定十四年西入陕西磻溪，隐居6年。又去陇州龙门山潜修7年。"道既成，远方学者咸依之"①。大定二十八年，奉金世宗诏，至燕京（今北京）主持"万春节"醮事。未几仍回陕西。明昌元年，金章宗以"惑众乱民"为名，下诏禁罢全真道等，丘即回山东栖霞，建太虚观以居。贞祐二年秋，请命招安山东杨安儿义军成功，名噪一时。兴定三年，居莱州昊天观，南宋及金先后遣使来召，均未应命。他审时度势，唯应元太祖成吉思汗之请，于次年正月，率弟子18人从莱州出发，于元太祖十七年到西域大雪山，行程万余里。元太祖待之甚厚，尊之为神仙，赐以虎符、玺书，命其掌管天下道教。回燕京后，居太极观（后改长春宫）。长春宫成为北方道教的中心，全真道成为北方道教最大派别。丘处机开创全真道鼎盛局面四年后辞世。元世祖至元六年诏赠"长春演道主教真人"②。至大三年又加封为"长春全德神化明应真君"③。

5. 北京白云观

白云观为道教全真龙门派祖庭，享有"全真第一丛林"之誉。白云观前身系唐代的天长观。据载，唐玄宗为斋心敬道、奉祀老子而建此观。观内至今还有一座汉白玉石雕的老子坐像，据说就是唐代的遗物。金正隆五年（1160），天长观遭火灾焚烧殆尽。金大定七年（1167）敕命重修，历时七载，至大定十四年（1174）三月竣工。金世宗赐名曰十方天长观。

① 《道藏》第19册，第734页。

② 《道藏》第3册，第377页。

③ 《道藏》第3册，第377页。

泰和二年（1202），天长观不幸罹于火灾，仅余老君石像。翌年重修，改名曰太极宫。金宣宗贞祐二年（1215），国势不振，迁都于汴，太极宫遂逐渐荒废。

元初，丘处机自西域大雪山觐见成吉思汗，东归燕京，赐居于太极宫。当时宫观一片凄凉，遍地瓦砾，长春真人遂命弟子王志谨主领兴建，历时三年，殿宇楼台焕然一新。元太祖二十二年（1227）五月，成吉思汗敕改太极宫为长春观。七月，丘处机仙逝于长春观。次年，徒弟尹志平在长春观东侧下院建处顺堂藏丘祖仙蜕，白云观遂称为全真龙门派祖庭。元末，连年争战，长春观原有殿宇日渐衰圮。明初，以处顺堂为中心重建宫观，并易名为白云观。清初王常月来白云观，并公开传戒，受戒的龙门派弟子得其教法，广传于各地道观。王常月方丈主持对白云观进行了一次大规模的重修，基本奠定了今日白云观之规模。今全真教徒大多数属龙门派，白云观被称为全真道第一丛林。

二、江河湖海

1. 长江

长江发源于青藏高原的唐古拉山脉各拉丹冬峰西南侧，其干流流经 11 个省级行政区，于崇明岛以东注入东海，全长 6387 公里，是世界第三位长河。

道教是中国本土宗教。道教的产生与发展与长江流域古代文化有密切的关联。首先，道教思想的建构与长江流域密切相关。道教思想“吸收了长江流域楚文化圈内产生的哲人老子和庄子的思想并作为自己的理论基础，承继了巴蜀、楚越盛行的巫鬼文化，网罗了楚文化圈内的种种神话和神仙学说，成为这些文化的集合体”[①]。从晋以后至唐宋，道教理论大为发展，道教宗派极度兴盛，涌现出一大批创派道士和有理论造诣的道教学者，在长江流域著名道士有：上清太师魏华存、金丹仙翁葛洪、净明祖师许逊、茅山宗师陶弘景、道学冠冕杜光庭、邋遢道人张三丰等等。在长江流域相继产生的宗派有：阁皂山灵宝派、茅山上清派、龙虎山天师派等三山符箓及神霄派、清微派、东华派、天心派、净明道等符箓支派，还有专讲内丹修炼的金丹派南宗。至元代，这些符箓道派都合并为正一道，金丹派南宗则并入全真道。其次，道教宫观一般建在风景秀丽的名山大川。著名的有昆明太和宫和金殿、青城山古常道观、成都青羊宫、梓潼文昌宫、武当山宫观建筑群、武汉长春观、南岳衡山黄庭观、龙虎山天师府、南昌西山万寿宫、铅山葛仙祠、茅山九霄万福宫、苏州玄妙观、杭州抱朴道院、上海白云观、上海城隍庙等。

2. 黄河

黄河全长约 5464 公里，是中国第二长河。黄河流域孕育了中华文明。早在石器时代，黄河流域就形成了中国最早的新石器文明。六千多年前，黄河流域出现了农事活动。大约四千多年前，黄河流域形成了血缘氏族部落，黄帝融合其他部族，形成了“华夏族”。在较长的历史时期，黄河流域一直是中国的政治、经济、文化中心。北宋以后，全国的经济重心逐渐转向南方，但是黄河流域及黄河下游平原地区仍占有重要地位。

---

① 卢世菊：《道教与长江流域古代文化的关系初探》，《武汉交通科技大学学报》（社会科学版），2000 年第 4 期，第 68–71 页。

黄老道家作为早期道教思想的先驱与黄河流域联系密切。在东汉时期，黄巾起义者披着道教的外衣席卷黄河流域，在三国两晋南北朝时期，士大夫阶层对民间道教进行了改造，在黄河流域孕育了楼观道。隋末，天下大乱，唐国公李渊起兵造反，于次年称帝并建立唐朝，定都于长安。唐太宗继位后开启了贞观之治。唐高宗开创了永徽之治，并建立东都洛阳。唐朝的都城等核心区域是在黄河流域。唐朝以道教为国教，王公贵族皆推崇道士，并以《老子》《庄子》《文子》《列子》等经典开科取士。唐武宗非常重视道教，明令禁止除道教以外的佛教等，发起了会昌灭佛事件。宋代，在黄河流域先后出现宋、辽、金、西夏、吐蕃等王朝，关中地区的张载及其弟子们所创立的“关学”，为儒家的理学做出了卓越贡献，张载的思想也深受道教思想的影响。[①] 在元明清时期，三教合一的趋势逐渐加强，民众的宗教信仰主要集中于包含道教在内的三教之中。道教楼观台、永乐宫等著名道教宫观都在黄河之滨，终南山、华山等一系列重要道教名山也都在这一区域之中。

3. 四海

四海是古代所指北海、南海、西海和东海，泛指海内之地。道教神仙体系认为东西南北四海都有龙王统属，称为四海龙王。清代“雍正二年敕封四海龙神，东曰显仁，南曰昭明，西曰正恒，北曰崇礼”[②]。龙王崇拜遍及中土。四海龙

---

① 参见孔令宏:《宋代理学与道家、道教》,中华书局2006年版,第167页。

② （清）高宗弘历:《钦定大清会典则例》,《影印文渊阁四库全书》第622册,台湾商务印书馆1986年版,第620页。

王是中国道教和民间所敬之神。道教宇宙论中，龙是元气凝聚而成，受玉皇大帝之令管辖四海。按职能不同，龙神可以分为天龙神、地龙神和海龙神。天龙神的职责是辅佐天皇大帝、雷部众神（九天应元雷声普化天尊）、雷公电母、风伯雨师等天神行云施雨。地龙神的职责是辅佐后土皇地祇、南极长生大帝、五岳大帝等天神管理山川河流等，海龙神的职责是辅佐妈祖管理海洋生物，是保护渔民的神。

唐宋时期，龙王在民间获得尊崇。朝廷每年要设立祭坛祭祀龙王，以免水灾泛滥或干旱。清朝时期，龙王地位更加崇高，每位河道总督都要亲身祭拜龙王，祈求风调雨顺。民间的每处水域都有各司其职的龙王执守。人们会在水域附近修建龙王庙，每当有洪水泛滥或是旱灾时，都会前来祭祀龙王。

雷公①

① 高淳县文化局编：《明清道教神像画》，第55页。

风伯雨师①

4. 十八水府

道教的洞天福地内容越来越丰富。东晋时期的上清派经书《茅君传》和北周时期的经书《无上秘要》只有十洞天。唐司马承祯所著的《天地宫府图》列出了十大洞天、三十六小洞天、七十二福地。唐末杜光庭的《洞天福地岳渎名山记》列出了十大洞天、三十六小洞天、二十四化、七十二福地等。然而，这些论著均未涉及河流水域。现存文献中，只有北宋的李思聪在其所撰《洞渊集》中开列出四海三山水府、十五水帝庙、河伯庙、五湖水神庙及十一溪神庙。②这就将道教洞天理论中补入了河流水域。王处一所编的《西岳华山志》

① 高淳县文化局编：《明清道教神像画》，第 56 页。

② 《道藏》第 23 册，第 844-845 页。

引《水府记》认为中国有十八处水府，《水府记》云："天下一十八处水府，华山车箱潭乃第七水府也。与东海、南海、温江同即投金龙一简之处也。"[①] 从《水府记》的记载来看，道教十八水府也是有排序的。可惜此书失传，十八水府详细情况也随之湮没。

三、洞天福地

早期道教的神灵庞杂，神仙互不管辖，显得杂乱无章，没有统一的神谱谱系，严重影响了道教的传播。陶弘景撰写的《真灵位业图》（《洞玄灵宝真灵位业图》）首次将道教中庞杂的神仙体系进行了重新的梳理和编排。他将道教宇宙生成论和世间等级体制相结合，作为整个道教神仙体系的架构。陶弘景建构的神仙体系"为洞天福地说的完善做好了理论准备"[②]。

司马承祯游览天下名山洞府，著作《天地宫府图》和《图经》，文中清楚地列出了十大洞天、三十六小洞天以及七十二福地的名称、面积、位置及治理神仙。该书是对东晋以来道教洞天福地思想进行的成体系的汇总。司马承祯认为神仙有不同的级别，有尊卑上下之分，因此其所居之地也有所不同。司马承祯将洞天福地分成三个级别，各有神仙治理，这种理论设定反映出世俗世界对道教的影响。司马承祯的洞天福地理论讲世俗世界的有山、洞、溪、岩等自然景观，并将其划分为不等级别的仙境，将可望而不可及的仙境定位到

---

① 《道藏》第 5 册，第 751 页。

② 付其建：《试论道教洞天福地理论的形成与发展》，山东大学硕士学位论文，2007 年，第 27 页。

人世间，却又远离人群，强烈地激发了人们对于神仙世界的向往。

司马承祯《天地宫府图》对道教洞天福地思想的完善影响较大，唐末五代道士杜光庭撰写的《洞天福地岳渎名山记》大体上以此为基础创作。把司马承祯编写的《天地宫府图》与杜光庭所列出的“十大洞天”相比，两个版本的洞天福地内容大致相同，只有少数洞天福地的名称和位置不同。此外还有宋代李思聪《洞渊集》著录的版本。

洞天福地理论可以视为道教宇宙论的一部分。张广保认为洞天福地理论的内涵是：“此即在我们人类栖居的以地球为中心的居留空间中（即所谓的‘大天世界’）还并存着三十六所相对隔绝、大小不等的生活世界（即十大洞天、三十六小洞天）及七十二处特殊地域（即七十二福地）。这些洞天福地大多位于中国境内的大小名山之中或之间，它们通连贯通，构成一个特殊的地下世界。其中栖息着等级较低的仙灵或避世人群。”①

《洞天福地岳渎名山记序》云：“乾坤既辟，清浊肇分，融为江河，结为山岳，或上配辰宿，或下藏洞天。皆大圣上真主宰其事，则有灵宫秘府，玉宇金台。或结气所成，凝云虚构；或瑶池翠沼，流注于四隅；或珠树琼林，扶疏于其上。神凤飞虬之所产，大鳞泽乌之所栖。或日驭所经，或星缠所属；舍藏风雨，蕴蓄云雷，为天地之关枢，为阴阳之机轴。”②

---

① 张广保：《唐以前道教洞天福地思想研究——从生态学视角》，载郭武主编：《道教教义与现代社会国际学术研讨会论文集》，上海古籍出版社2003年版，第285页。

② 《道藏》第11册，第55页。

据此，地界不仅有天上的仙境，而且山上有洞府，海上也有仙岛。天上仙境与人间宫府互相感通，构成立体交错的仙境网络，上下有别。自古以来就有传说昆仑山为仙人居所，但昆仑山远离俗世。道教仙道思想形成之后，历代道士入山隐居修炼，希求飞升成仙，壮丽的山川景色赋予了道士们无尽的想象空间。道士们的幻想与神仙传说相结合逐渐形成了地界与水域中有洞天福地的观念。“洞天福地”的观念形成较早，早期道经《抱朴子内篇》就讲道：“凡为道合药，及避乱隐居者，莫不入山”①，又说：“欲求神仙，唯当得其至要，至要者在于宝精行气，服一大药便足。”②也就是说，追求成仙的人，需要入山合药、服药。《真诰》《道迹经》也均记载有“十大洞天”“地中洞天三十六所”。

洞天

“洞天理论的形成经历了较长的历史进程。从洞天理论的起源来看，洞天理论与中国古代人们的山居传统有关。”③《说文》云：“山，宣也，宣气散生万物，有石而高。”④《春秋·元命苞》曰：“山者气之包含，所以含精藏云，故触石布山。”⑤相比其他宗教，道教中山的地位比较高。原因在

---

① 《道藏》第28册，第235页。

② 《道藏》第28册，第199页。

③ 张广保：《唐以前道教洞天福地思想研究——从生态学视角》，载郭武主编：《道教教义与现代社会国际学术研讨会论文集》，上海古籍出版社2003年版，第299页。

④ （汉）许慎撰，（清）段玉裁注：《说文解字注》，上海古籍出版社1981年版，第437页。

⑤ （清）张英：《御定渊鉴类函》，《影印文渊阁四库全书》第982册，台湾商务印书馆1986年版，第524页。

于在道教宫观大规模修建之前，道士大多居于山中石室、洞窟进行修行，而且向往中的神仙也往往居于人迹罕至的深山中。详细记载洞天的有唐代司马承祯《天地宫府图》[1]所载十大洞天、三十六小洞天，唐末五代杜光庭《洞天福地岳渎名山记》记载的三十六洞天和李思聪《洞渊集》所载十大洞天、三十六小洞天。

《天地宫府图》[2]所载十大洞天

山洞名	洞天名（1–5）	位置	主管	山洞名	洞天名（6–10）	位置	主管
王屋山洞	小有清虚之天	在洛阳、河阳两界，去王屋县六十里	西城王君	赤城山洞	上清玉平之洞天	台州唐兴县	玄洲仙伯
委羽山洞	大有空明之天	台州黄岩县，去县三十里	青童君	罗浮山洞	朱明辉真之洞天	循州博罗县	青精先生
西城山洞	太玄总真之天	疑终南太一山	上宰王君	句曲山洞	金坛华阳之洞天	润州句容县	紫阳真人
西玄山洞	三元极真洞天	华州	无	林屋山洞	尤神幽虚之天	洞庭湖口	北岳真人
青城山洞	宝仙九室之洞天	蜀州青城县	青城丈人	括苍山洞	成德隐玄之洞天	处州乐安县	北海公涓子

---

① （清）张英：《御定渊鉴类函》，《影印文渊阁四库全书》第982册，台湾商务印书馆1986年版，第524页。

② 萧天石主编：《道藏精华·云笈七签上》，自由出版社1989年版，第401–402页。

《天地宫府图》① 所载三十六小洞天

山洞名（1–12）	洞天名	位置	主管	山洞名（13–24）	洞天名	位置	主管	山洞名（25–36）	洞天名	位置	主管
霍桐山洞	霍林洞天	福州长溪县	仙人王纬玄	小沩山洞	好生玄上天	潭州澧陵县	仙人花丘林	幕阜山洞	玄真太元天	鄂州唐年县	陈真人
东岳太山洞	蓬玄洞大	兖州乾封县	山图公子	灊山洞	天柱司玄天	舒州怀宁县	仙人稷丘子	大西山洞	大西华妙天	去辰州七丨里	尹真人
南岳衡山洞	朱陵洞天	衡州衡山县	仙人石长生	鬼谷山洞	贵玄司真天	信州贵溪县	真人崔文子	金庭山洞	金庭崇妙天	越州剡县	赵仙伯
西岳华山洞	总仙洞天	华州华阴县	真人惠车子	武夷山洞	真升化玄天	建州建阳县	真人刘少公	麻姑山洞	丹霞天	抚州南城县	王真人
北岳常山洞	总玄洞天	恒州常山曲阳县	真人郑子真	玉笥山洞	太玄法乐天	古州永新县	真人梁伯鸾	仙都山	仙都祈仙天	处州缙云县	赵真人
中岳嵩山洞	司马洞天	东都登封县	仙人邓云山	华盖山洞	容成大玉天	温州永嘉县	仙人羊公修	青田山洞	青田大鹤天	处州青田县	傅真人

① 萧天石主编：《道藏精华·云笈七签上》，自由出版社 1989 年版，第 402–406 页。

《天地宫府图》所载三十六小洞天（续表）

峨眉山洞	虚陵洞天	嘉州峨眉县	真人唐览治	盖竹山洞	长耀宝光天	台州黄岩县	仙人商丘子	钟山洞	朱日太生天	润州上元县	龚真人
庐山洞	洞灵真天	江州德安县	真人周正时	都峤山洞	宝玄洞天	容州普宁县	仙人刘根	良常山洞	良常放命洞天	润州句容县	李真人
四明山洞	丹山赤水天	越州上虞县	真人刁道林	白石山洞	秀乐长真天	郁林州南海之南也，又云和州含山县	白真人	紫盖山洞	紫玄洞照天	荆州常阳县	公羽真人
会稽山洞	极玄大元天	越州山阴县镜湖中	仙人郭华	岣嵝山洞	玉阙宝圭天	容州北流县	仙人钱真人	天目山洞	天盖涤玄天	杭州余杭县	姜真人
太白山洞	玄德洞天	京兆府长安县连终南山	仙人张季连	九嶷山洞	朝真太虚天	道州延唐县	仙人严真青	桃源山洞	白马玄光天	玄洲武陵县	谢真人
西山洞	天柱宝极玄天	洪州南昌县	真人唐公成	四洞阳山洞	洞阳隐观天	潭州长沙县	刘真人	金华山洞	金华洞元天	婺州金华县	戴真人

杜光庭《洞天福地岳渎名山记》①，所载三十六洞天②

山名	洞天名	位置	山名	洞天名	位置	山名	洞天名	位置
霍童山	霍林洞天	福州长溪县	大围山	好生上元洞天	潭州醴陵县	幕阜山	玄真太元洞天	鄂州唐军县
太山	蓬玄洞天	衮州乾封县	潜山	天柱司玄洞天	舒州桐城县	大酉山	大酉华妙洞天	辰州界
衡山	朱陵洞天	衡州衡山县	武夷山	升真化玄洞天	建州建阳县	金庭山	金庭崇妙洞天	越州剡县
华山	总真洞天	西岳	鬼谷山	贵玄思真洞天	信州贵溪县	麻姑山	丹霞洞天	抚州南城县
常山	总玄洞天	北岳	华盖山	容城太玉洞天	温州永嘉县	仙都山	仙都祈仙洞天	处州缙云县
嵩山	司真洞天	中岳	玉笥山	太秀法乐洞天	吉州新淦县	青田山	青田大鹤洞天	处州青田县
峨眉山	虚陵太妙洞天	嘉州峨眉县	盖竹山	长耀宝光洞天	台州黄岩县	天柱山	大涤玄盖洞天	杭州余杭县天柱观
庐山	洞虚咏真洞天	江州得阳县	都峤山	太上宝玄洞天	容州	钟山	朱湖太生洞天	润州上元县
四明山	丹山赤水洞天	越州余姚县	白石山	秀乐长真洞天	容州	良常山	良常方会洞天	茅山东北
会稽山	极玄阳明洞天	越州会稽县	句漏山	玉阙宝圭洞天	容州	桃源山	白马玄光洞天	朗州武陵县
方白山	德玄洞天	京兆盩厔县	九嶷山	湘真太虚洞天	道州延唐县	金华山	金华洞元洞天	婺州金华县
西山	天宝极玄洞天	洪州南昌县	洞阳山	洞阳隐观洞天	潭州长沙县	紫盖山	紫玄洞盟洞天	韶州曲江县

① 张继禹主编：《中华道藏》，华夏出版社 2004 年版，第 48 册，第 82-83 页。

② 该名录未记载主管神仙。

《洞渊集》① 所记载的十大洞天

山洞名	洞天名	位置	主管	山洞名	洞天名	位置	主管
王屋山天坛峰绝顶	小有清虚之天	洛京王屋县	小有清虚真人杜沖、王褒	天台赤城山	上清玉平之天	台州天台县	桐柏王真人
委羽山	大有空明之天	台州	大有真人司马季主	罗浮山	朱明耀真之天	惠州博罗县	
西城山	太玄极真之天	梁州成都府西一千里	王方平真人	茅山	金坛华阳之天	升州句容县	
西玄山	三玄极真之天	莫知其所在	裴真人	林屋山	尤神幽虚之洞天	苏州太湖水中	
青城大面山	宝仙九室之天	蜀州青城县	甯真人	括苍山	成德隐真之天	处州	徐来勒真人

① 张继禹主编：《中华道藏》，华夏出版社2004年版，第48册，第90页。

《洞渊集》①所记载的三十六洞天

山洞名	洞天名	位置	主管	山洞名	洞天名	位置	主管	山洞名	洞天名	位置	主管
霍桐山	霍林洞天	福州长溪县	司命君：郑思远、韩众、许映真人	大围山	好生上玄之天	潭州澧陵县		幕阜山	洞真太玄之天	岳州平江县	
东岳泰山	蓬玄空洞之天	兖州奉符县	青帝太昊	潜山	天柱司玄大	舒州怀宁县	左慈真人	大酉山	大酉华妙大	辰州	
南岳衡山	朱陵太虚之天	衡州衡山县	赤帝神农	鬼谷山	太元思真之天	信州贵溪县	正一真人张天师	金庭山	金庭崇妙之天	越州剡县	
西岳华山	太极总仙之天	华州华阴县	白帝少昊	武夷山	升化玄真之天	建州建阳县	武夷君	麻姑山	丹霞之天	建昌军南城县	
北岳常山	太一总玄之天	定州常山县	黑帝颛顼	玉笥山	太素法乐之天	临江军新淦县	大秀天王	仙都仙	玄都祈仙之天	处州晋云县	
中岳嵩山	上帝司真之天	洛京登封县	黄帝	华盖山	容城太玉之天	温州永嘉县		青田山	青田大鹤之天	处州青田县	
峨眉山	虚灵大妙之天	嘉州峨眉县	大真皇人	盖竹山	长耀宝光之天	台州黄岩县	葛孝先真人	钟山	朱湖太生之天	升州上元县	马明生
庐山	仙灵咏真之天	江州浔阳县	王长、赵升二真人	都峤山	宝玄之天	容州		良常山	良常方会之天	润州茅山北	保命真君茅衷
四明山	丹山赤水之天	明州		白石山	琼秀长真之天	容州		紫盖山	紫玄洞照天	杭州余杭县	

① 张继禹主编：《中华道藏》，华夏出版社2004年版，第48册，第91页。

《洞渊集》所记载的三十六洞天（续表）

阳平山	极玄大元之天	蜀郡繁县界，去十里		句漏山	玉阙宝圭之天	容州北流县		天目山	太微玄盖之天	杭州	
太白山	真德之天	长安县		九嶷山	朝真太虚之天	道州延康县	太极上真公孔子	桃源山	白马玄真之天	鼎洲武陵县	
西山	天宝极真之天	洪州南昌县		洞阳山	洞阳隐观之天	潭州		金华山	金华洞元之天	婺州金华县	

《天地宫府图》云：“十大洞天者，处大地名山之间，是上天遣群仙统治之所。”① 文献中列出十大洞天除少数无法考实外，大多数都位于中国境内各大名山之中，是现实存在的地理空间。它们分别是：王屋山、委羽山、西城山、西玄山、青城山、赤城山、罗浮山、句曲山、林屋山、括苍山等十山，在早期道教中具有特别高的地位。这十大洞天中既不包括五岳，也不包括传统名山昆仑山。从地理位置看，十大洞天中西玄二山不明所在，王屋山位于河南，其余洞天都在南方。张广保认为：“由十洞天地理位置的分布特点及较早见于《茅传》看，它的形成之时代当与晋室南渡，政治中心南移及对南方的开发有关。又推测其作者很可能就是杨、许一辈的上清道士。”② 三个版本的三十六洞天名录大同小异，山洞名称和顺序基本一致，洞天名称比较接近，部分位

① 《道藏》第22册，第199页。

② 张广保：《唐以前道教洞天福地思想研究——从生态学视角》，载郭武主编：《道教教义与现代社会国际学术研讨会论文集》，上海古籍出版社2003年版，第302页。

置有出入。司马承祯《天地宫府图》的“三十六小洞天”与杜光庭所记载的“三十六洞天”相比较，区别较小。《洞渊集》与前两个版本所载十大洞天略有不同，洞天名几乎一样，位置上有县名相同而州名不同。

福地

《天地宫府图》① 所载七十二福地

福地（1–15）	位置	主管	福地	位置	主管	福地	位置	主管	福地	位置	主管	福地	位置	主管
地肺山	江宁府句容县界	真人谢允	天姥岑	剡县南	真人魏显仁	勒溪	建州建阳县东		绿萝山	朗州武陵县，接桃源界		长在山	齐州长山县	毛真人
盖竹山	衢州仙都县	真人施存	若耶溪	越州会稽县南	真人山世远	龙虎山	信州贵溪县	仙人张巨君	虎溪山	江州南彭泽县	五柳先生	中条山	河中府虞乡县管	赵仙人
信州贵溪县	仙人张巨君	虎溪山	江州南彭泽县	五柳先生	中条山	河中府虞乡县管	赵仙人	墨真人	彰龙山	潭州澧陵县北	藏先生	茭湖鱼澄洞	西古姚州	始皇先生

① （唐）司马承祯：《天地宫府图》，载萧天石主编：《道藏精华·云笈七签上》，自由出版社 1989 年版，第 406–411 页。

《天地宫府图》所载七十二福地（续表）

仙磕山	温州梁城县十五里，近白溪草市	真人张重华	金庭山	庐州巢县	马仙人	灵山	信州上饶县北	墨真人	彰龙山	潭州澧陵县北	臧先生	茭湖鱼澄洞	西古姚州	始皇先生
东仙源	台州黄岩县	地仙刘奉林	清远山	广州清远县	阴真人	泉源	罗浮山中	仙人华子期	抱福山	连州连山县	范真人	绵竹山	汉州绵竹县	琼华夫人
西仙源	台州黄岩县峤岭一百二十里	地仙张兆期	安山	交州北	安期先生	金精山	虔州虔化县	仇季子	大面山	益州成都县	仙人柏成子	泸水	西梁州	仙人安公
南田山	东海东	刘真人	马岭山	郴州郭内水东	真人力牧	阁皂山	吉州新淦县	郭真人	元晨山	江州都昌县	孙真人、安期生	甘山	黔南	宁真人
玉溜山	东海近蓬莱	地仙许迈	鹅羊山	潭州长沙县	娄驾先生	始丰山	洪州丰城县	尹真人	马蹄山	饶州鄱阳县	真人子州	晃山	汉州	赤须先生
清屿山	东海之西，与扶桑相接	真人刘子光	洞真墟	潭州长沙县	西岳真人韩终	逍遥山	洪州南昌县	徐真人	德山	朗州武陵县	仙人张巨君	金城山	古限成	石真人

《天地宫府图》所载七十二福地（续表）

郁木洞	玉笥山南	地仙赤鲁班	青玉坛	南岳祝融峰西	青乌公	东白源	洪州新吴县东	刘仙人	高溪蓝水山	雍州蓝田县并太上所游处		云山	邵州武刚县	仙人卢生
丹霞洞	麻姑山	蔡真人	光天坛	衡岳西源头	凤真人	钵池山	楚州	王乔	蓝水	西都蓝田县	地仙张兆期	北邙山	东都洛阳县	魏真人
君山	洞庭青草湖中	地仙侯生	洞灵源	南岳招仙观观西	邓先生	论山	润州丹徒县	终真人	玉峰	西都京兆县	仙人柏户	卢山	福州连江县	谢真人
大若岩	温州永嘉县东一百二十里	地仙李方	洞宫山	建州关隶镇五岭里	黄山公	毛公坛	苏州长洲县	庄仙人	天柱山	杭州于潜县	地仙王伯元	东海山	海州东二十五里	王真人
焦源	建州建阳县北	尹真人	陶山	温州安国县	陶先生	鸡笼山	和州历阳县	郭真人	商谷山	商州	四皓仙人			
灵墟	台州唐兴县北	白云先生	三皇井	温州横阳县	真人鲍察	桐柏山	唐州桐柏县	李仙君	张公洞	常州宜兴县	真人康桑			

《天地宫府图》所载七十二福地（续表）

沃州	越州剡县南	真人方明所	烂柯山	衢州信安县	王质先生	平都山	忠州	阴真君	司马悔山	台州天台山北	李明仙人			

《洞天福地岳渎名山记》记载的七十二福地①

福地	位置	福地	位置	福地	位置	福地	位置	福地	位置
地肺山	茅山	巫山	夔州大仙坛	金精山	虔州虔化县	大面山	蜀州青城山	临邛山	邛州临邛县白鹤山
石磕源	台州黄岩县峤岭	清远山	婺州浦阳县东白山	阁皂山	吉州新淦县	虎溪	湖州安吉县	少室山	河南府，连中岳
东仙源	温州白溪	安山	交州	始丰山	洪州丰城县	元晨山	江州都昌县	翠微山	西安府终南太一观
南田	处州青田	马岭	郴州	逍遥山	洪州连西山	马迹山	舒州	大隐山	明州慈溪县天宝观
玉瑁山	温州海中	鹅羊山	长沙县	东白源	洪州新吴县	德山	朗州武陵县	白鹿山	杭州天柱山
青屿山	东海口	洞真坛	长沙南岳祝融峰	钵池	楚州	鸡笼山	和州历阳县	大若岩	温州永嘉县
崆峒山	夏州	洞宫	长沙北	论山	丹徒县	王峰	蓝田县	嵊山	莱州嵊山
郁木坑	吉州玉笥山玉梁观	玉清坛	长沙北	毛公坛	苏州洞庭湖中	商谷	商州上洛县	西白山	越州剡县
武当山	均州	洞灵源	衡州南岳招仙观上峰	包山	七十二坛	阳羡山	常州义兴县张公洞	天印山	升州上元县洞玄观
君山	岳州青草湖中	陶山	温州安固县	九华山	池州青阳县	长白山	兖州	金城山	云中郡
桂源	连州抱福山	烂柯山	衢州信安县	桐柏山	唐州桐柏县淮水上源	中条山	河中永乐县	三皇井	温州仙岩山

① 张继禹主编：《中华道藏》，华夏出版社2004年版，第48册，第95–96页。该名录未记载主管神仙。

《洞天福地岳渎名山记》记载的七十二福地（续表）

灵墟	台州天台山	龙虎山	信州贵溪县	平都山	忠州邓都县	霍山	寿州	沃壤	海州东海县
沃州	越州剡县	勒溪	建州建阳县	绿萝山	常 德武陵北	云山	朗州武陵县		
天姥岑	台州天台南	灵应山	饶州北	章观山	澧州澧阳县	四明山	梨州		
若耶溪	越州南樵风径	白水源	龙州	抱犊山	潞州上党	缑氏山	洛州缑氏县		

《洞渊集》① 所记载的天下名山七十二福地

福地	位置	主管	福地	位置	主管	福地	位置	主管	福地	位置	主管	福地	位置	主管
地肺山	长安终南山心	王真人	若耶溪	越州		白水源	惠州博罗县	郑思远真人	大面山	蜀州青城县		瑰山	汉州	
盖竹山	台州黄岩县		金庭山	明州		逍遥山	洪州	许真君	虎溪庐山	江州德安县	五柳先生	金城山	云中郡	
	台州黄岩县		金庭山	明州		逍遥山	洪州	许真君	虎溪	江州德安县	五柳先生	金城山	云中郡	
青远山	南阳		马岭山	郴州		阁皂山	临江军新淦县	张天师	元辰山	都昌县	苏真人	灵山	武罡县	
安山	交州		鹅羊山	潭州		始丰山	洪州丰城县		马迹山	润州丹徒县		北郎山	洛县	

① 张继禹主编：《中华道藏》，华夏出版社 2004 年版，第 48 册，第 95-96 页。该名录未记载主管神仙。

《洞渊集》所记载的天下名山七十二福地（续表）														
石磕山	台州天台县		真墟	长沙		金精山	虔州虔化县		德山	鼎州武陵县	善卷先生	武当山	均州武当县	
东仙源	台州		清玉坛	南岳顶		东白源	洪州		蓝水	长安蓝田县		女几山	三峡口	
青屿山，	东海，中接扶桑岛		光天坛	南岳衡州		钵池山	楚州	乔真人	玉峰山	河中府		少室山	邓州南阳县	
郁木坑	在玉笥山心，临江军新淦县		洞宫	长安	娄敬先生	论山	润州丹阳县		天目山	和州历阳县		庐山	江州德安县	
赤水山	西番西梁府		陶山	琼州		毛公坛	安吴县		商谷山	商州	四皓先生	西源山	台州黄岩县	
麻姑山	顶后建昌军		洞灵源	衡州		鸡笼山	和州历阳县		张公洞	常州义兴县		南田山	东海生州	
君山	洞庭湖心岳州		三皇井	温州永嘉县		桐柏山	唐州		鱼湖洞	四明山		玉溜山	东海，接扶桑岛	
桂源	建州建阳县	尹真人	烂柯山	衢州		平都山	忠州		中条山	河中府		抱犊山	徐州	
灵墟	在天台山顶，台州天台县		勒溪	建州		绿罗山	鼎州武陵县		灵墟	天台北天台县				
祆洲	越州		龙虎山	信州	张天师	彰观	郓州丰陵县		绵竹山	绵州绵江县				

《洞渊集》所记载的天下名山七十二福地（续表）														
天姥岑	越州剡县	李先生	地灵山	信州		抱福山	南海交州		甘山	黔州				

司马承桢的《天地宫府图》所记“洞天福地”与杜光庭所述“洞天福地”相比较来看，有名称相同而地点不同，地点相同而名称不同以及名称与所在地点都不同的情况。还有多处增加的福地。原因可能是司马承祯所列的一些福地在杜光庭时期已经衰落，于是杜光庭给予更换。李思聪版的福地名录与前两个目录有较大差异，除了福地名和位置外，顺序也发生了巨大变化。

“道教把理想的追求和现实的营造合为一体，在吸收原始先民的洞穴崇拜思想、山水崇拜观念和古代神话观念的基础上，构造出道教所特有的人间仙境，即洞天福地，从而将自然山水与得道成仙联系起来。”① 经过历代道士对洞天福地理论的完善，最后形成一个涵盖天界、陆地、仙山、海岛，乃至水府的完善的神仙世界。

洞天福地不仅是道士进行修炼的地方，也是信仰的仙人居住的地方。洞天福地使道教仙境目标可视化，对传播道教信仰具有重要意义。

---

① 付其建：《试论道教洞天福地理论的形成与发展》，山东大学硕士学位论文，2007年，第5页。

第四章　紫薇大帝背景泥塑《天地人三界一炁流转图》介绍（下）

第一节　人界向天界的超升

一、黄粱一梦

据《枕中记》，唐开元七年（719），卢生进京赶考，名落孙山，在旅途中遇见了得道成仙的道士吕翁（或传为吕洞宾）。卢生自叹穷困，道士吕翁便取出一个枕头让他枕着睡觉。卢生倚枕而眠，在梦中娶到了出身名门望族清河崔氏的妻子，高中进士，擢升陕州牧、京兆尹，最后加升为户部尚书兼御史大夫、中书令，敕封为燕国公。他的 5 个孩子也得享高官厚禄，迎娶高门。卢生一生享尽荣华，子孙满堂。最后 80 岁时，得病久治不愈，终于去世。去世时，卢生惊醒坐起，左顾右盼才发现一切只是一个梦，吕翁坐在旁边，店主人蒸的黄粱饭（黄米饭）还没熟透。这个故事就是黄粱一梦。《枕中记》被收入《太平广记》《文苑英华》及《唐宋传奇集》中。《枕中记》的名篇故事，对后世文学有较大影响。

“‘黄粱一梦’典故内涵丰富，比喻淡薄荣华富贵精神，表明对功名富贵的鄙弃，嘲讽俗士对名利的争夺，叹惜人生总归虚无，阐明人生如梦的虚无主义的人生哲学，后来也被当作虚幻的事情或比喻愿望的破灭。在当代社会，其现实意义十分丰富。”① 道教思想认为，俗世之人对于名利等外物的过度追求，是破坏身心、丧失先天本性的重要原因。道教通过黄粱一梦的故事告诫世人，无论获得多少的名利，最终也不过是过眼云烟，与其贪图人间的荣华富贵，不如泰然处之，早日踏上修真之途，全真性命，摆脱俗世的烦扰，享受登真之乐。

二、人死后的三条路

人死之后有三条路可以走，一条往东岳泰山去；一条往天上通过紫微大帝往天上去；受戒道士则到三元三官大帝门前报到考评功过。

1. 东岳大帝

自战国起，皇帝就会在泰山举行封禅大典，以宣示皇权受命于天，天子代天牧民。泰山一直被人们当作与天神相通的阶梯。根据阴阳五行学说，泰山位居中国的东部，与太阳每日从东方升起一样，象征着万物复苏和发祥，因此人们就赋予了泰山之神主管生死的职责，并因此延伸出其他的职能，比如固国安民，长命成仙，福禄官职，鬼魂之统等。东岳泰山被视为五岳之首。《三教源流搜神大全》记载：“泰山者，乃群山之祖，五岳之宗，天帝之孙，神灵之府也！”② 从帝

① 孙翊雯：《“黄粱一梦”典故渊源探析》，《青年文学家》，2015 年第 32 期，第 38—39 页。

② 《绘图三教源流搜神大全》，上海古籍出版社 1990 年版，第 46 页。

王封禅开始，泰山神的影响不断向民间社会渗透，全国各地都有修建规模大小不等的东岳庙。“于是泰山神作为阴阳交代，万物之始的神灵，在保国安民、太平长寿的基础上引申为可以召人魂魄、统摄鬼魂的冥间之主。”[①] 人们对泰山心怀敬畏，称泰山之神即东岳大帝，主管冥司，泰山也就成了治鬼之所。泰山神产生于原始社会人们对泰山的崇拜。道教神仙体系产生后，东岳大帝被收入道教神谱。东岳大帝负责治理五岳及天下名山大川，并且统辖十殿阎王，是道教阴曹地府地位最高的主宰。

泰山神是统摄阴间鬼魂的最高神明。此信仰大约起于西汉。汉代纬书《孝经援神契》曰:“太山天帝孙也，主召人魂。”[②] 东岳大帝掌管人的阴魂，一般人死之后，首先要到东岳大帝之处报到，然后验明正身，最后送至地府十殿阎罗王那里接受审判。泰山成了阴阳的边界，东岳大帝成了阴间祸福的主宰者。因此，民间对东岳大帝的祭祀和膜拜，非常虔诚和隆重，有疾病者更甚。

泰山神的影响长盛不衰，各代帝王对泰山神都有加封。据《山东通志》相关记载，唐代封泰山神为“天齐王”，宋代晋封泰山神为“仁圣天齐王”“天齐仁圣帝”，元代加封泰山神为“天齐大生仁圣帝”，明代恢复旧称东岳泰山神。[③] 东岳泰山神的生日一般认为是农历三月二十八日，是日来自

---

① 韩炜：《天水凤凰山泰山神信仰及其旅游资源开发研究》，西北师范大学硕士学位论文，2014 年，第 16 页。

② （梁）萧统:《文选注》,《影印文渊阁四库全书》第 1329 册，台湾商务印书馆 1986 年版，第 414 页。

③ （清）岳濬:《山东通志》,《影印文渊阁四库全书》第 540 册，台湾商务印书馆 1986 年版，第 419 页。

全国各地信众会聚集此处来此焚香礼拜，以示崇敬。

道教神仙体系中，东岳大帝既主管人间福禄寿考，又是地府阴司的主神，掌管阴间十殿冥王。因此，东岳庙中一般设有管理人仙命籍的府司，比如速报司、福寿司等，分别负责人的富贵贫贱和寿夭。人去世以后，家人除了要到东岳庙里做法事祈祷亡魂脱离苦海外，还有典籍记载人死后去泰山任职。《南史·沈庆之传》称，沈僧昭少奉天师道，“时记人吉凶，颇有应验。自云为太山录事，幽司中有所收录，必僧昭署名。”①

东岳大帝②

① （唐）李延寿：《南史》卷三十七，《影印文渊阁四库全书》第265册，台湾商务印书馆1982年版，第565页。

② 高淳县文化局编：《明清道教神像画》，第66页。

2. 紫微大帝

紫微宫处于三垣之中的中垣，也称紫微星。紫微星处于天的中间位置，永恒不动，位置最高，是众星之主，因此人们对紫微宫非常尊崇。紫微大帝又名“中天北极紫微太皇大帝”。紫微大帝属于道教四御之一，辅佐玉皇上帝治理星界，统率普天星斗，诸众鬼神俱可节制，在民间信仰较为广泛。在道教神仙体系中，最崇高的神为“三清”。“三清”既指道教三位最尊贵的神：玉清大帝元始天尊、上清大帝灵宝天尊、太清大帝道德天尊，也可以指天神居住的三处仙境：玉清圣境、上清真境、太清仙境。三清有四位天神辅佐，辅佐神的地位仅次于“三清”，包括玉皇大帝、北极紫微大帝、天皇大帝和后土黄地祇。其中玉皇大帝是四御之首，北极紫微大帝为其次。

对于北极紫微大帝的由来，《太上说玄天大圣真武本传神咒妙经》引用《北斗本生经》：“昔龙汉初劫，有周上御国紫光夫人于上春日，游玩至温玉池边，方脱衣澡盥，忽感莲蕊九苞，一开发，化生九子，夫人护抱鞠养宫中，志愿惟成圣哲，佐辅乾坤，诸子洎壮冠乃各修，因地功行俱满，白昼冲天，并受得三清贵职矣！天皇大帝，长子也，佐紫徽上宫纪纲，元化众星主领。紫微大帝，第二子，佐北极中宫明堂布政下土。”[①] 此处记载的紫微大帝是三清排名第二的佐属。早期上清经典中有记载北辰之神为“太微帝君”，太微帝君是紫房太微宫的执掌帝君。唐末五代杜光庭的《道教灵验记》对太帝的描述是：“太帝是北斗之中紫微上宫玄卿太

---

① 《道藏》第 17 册，第 105 页。

帝君也，上理斗极，下统酆都”[①]，此处的太帝就是太微帝君，太微帝君的职能融合酆都北帝和北辰之神。《太上元始天尊说北帝伏魔神咒妙经》云：“北极殿上，有高上玉皇紫微帝君。”[②]北帝融合紫微帝君的原因是，在灵宝经典中，北帝是三官大帝的统御者，而酆都有六宫，每二宫由一官执掌，也就是酆都有三官。三官大帝与酆都三官合流，紫微大帝作为三官大帝的统御者也就和酆都的北帝合而为一。北帝成了北辰之神，紫微大帝也就顺理成章成了北辰之神。酆都大帝，也称九幽拔罪天尊、北太帝君、酆都北阴大帝等，是冥界的至高神，是道教冥界鬼魂的最高统治者，也是道教四御之一北极紫微大帝在阴间的化身。

陶弘景的《真灵位业图》记载：“酆都北阴大帝（炎帝大庭氏，讳庆甲，天下鬼神之宗，治罗酆山，三千年而一替）。”[③]那么罗酆山的位置在哪儿？陶弘景在《真诰·阐幽微》记载：“罗酆山在北方癸地……其上其下并有鬼神宫室，山上有六宫，洞中有六宫，一宫辄周回千里，是为六天鬼神之宫也……第一宫名为纣绝阴天宫，以次东行，第二宫名为泰煞谅事宗天宫，第三宫名为明晨耐犯武城天宫，第四宫名为恬昭罪气天宫，第五宫名为宗灵七非天宫，第六宫名为敢司连宛屡天宫。”[④]据此，罗酆山处于“北方癸地”，具体位置不详。也有人把蜀地的酆都县作为罗酆山的处所，酆都被当作冥界的所在地。

① 《道藏》第 10 册，第 842 页。
② 《道藏》第 34 册，第 431 页。
③ 《道藏》第 3 册，第 280 页。
④ 《道藏》第 20 册，第 579 页。

关于紫微大帝的职掌，《北阴酆都太玄制魔黑律灵书》曰：“昔北极紫微玉虚帝君，居紫微垣中，为万象宗师，众星所拱，为万法金仙之帝主，上朝金阙，下领酆都。”①《道法会元》转引《犹龙传》云：“紫微北极玉虚大帝，上统诸星，中御万法，下治酆都，乃诸天星宿之主也。北极驱邪院是其正掌也。”②

白描紫微大帝像③

① 《道藏》第30册，第624页。

② 《道藏》第30册，第625页。

③ 本画藏于美国俄亥俄州克利夫兰市克利夫兰美术馆。

酆都北阴大帝①

3. 三元三官大帝

三官大帝也称“三官”“三元”，包括天官、地官和水官，是早期道教供奉的三位神灵。也有说法称天官为唐尧，地官为虞舜，水官为大禹。《三教源流搜神大全》中记载：“上元一品天官赐福紫微帝君，正月十五日诞生；中元二品地官赦罪青灵帝君，七月十五日诞生；下元三品水官解厄旸谷帝君，十月十五日诞生。”②也就是后世所说的，天官赐福，地官赦罪，水官解厄。在三官神诞之日，道教信众都进三官庙焚香祭祀，举行黄箓法事，祈求天官祈福、赦罪和解厄。

① 高淳县文化局编：《明清道教神像画》，第41页。注：左起戴平顶冠者是酆都北阴大帝。

② 《绘图三教源流搜神大全》，上海古籍出版社1990年版，第44页。

所谓天官赐福，是指天官由白、黄、青三气混融而成，统领诸天帝王。每年正月十五日，天官降下人间，考评人之祸福，所以称为“天官赐福”。现在已经成为民间常用的祈福祝福用语。所谓地官赦罪，是指地官由元洞混灵之气和极黄之精混融而成，统领五岳五帝诸地神仙。每年七月十五日，地官来到人间，考评罪孽，为百姓赦免罪责。所谓水官解厄，是指水官由风泽之气和晨浩之精混融而成，统领水中诸众神仙。每年十月十五日，水官来到人间，考评灾厄，为百姓消灾解厄。

张道陵在创教之初曾以“三官手书”教化百姓并依次传播教义。全真羽流需要上奏文书于三官大帝，丹道修成功满也需通过三官大帝考评保举。《元始天尊说三官宝号经》记载“得道神仙，皆从三官保举，下方生人但持三官宝号，能除厄难，悉皆消灭”①。由此可知，三官大帝信仰的由来，在道教地位崇高，而且在民间信仰影响广远。

《太上说玄天大圣真武本传神咒妙经》根据《品戒经》和《因缘经》对“三官大帝”有更多的阐发：“正月十五日，上元宫主一品九气赐福天官紫微大帝于是日分遣十天灵官……同下人间校定罪福也；七月十五日，中元宫主二品七气赦罪地官清虚大帝，于是日分遣九地灵官……同出人间校戒罪福也；十月十五日，下元宫主三品五气解厄水官扶桑大帝分遣九江水帝……同到人间校戒罪福也。”②据此，三官的实际权力很大，主要是考评人间的吉凶祸福。在道教神仙体系中，三官大帝不只是民间供奉的三位神仙，也象征着道教宇宙论中天地水三界。三官大帝在道教的神仙体系中原本有较高地位，后世三官大帝在民间信仰的地位有所下降，三

① 《道藏》第 2 册，第 36 页。

② 《道藏》第 17 册，第 98 页。

官大帝中只有赐福天官仍保持较大影响力。民间信仰中的赐福天官与三官大帝中的天官职责发生了变化，“民间把赐福天官与文昌帝君、南极仙翁并称为福禄寿三星，天官是其中的福星，文昌帝君为禄星，南极仙翁则为寿星。”[①]《人上灵宝补谢灶王经》认为，灶王“每月朔日，记人造诸善恶，及其功德，录其轻重，夜半奏上天曹”[②]。也就是说，三官大帝仅存天官赐福，而考校人间德行罪过的职责基本上转移到灶王爷身上。这种现象在道教里比较常见，“主生死的泰山神就是由于丰都鬼城的兴盛使其神仙职能被承接过去而被民间普通信众遗忘”。[③]

天官大帝[④]

① 赖全：《论道教三官信仰及其宗教象征意义》，《宗教学研究》，2010年第2期，第170页。

② 《道藏》第6册，第248页。

③ 赖全：《论道教三官信仰及其宗教象征意义》，《宗教学研究》，2010年第2期，第170页。

④ 高淳县文化局编：《明清道教神像画》，第43页。

地官大帝①

水官大帝②

① 高淳县文化局编：《明清道教神像画》，第44页。
② 高淳县文化局编：《明清道教神像画》，第45页。

天、地、水三官①

三、《七真传》

《七真传》又名《七真史传》《新刊七真因果传》②、《重刻七真祖师列仙传》，作者是清代黄永亮，讲述的是全真祖师点化七真的故事，意在劝人向善，行道修真。

王喆幼年曾读诗书，功名不就，遂弃文习武，得中武魁，身为孝廉。一日，寒冬腊月，钟离老祖与吕祖纯阳化名金重和吴心昌，扮作乞丐四处乞讨，王喆好心收留二仙食宿。二仙念其心善，便有意度化他。二仙在梦中交于王喆七朵莲花，并称这七朵莲花的主人就是他以后要收的七个徒弟。王喆从梦中醒来，才醒悟到是二仙在点化他，而他的妻子却不理解，只当二仙可能是趁他喝醉，巧取豪夺的恶人。

王喆自此对二仙念念不忘，直到第二年，二仙显现真身，

① 高淳县文化局编：《明清道教神像画》，第42页。

② 《七真因果传》，中国哲学书电子化计划，2006，https://ctext.org/zh，2023年9月13日。

又来点化王喆，向他讲授全真妙理、安炉立鼎，采药还丹的功夫。王喆一心修行玄功，奈何受俗人俗事烦扰，难得清静，便装作中风，药石罔顾，独自一人在书屋内悟道修真，修行打坐，如此一十二年，大丹成就，自名为王重阳。

王重阳修成大罗金仙后，遍寻可度之人，奈何世人皆求名利，便藏身土穴，消极度人。钟吕二仙亲身说法，讲授如何度得七真成正果，勉励王重阳，细心度化，师徒同往“群仙大会”。

王重阳来到山东登州府宁海县，假以乞化为名，实欲探访修行之人，最先接触的是马钰和孙渊贞夫妇。这对夫妇膝下无子，二人感慨世事无常，万贯家财在死后没有着落，便想寻访高人求道。二人找到王重阳，而王重阳向他俩索取家财作为考验，马钰虽然同意，却受到族人的阻拦。马钰夫妇买通了族内三个当事人，立下了字据，将家财尽数赠与王重阳，以示勇决。王重阳正式收马钰夫妇为徒，为马钰赐道号马丹阳，为孙渊贞赐道号孙不二。马钰日益精进，而孙不二碍以男女之别，不去师父跟前领教，灰心枯坐，不明阴阳之理。王重阳见她死守此法，总不能了道，便亲身来指示，孙不二不明此理，误以为王重阳行为不端。经马丹阳点破，孙不二向王重阳诚心悔过，为表坚定心志，用热油毁掉容貌，独自一人前往洛阳求道。

王重阳在马丹阳家中传道授业，渐渐有了声名，前来求道者络绎不绝。求道者中就有后世七真中的刘长生、郝太古、王玉阳、谭长真、邱长春、马丹阳六人。除此六人，其余数十人只是徒慕虚名，算不得正经修行之人，便假装身染恶疾，病逝，除了六子，其余人等尽皆散去。王重阳临终嘱托众徒弟抬着灵柩到终南，绳断即可埋葬。途中邱长春不听师命，施逞乖巧，受到师父责骂。埋葬了师父之后，五人各自散去，邱长春留守陕西。各自行走世间，或点化世人，或考验徒弟，或修炼自身，各自修成正果，受封为真君。三官考校结果为："程三官上殿，保举七真：功德堪称，考苦行于内功、外功邱长春为第一。通妙玄于无极太极，刘长生为二名。谭长真道心坚固名列三等。马丹阳清静无为第四堪称。郝太古一尘不染举为第五。王玉阳万虑俱寂应在六名。孙不二智能圆满，首倡修行，其功最大，应该超群，然则逊让一步者，前以她为始，今以她为终，注名第七。"七真同到紫府恭见启祖东华帝君、钟离祖师、洞宾祖师，又拜见师父重阳真人，此后同赴瑶池，参拜王母，不老长生。《七真传》的目的是告诉世人，修道要心正意诚，不能三心二意，贪恋世间物欲。

《七真传》介绍了王重阳与全真七子得道成仙的故事。可以得知，要想得道，必须求访名师，潜心向道。真正的得道之人往往会用各种人世间的名利考验弟子是否诚心。弟子学得义理，仍然需要自己切身修行，修行的地方往往选择名山大川，洞天福地。修行有成之后，修道之人需要行走世间，既是验证自己的修行成果，也是行善积德，收徒讲道，建立各种门派，比如上清派、正一派等，度化他人。世间的功名利禄不过是黄粱一梦，如果不能在活着的时候修道，人死之后，需要接受三元三官考校功过，作恶太多就会受到惩罚。这种设定也是督促世人积极修道。修道的成果有高有低，得道高人可以位居天宫，长生不死，得道低的仙人就居于下界，成为各个洞天福地的主人。

《七真传》讲述的是全真七子被点化成仙的故事，多采集旧说，并无史实依据，然行文朴实，部分情节引人入胜，在普通百姓中间，口口相传，对弘扬全真教教义，大有裨益。

在文中或有全真义理的讲述，将晦涩的义理融入情节之中，相比刻板的讲授更加容易为人接受。七真的修炼历经磨难，既有师承传授，又有自身的刻苦修炼，既承续全真祖师的教诲，又下启后世尊师重道、砥砺修行的传统，对想要修真的世人起到了榜样的作用。

王重阳①

① 《七真天仙宝卷》卷一，大学数字图书馆国际合作计划（CADAL），养真仙苑藏版，清宣统三年（1911），第9页。

马丹阳①

孙不二②

① 《七真天仙宝卷》卷一，大学数字图书馆国际合作计划（CADAL），养真仙苑藏版，清宣统三年（1911），第10页。

② 《七真天仙宝卷》卷一，大学数字图书馆国际合作计划（CADAL），养真仙苑藏版，清宣统三年（1911），第11页。

丘处机①

王处一②

---

① 《七真天仙宝卷》卷一，大学数字图书馆国际合作计划（CADAL），养真仙苑藏版，清宣统三年（1911），第12页。

② 《七真天仙宝卷》卷一，大学数字图书馆国际合作计划（CADAL），养真仙苑藏版，清宣统三年（1911），第13页。

刘处玄①

谭处端②

① 《七真天仙宝卷》卷一，大学数字图书馆国际合作计划（CADAL），养真仙苑藏版，清宣统三年（1911），第 14 页。

② 《七真天仙宝卷》卷一，大学数字图书馆国际合作计划（CADAL），养真仙苑藏版，清宣统三年（1911），第 15 页。

郝大通[①]

四、东华帝君

东华帝君也称东王公、东木公。春秋战国时期，楚地百姓信仰“东皇太一”，也称“东君”，东皇太一是神化的太阳星君，是东华帝君之前身。据《三教源流搜神大全》记载：“东华者，以帝君东华至真之气化而生也，分治东极，居东华之上也……帝君者，位东方诸天之尊，君牧众圣，为生物之主。”[②]故《易》曰：“帝出乎震也。”[③]东方为木、为

① 《七真天仙宝卷》卷一，大学数字图书馆国际合作计划（CADAL），养真仙苑藏版，清宣统三年（1911），第16页。

② 《绘图三教源流搜神大全》，上海古籍出版社1990年版，第26页。

③ （魏）王弼撰，楼宇烈校释：《周易注校释》，中华书局2012年版，第259页。

少阳，因此有“东华紫府少阳帝君”之称。《神异经》记载东王公“东荒山中有大石室，长一丈，头发皓白，人形鸟面而虎尾，载一黑熊左右顾望”①。东晋葛洪认为王公与王母都是盘古大帝和太元圣母所生。葛洪《元始上真众仙记》中称东华帝君为扶桑大帝，《元始上真众仙记》说：“元始君经一劫乃一施太元母，生天皇十三头，治三万六千岁，书为扶桑大帝东王公，号曰元阳父……扶桑大帝，住在碧海之中。”②《混元圣记》说他“冠三维之冠，服九色云霞之服，亦号玉皇君”③。道教兴起之后，王公、王母同时被收录进道教神仙体系。凡道士丹成登仙，都要先拜见东王公，再拜见金母，才能飞升九天，进入三清殿，拜见太上老君。由于王公、王母有接引成仙得道者的职责，因此东晋时期的上清派将东王公与西王母供奉为传授典籍的神仙。东华帝君在道教神仙体系中的地位很高。杜光庭《墉城集仙录》记载：“木公生于碧海之上，苍灵之墟，以生阳和之气，理于东方。”④道教认为东木公与西王母分别管理阴阳二气，执掌天下男女成仙得道事宜。东华帝君在民间信仰中流传为玉皇大帝，而西王母流传为王母娘娘。全真道认为东华帝君名为王玄甫，汉代山东人，师从白云上真。这一说法常见于明清小说以及扶乩书中，比如《东游记》《八仙得道传》等。《金莲正宗记》记载：“帝君姓王氏，字玄甫，道号东华子……自太上传之于金母，金母传之于白云，白云传之于帝君。”⑤也就是说，

① （明）陶宗仪：《说郛》，《影印文渊阁四库全书》第881册，台湾商务印书馆1986年版，第92页。

② 《道藏》第3册，第269—270页。

③ 《道藏》第17册，第798页。

④ 《道藏》第18册，第168页。

⑤ 《道藏》第3册，第344页。

东华帝君为北五祖的始祖，后继者分别是钟离权、吕纯阳、刘海蟾、王重阳。

西王母①

东华帝君

① 高淳县文化局编：《明清道教神像画》，第9页。

第二节　天界

一、三十六天结构总述

道教认为世界分为神仙居住的天上界，生人居住的地上界，死者居住的地下界。天上界，亦即天界，是神仙居住和活动的主要场所。自战国神仙家兴起，人们就对神仙居住的天界充满了向往。但是天上的世界到底是什么样子的，结构是如何，又有哪些神仙居于其中？这些问题在道教产生之前都未有完备而详细的回答。另一方面，道教的终极目标是飞升成仙，长生不老。那么建立自身的天界体系就是必须完成的任务。

道教的天界说主要分为三个系统，即三天九天说、三十二天说、三十六天说。

最早出现的是三天九天说。关于三天最早的说法见于东晋《太上灵宝五符序卷上》，其云：“睹九天之灵奥，观三天之宝囿。”① 这是说天上有三天和九天，但是经文中并没有对三天和九天的展开描述，也没有给出具体某一天的名称。上清派经典《太上三天正法经》最早具体论述三天之名：“九气玄凝，成于九天图也。日月星辰于是而明，便有九真之帝。上真、中真、下真，生于极上清微之天；次中三真，生于禹余之天；下有三真，生于第三大赤天。”② 宇宙尚未形成之前的九天清气化为玄、元、始三气，其中清澄者各自上升成

① 《道藏》第 6 册，第 316 页。

② 《道藏》第 28 册，第 406 页。

为三天。古灵宝经中的《洞玄灵宝自然九天生神章经》完整记录了九天的名称：郁单无量天、上上禅善无量寿天、梵监须延天、寂然兜术天、波罗尼密不骄乐天、洞元化应声天、灵化梵辅天、高虚清明天、无想无结无爱天[①]。还对三天与九天的关系进行了论述："此三号虽年殊号异，本同一也，分为玄元始三气而治。三宝皆三气之尊神，号生三气，三号合生九气。九气出乎太空之先，隐乎空洞之中，无光无象、无形无名、无色无绪、无音无声、导运御世，开辟玄通，三色混沌，乍存乍亡。运推数极，三气开光，气清高澄，积阳成天，气结凝滓，积滞成地。九气列正，日月星宿，阴阳五行，人民品物，并受生成。天地万化，自非三元所育，九气所导，莫能生也。三气为天地之尊，九气为万物之根，故三合成德，天地之极也。"[②]宇宙最初的一气分化为玄、元、始三气。三气造就了天地之后分化为九气。这九气又育化了日月星宿、阴阳五行、万物和人。

三十二天说是以六朝时期道教灵宝派为代表所支持的天界说体系。天界以东南西北四个方位各自有八天。灵宝经中将"三十二天"具体名号列出的，主要是以下几部经典：《太上洞玄灵宝诸天内音自然玉字》《灵宝无量度人上品妙经》《太上洞玄灵宝空洞灵章》和《太上洞玄灵宝五炼生尸妙经》。据《太上洞玄灵宝诸天内音自然玉字》载：

东方八天——太黄皇曾天、太明玉完天、清明何童天、玄胎平育天、元明文举天、上明七曜摩夷天、虚无越衡天、太极濛翳天。

---

① 《道藏》第5册，第846-847页。

② 《道藏》第5册，第843页。

南方八天——赤明和阳天、玄明恭华天、曜明宗飘天、竺落皇笳天、虚明堂曜天、观明端靖天、玄明恭庆天、太焕极瑶天。

西方八天——元载孔升天、太安皇崖天、显定极风天、始皇孝芒天、太黄翁重浮容天、无思江由天、上揲阮乐天、无极昙誓天。

北方八天——皓庭霄度天、渊通元洞天、太文翰宠妙成天、太素秀乐禁上天、太虚无上常融天、太释玉隆腾胜天、龙变梵度天、太极平育贾奕天。①

《灵宝无量度人上品妙经》②中《元始洞玄本章》亦说有东南西北四方各有八天，合三十二天，并有三十二天帝各主其天：太黄皇曾天帝郁鑑玉明。太明玉完天帝须阿那田。清明何童天帝元育齐京。玄胎平育天帝刘度内鲜。元明文举天帝丑法轮。上明七曜摩夷天帝恬憎延。虚无越衡天帝正定光。太极濛翳天帝曲育九昌。

赤明和阳天帝理禁上真。玄明恭华天帝空谣丑音。曜明宗飘天帝重光明。竺落皇笳天帝摩夷妙辩。虚明堂曜天帝阿

① 《道藏》第 2 册，第 547—560 页。

② 《道藏》所录《灵宝无量度人上品妙经》为北宋年间敷演而成的六十一卷本，此处所谓《灵宝无量度人上品妙经》为东晋葛巢甫造作的一卷本《度人经》，内容按次序分为六个部分：第一“道君前序”，从“道言昔于”到“东向诵经”；第二“元始洞玄本章”，从“元始洞玄”到“列言上清”；第三“元洞玉历后章”，从“元洞玉历”到“祸及七祖翁”；第四“道君中序”，从“此二章并是”到“洞明至言也”；第五“元始灵书中篇”，从“诸天中大梵隐语无量音，道君撰”到“元梵恢漠，幽寂度人”；第六“道君后序”，从“此诸天中”到“大量玄玄也”。

鄊娄生。观明端靖天帝郁密罗千。玄明恭庆天帝龙罗菩提。太焕极瑶天帝宛黎无延。

元载孔升天帝开真定光。太安皇崖天帝婆娄阿贪。显定极风天帝招真童。始皇孝芒天帝萨罗娄王。太黄翁重浮容天帝闵巴狂。无思江由天帝明梵光。上揲阮乐天帝勃勃监。无极昙誓天帝飘弩穹隆。

皓庭霄度天帝慧觉昏。渊通元洞天帝梵行观生。太文翰宠妙成天帝那育丑瑛。太素秀乐禁上天帝龙罗觉长。太虚无上常融天帝总监鬼神。太释玉隆腾胜天帝眇眇行元。龙变梵度天帝运上玄玄。太极平育贾奕天帝大择法门。①

《元洞玉历后章》则将三十二天分为欲界、色界、无色界。南朝齐严东注解道："欲界自黄曾天，至上明七曜摩夷六天，欲界之分也……色界自虚无越衡天，至太安皇崖天，合十二天，是色界之分也……从显定极风天，至秀乐禁上天十天，为无色界分也。"②《度人经》中虽然有欲界、色界、无色界的分类，但每一界具体包括哪几天却没有具体的描述，直到严东把三十二天中的前二十八天分割为欲界六天、色界十二天、无色界十天。曾昭南认为三十二天说是三十六天说的早期形态，他以为原因有二："第一，此仅三十二天，尚须另补四天，始成三十六天；第二，此三十二天是沿横向平面向四方展开，结构为横向四大块。四块之间，各各平行，并无高下等次之分。"③

---

① 《道藏》第1册，第4页。

② 《道藏》第2册，第231-234页。

③ 曾召南：《三十六天说是怎样形成的》，《中国道教》，1993年第3期。

三十六天说作为较晚出的道教天界说体系[①]，在《魏书·释老志》寇谦之一条已经可以看到："二仪之间有三十六天，中有三十六宫，宫有一主。最高者无极至尊，次曰大至真尊，次天复地载阴阳真尊。次洪正真尊，姓赵名道隐，以殷时得道，牧土之师也……《经》云：佛者，昔于西胡得道，在三十二天，为延真宫主。勇猛苦教，故其弟子皆髡形染衣，断绝人道，诸天衣服悉然。"[②]《释老志》创作于北齐时代，这说明最迟在那时就已经出现了三十六天说的天界说体系。寇谦之所谓的三十六天以无极至尊所在为最高天，其下有大至真尊所在第三十五天，天复地载阴阳真尊所在第三十四天，洪正真尊所在第三十三天，佛所在第三十二天，但剩余三十一天的神灵并未提及。而且寇谦之对天界的结构分层并未展开，所以在后世流行的道教三十六天说中并未采纳他的主张。

但也有学者认为三十六天的概念最早出现于东晋中期的《上清经》。[③]王皓月根据《真诰》所载兴宁三年（365）六月二十四日夜紫微王夫人所传授的神谕"乃为六十四种之书也。遂播之于三十六天、十方上下也"[④]和《洞真太上说智慧消魔真经》中的文字认为在那时就已经有了三十六天的

---

① 小林正美认为三天九天说和三十二天说是道教形成以前由神仙道构想的具有代表性的天界说，但随着道教形成，刘宋南齐的天师道吸纳佛教的三界说而完成了三十六天说。[日]小林正美著，王皓月译：《中国的道教》，齐鲁书社2010年版，第122页。

② （北齐）魏收：《魏书》，中华书局1974年版，第3052页。

③ 王皓月：《道教三十六天说溯源》，《儒道研究》，2017年第1期。

④ 《道藏》第20册，第493页。

概念。

曾召南认为《度人经》之三十二天说，因为得到如南齐严东、唐初李少微等许多道士的阐发、增饰，终于在唐代潘师正那里成就了三十六天说的思想体系。

《道门经法相承次序》记载了潘师正在回答唐高宗的提问时，对三十六天的结构及具体内容所作的完整的说明：

> 唐天皇问曰：“道法在此天中为极，唯当更有所在。”
>
> 尊师对曰：“谨按《灵宝本元经》及《太真科》《诸天灵书度命经》，并曰三界、三清、四种、大罗之别。其三界合有二十八天，次上有四种人天，次上有无上三天，次上有一大罗高盖天。”
>
> 太黄皇曾天、太明玉完天、清明何童天、玄胎平育天、元明文举天、七耀摩夷天。
>
> 右六天欲界。阴阳胎生，年积万岁。
>
> 虚无越衡天、太极濛翳天、赤明和阳天、玄明恭华天、曜明宗飘天、竺落皇笳天、虚明堂耀天、观明端靖天、玄明恭庆天、太焕极瑶天、元载孔升天、太安皇崖天、显定极风天、始皇孝芒天、太皇翁重天、无思江由天、上揲阮乐天、无极昙誓天。
>
> 右十八天色界。阴阳有色，与欲界同。不相交接，人皆化生，年积亿岁，不残不伤也。
>
> 皓庭霄度天、渊通元洞天、翰宠妙成天、秀乐禁上天。
>
> 右四天无色界。阴阳有形，身长数百里，不以为累。能隐形入微，无复色欲，唯直相知，积年万劫。虽不事学而能行，善福报所果。至于魔王学未

极，亦游此天，不得越三界，未免洪灾大运，交周二十八天，一时混沌，犹如雾谷。其中学真，堪为种人者，圣母迎之，登常融玉隆梵度贾奕四天之上，其学圣真仙，在三界者，退还人道，经历三涂。能越进者，当依功转。

无上常融天、玉隆腾胜天、龙变梵度天、太极平育贾奕天。

右四种人天，名四梵天，寿命无有大期，唯有念念变易，日就增明，不论寿尽而终。越此天已下及三界，寿命远近并于中，增修仁净于习气，都尽即生。

三清境从下，第一大赤天，第二禹余天，第三清微天。

右已上名无上三天，皆是证果极地妙行真人分形应化，神通自在，湛然常住不坏之天，分即为九清，凝然谓之一气。一气外称为大罗天，即是元始天尊不动之所。①

从经义中我们可以了解到潘师正所提出的这种三十六天说，在结构上以三界二十八天（欲界六天＋色界十八天＋无色界四天）为基础，其上四种人天，再上三清天，最上大罗天。这种层级结构也为后世道教所继承。潘师正还对这三十六天中的具体情况进行了论述，回答了此中居民寿命几何，如何升天等问题。这在张君房《云笈七签》卷三《道教本始部》“道教所起”中被记录：

① 《道藏》第 24 册，第 795–796 页。

若为名三界：一者欲界。有六天。即从《度人经》太皇黄曾天，数满六天是欲界。人寿命万岁。人在世生，不犯身业杀盗邪淫之罪，来生即登此天之中。无六欲染着，故生此天。二者色界，有十八天。即以次取之。其天人寿亿万岁。若一生之中不犯身业贪嗔之罪，得生此天。三者无色界天。其中人寿命亿劫岁。若人一生之中不恶口两舌，妄言绮语，当来过往，得居此天。其中善男子、善女人，功行满足，堪上四天者，王母迎之，登上四天。其三界太虚无、无上常融天、太释玉隆腾胜天、龙变梵度天、太极平育贾奕天，此四天名种民天。即三界之上，三灾所不及。四种民天上有三清境。三清之上即是大罗天。元始天尊居其中，施化敷教。①

飞升天上是道教徒修炼的目标追求，随着三十六天说的形成，修行与目标之间的对应是否相匹配的问题开始受到关注，即该如何修行才能升入天界中更高级的天。《道教义枢》卷七《三界义》中说："若轮回三界，乃论报得。然就报得往论，一纯恶业，得三从报。二善恶杂业，得人中报。三纯善业，得十八天报，此十八天犹有动坏。四者不动业，得十九天以上至三十二天报也。作若有若无，观则生第四天，于此天中，气观转妙，增修四等，稍除余习，生四民天，洞入道境，随气升除，灾所不及也。"② 轮回于哪一天，要依据生前行为的善恶程度和修行的深浅工夫来判断。

随着三十六天说的形成，原有的"三天九天说"和"三十二

① 《道藏》第22册，第12–13页。

② 《道藏》第24册，第828页。

天说”也被吸纳进来。三天称为三清境，仅次于最高大罗天；九天则成了欲界六天中的玄胎平育天、元明文举天、七耀摩夷天和色界十八天的虚无越衡天、太极濛翳天、赤明和阳天、玄明恭华天、曜明宗飘天、竺落皇笳天，此合而为九天。三十二天则用以三界二十八天加四种民天的统称。

二、种民与种民天

《道门经法相承次序》卷上云：“其三界太虚无、无上常融天、太释玉隆腾胜天、龙变梵度天、太极平育贾奕天，此四天名种民天。即三界之上，三灾所不及。”[①] 在三界之上，灾劫所不及处的四天内，住着种民，所以称之为四种民天或四种人天。在道教三十六天说的体系内，四种民天是六朝时期道教终末论背景下形成的独特产物，其背后的意义值得深思。

道教终末论是在六朝时期天灾人祸频发的现实背景下，继承中国本土阳九百六的岁灾思想的基础上，吸纳了佛教灾劫思想之后诞生的。小林正美说终末论“认为在不久的将来这地上世界将发生大灾，天地崩坏，所有的恶人都要死灭，只有善人——种民和种臣才得以留存，才可看到大灾后新的土地上出现的太平之世的圣君”[②]。种民或者种人即是指从此世终末灾劫中逃脱，生存到太平之世的人。

成为种民最重要的条件就是道德善行，即只有经常做善事，才有成为种民的初步资格。《女青鬼律》卷六云：“乱

---

① 《道藏》第24册，第784页。

② [日]小林正美著，李庆译：《六朝道教史研究》，四川人民出版社2001年版，第387页。

不可久，狼子宜除，道运应与，太平期近。今当驱除，留善种人，男女祭酒，一切生民，急相核实，搜索忠贤，恭慕道德，按名列言，自然者寡，督厉宜勤。若能改过，即为勋人。”[①]忠贤之人和道德之士方可成为种民。《洞玄灵宝自然九天生神章经》曰：“大运将期，数终甲申，洪流荡秽，凶灾弥天，三官鼓笔，料别种人，考算功过，善恶当分。”[②]种民的选别基准是功过善恶的多寡。

但是除了行善，想成为种民的前提是修道，即只有修道者才能成为种民。《元始五老赤书玉篇真文天书经》说只有身佩元始五老三元玉符、灵宝玉篇真文、大劫小劫符命，才能“免大灾，为圣君种民，皆白日升天，上朝玄都上宫”[③]。

在道教的终末论中，被选为仙官和种民的人，会被记录在天界的名册上面，而只有被记录在册的人才能度过灾劫，迎来太平之世。东晋时期的天师道把这样载有种民之名的名册称之为“生录”。《女青鬼律》卷六云：“诸欲著名生录，为种民者，按此文书，随病呼之。”[④]这一“生录”所能记载的名字，所能庇佑的种民是有限的，“三官主者择种民，取合气者万八千，从来至今有几人，大限未足子勤身。”[⑤]能成为种民的人只有一万八千之数，至今还未有几人做到。上清派把这一名册称之为白简青箓，《云笈七签》引《玉帝七圣玄记》云：“尔乃回天九霄，白简青箓，上圣帝君受于

① 《道藏》第18册，第249页。
② 《道藏》第5册，第844页。
③ 《道藏》第1册，第793页。
④ 《道藏》第18册，第250页。
⑤ 《道藏》第18册，第248页。

九空，结飞玄紫气自然之字，玄记后学得道之名。”[①] 又有《洞真太上上皇民籍定真玉箓》云：“功进德精，得文无失，保为种人，不退不减，若功德智慧，轻重不同。二十四万之外，又有十二万人，合三十六万，一劫之所成也。功德微薄，不入三十六万，便后劫为期耳。此劫之人，精进勇猛，乃得入此三十六万限中。一名《白简青箓皇民籍箓》，白金为简，青玉为字也。”[②] 古灵宝经《元始五老赤书玉篇真文天书经》云：“上帝即除为监天领地上鬼神王者，书名玉历，长为真人”[③]，道书还记载：“凡是修斋持戒，宗奉天文，皆为五帝所举。上天右别，书名玉历，记为种民”[④]。

在六朝时期道教各派都宣扬终末论的背景下，道教徒可能不是完全相信自己生活的这个世界会在自己活着的时候迎来终结，但是这并不妨碍他们对于自己能在死后升入种民天，在灾劫过后的太平之世，以种民的身份在天上长生不死。所以道教为了回应信徒期盼而将四种民天设置于三界二十八天之上，作为终末之劫到来时，不受天地崩坏影响的世界。唐初王悬河《三珠洞囊》卷七引《太真科卷中》云：“此为四种民天。学真堪为人种，王母迎之。登上四天者，名曰梵行，虽危不败，安诸种人，不堕三涂，方游三清也。”[⑤] 四种民天是能够存活到太平之世的种民的居所，即使终末之劫来临亦不受影响，所以不会堕入地下亡者的世界。没有死亡，即亦长生，甚至可游三清境。

① 《道藏》第 22 册，第 43 页。

② 《道藏》第 33 册，第 587 页。

③ 《道藏》第 1 册，第 796 页。

④ 《道藏》第 1 册，第 797 页。

⑤ 《道藏》第 25 册，第 339 页。

三、北斗

北斗七星，是北半球天空的重要星象，由紫微垣中的天枢、天璇、天玑、天权、玉衡、开阳、摇光七星组成。古人把这七星联系起来想象成为古代舀酒的斗形，故名北斗。从遥远的新石器时代的墓葬遗址中出土的器物，到今天的北斗卫星导航系统中承载的文化精神，北斗信仰可以说贯穿了整个华夏文明的历史。在原始宗教时期，中国大地上盛行着各式各样的自然崇拜和鬼神信仰，从风雨雷电，日月星辰到山河鸟兽、社稷天下。“在这诸多的宗教信仰当中，对北斗的信仰可谓是华夏上古先民最早产生的宗教信仰之一，也是我国历史上持续时间最长，影响范围最广的一种宗教信仰。在古代先民意识中，北斗神曾是生杀予夺、至高无上的大神，受到优先规格的祭祀和膜拜。”①

目前有学者根据出土的墓葬遗址中的壁画和陪葬品推测，在万年以前的新石器时代或许已经出现对北斗的有关崇拜活动。但是关于中国先民对于北斗的祭祀崇拜更有力的证明是商代卜辞所保留的殷人拜祭北斗的记录。

> 癸（卯），夕，甲辰比斗？
> 己亥卜，夕，庚比斗，征雨？
> 庚子，夕，辛比斗？
> 己酉卜，夕，翌庚比（斗）？
> （庚）戌，夕，翌辛（比）斗？
> 癸巳卜，夕，（甲）比斗？

---

① 朱磊：《中国古代北斗信仰的考古学研究》摘要，山东大学博士学位论文，2011年，第1页。

庚申卜，夕，（辛比）斗？[①]

关于“比”，温少锋认为在此类卜辞当中，比实为“祉”，应当是祭名。[②]《说文解字》记载：“祉，以豚祠司命。从示比声。汉律曰：‘祠祉司命。’”[③]这也可佐证。所以可以认为殷商之人将北斗与日、岳、河等自然神祇共同祭祀，可能作为司命之神，受祭规格较高，是国家祭祀的一个重要组成部分。

《周礼·春官》记载：“大宗伯之职。掌建邦之天神、人鬼、地示之礼。以佐王建保邦国。以吉礼事邦国之鬼神示。以禋祀祀昊天上帝。以实柴祀日月星辰。”[④]周朝的国家祭祀主要以昊天上帝和日月星辰为主，因此北斗开始在满天星宿中有了特别的地位。战国早期曾侯乙墓中出土的一件漆箱上面绘有一幅“二十八宿青龙白虎图像”，是关于中国二十八宿全部名称最早的文字记载。

---

① 郭若愚、曾毅公、李学勤：《殷墟文字缀合》，科学出版社1955年版，第361、362、395页。

② 温少峰，袁庭栋编著：《殷墟卜辞研究·科学技术篇》，四川省社会科学院1983年版，第55、56页。

③ （汉）许慎撰，（清）段玉裁注：《说文解字注》，上海古籍出版社1981年版，第5页。

④ （汉）郑玄：《周礼注疏》，《影印文渊阁四库全书》第90册，台湾商务印书馆1986年版，第319页。

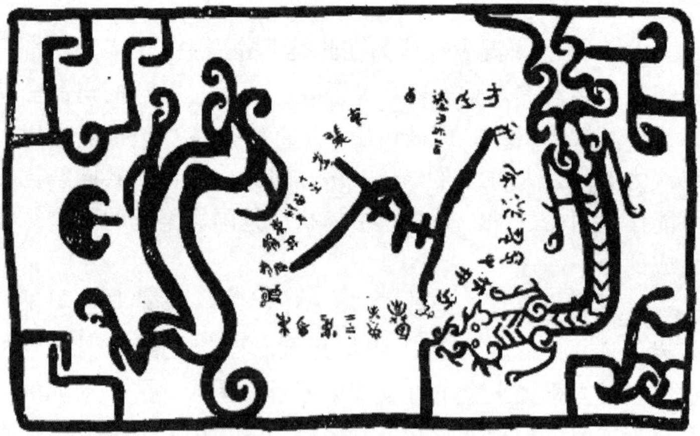

漆箱盖面图像①

盖面上以黑漆为底绘红彩。盖面中心用粗笔书写一个篆文的大“斗”字，围绕“斗”字一圈是篆文的二十八宿古代名称，字迹清楚，只个别笔画稍有脱落。二十八宿名称按顺时针方向排列……“车”“角”字间有较大的空隙，看来书写时是以“角”为起始，以“车”为结束的。二十八宿名称随中间“斗”字的字形，围成一个两头小、中间大的橄榄形。盖面一端绘青龙，一端绘白虎，二者头尾方向彼此相反。②

由上图可见，当时的人们已经初步形成了四象二十八星宿的天文观念，而北斗作为天之中枢，拴系二十八宿，其地

① 王健民、梁柱、王胜利：《曾侯乙墓出土的二十八宿青龙白虎图像》，《文物》，1979年第7期，第41页，图二。

② 王健民、梁柱、王胜利：《曾侯乙墓出土的二十八宿青龙白虎图像》，《文物》，1979年第7期。

位尤为特殊。这种认知和天文学的记载相一致。由于岁差[①]的原因，三千多年前北斗七星距北天极的距离比现在近得多，在大致位于北纬36度左右的黄河流域上来看，北斗七星都处在恒显圈[②]内，因此，中原地区的先民们每天从初昏到黎明前都能清楚地看到北斗七星。所以古人认为北斗是天空的中心也就不足为奇了。

北斗在先秦时期地位的提升与天文学的发展是密不可分的。同时，作为中国古代天象的重要组成部分，随着华夏先民对于天时与农事之间关系的深究，北斗信仰的产生也有社会现实原因。

首先，北斗星组的七颗星中有5颗是2等星，2颗是3等星，较为明亮。在夜空中，此七星组合位置固定，形状特殊，最易辨认。华夏先民在观测天象时，总是以北斗作为参照物定位其他星宿。这样一来北斗也就有了指明方向的作用。据《淮南子·齐俗训》载："夫乘舟而惑者，不知东西，见斗极，则寤矣。"[③]

其次，随着地球的自转，北斗星绕北天极做周日视运动

---

① 岁差是指地球自转轴长期进动，引起春分点沿黄道西移，致使回归年短于恒星年的现象。其原因是地球是一椭球体，赤道部分隆起；赤道面与黄道面不相重合。日月和其他行星对其赤道隆起部分施以附加引力，引起赤道面倾向的变化，即地轴进动。其结果，造成春分点沿黄道每年西移约50".2，约25700年移动一周。它使回归年略短于恒星年，中国古代称之为"岁差"。

② 以北极为中心，以36度为半径的圆形区域称为恒显圈，圈内的各种恒星常年不会落到地平线以下。

③ 刘文典撰，冯逸、乔华点校：《淮南鸿烈集解》，中华书局1989年版，第352页。

旋转。所以先民就通过观察北斗斗柄在天空中的不同位置来判断夜晚的时间。清人李光地在《御定月令辑要》中引《夏小正》曰："斗柄县（笔者按：原文作'县'，应为'悬'意）在下，则旦。"①

再次，北斗七星在围绕北天极的周年旋转中，可以指示寒来暑往季节的变化。在中原地区的夜晚，可以通过观察北斗斗柄所指的方向来判断所处季节，东南西北就对应着春夏秋冬。这对于已经进入农耕时代的华夏先民具有非常重要的指示作用。《史记·天官书》概括北斗七星在我国古代天文学中的作用时说："斗为帝车，运于中央，临制四乡。分阴阳，建四时，均五行，移节度，定诸纪，皆系于斗。"②

古人观象授时，长期记录日月在恒星间的移动位置，导致了二十八宿体系的最终形成。辛勤的观测，人们日益精熟日月的运行规律，推步历法应运而生。四分历的实行决定了十九年七闰的新闰周期的普遍采用，而四季和二十四节气的确立则给传统历法注入了新的内涵。③伴随着中国的天文学在春秋战国时期深刻的变革，北斗的计时功能和对于农业生产的指导功能逐渐淡化，与之相对的，北斗被注入了更多的形而上的内涵。

《史记·封禅书》载："及秦并天下，令祠官所常奉天地名山大川鬼神可得而序也……雍有日、月、参、辰、南北斗、

① （清）李光地：《御定月令辑要》，《影印文渊阁四库全书》第 467 册，台湾商务印书馆 1982 年版，第 427 页。

② （汉）司马迁：《史记》卷二十七《天官书》，中华书局 1959 年版，第 1291 页。

③ 薄树人主编：《中国天文学史》，文津出版社 1996 年版，第 56 页。

荧惑……百有余庙。”[①]说明秦朝建有专门祭祀北斗的庙宇，北斗信仰从天子向上天的祭祀逐渐向下层普遍的崇拜推广开来。《史记·天官书》曰：“北斗七星，所谓‘旋、玑、玉衡以齐七政’。”[②]七政是指春、夏、秋、冬、天文、地理、人道。汉时由于天人感应思潮的流行，北斗的明亮程度和君王的施政得失与否被联系了起来，政人道方能成万事。

《淮南子·天文训》曰：“日冬至则斗北中绳，阴气极，阳气萌，故曰冬至为德。日夏至则斗南中绳，阳气极，阴气萌，故曰夏至为刑，阴气极则北至北极，下至黄泉，故不可以凿地穿井。万物闭藏，蛰虫首穴，故曰德在室。阳气极则南至南极，上至朱天，故不可以夷丘上屋。万物蕃息，五谷兆长，故曰德在野。”[③]《淮南子》继承了先秦阴阳家的思想，认为天地之精袭为阴阳，阴阳化四时，四时生万物。通过观察北斗斗杓在不同时节的指向可以推测阴阳二气的变化，能了解世间万物的生亡兴衰。衡量生命长短的标准是时间，前文已经提到过，北斗可以确定时间，所以在先民的意识中，北斗就与生命的兴衰联系了起来。所以有学者认为在西汉时期就已经有了北斗主杀的观念的萌芽。《淮南子·本经训》载：“取焉而不损，酌焉而不竭，莫知其所由出，是谓瑶光。瑶光者，资粮万物者也，振困穷，补不足，则名生，兴利除害，伐乱禁暴，则功成。”东汉高诱注曰：“瑶光谓北斗杓第七

---

① （汉）司马迁：《史记》卷二十八《封禅书》，中华书局1959年版，第1371—1375页。

② （汉）司马迁：《史记》卷二十七《天官书》，中华书局1959年版，第1291页。

③ 刘文典撰，冯逸、乔华点校：《淮南鸿烈集解》，中华书局1989年版，第97页。

星也。居中而运，历指十二辰，褪起阴阳以杀生万物也。”[①] 高诱所认为的北斗“褪起阴阳以杀生万物”就是对西汉北斗主杀生的一种概括与继承，《后汉书》言“北斗主杀”[②]、“北斗魁主杀”[③]，这种观念对古代方术影响甚深，方士、兵家讲顺斗、逆斗，以斗柄所在为胜，所指为败。仰观天文不仅仅是为了揣摩天意，更是企图通过一些方法来取悦天意，达到趋吉避凶的目的。

“厌胜”，是古时方士所施行的通神降鬼、消灾祈禳的法术或者说巫术，“厌”通“压”，有压制、倾覆、抑制的意义。“厌胜”通常以诅咒、画符或使用法器或特定的物品等方式来拔除邪物、压服恶人恶事，达到消灾祈福、以求胜利的目的。王莽铸威斗以压胜众兵是关于利用北斗压胜的最早的文献记载。《汉书·王莽传》描写说：“是岁八月，莽亲之南郊，铸作威斗。威斗者，以五石铜为之，若北斗，长二尺五寸，欲以厌胜众兵。既成，令司命负之，莽出在前，入在御旁。”[④] 王莽相信鬼神怪异之事，认为用铜矿石打造出个形如北斗的“威斗”，带在身边，就可以上应天命，战胜当时的绿林赤眉义军。可见，在王莽的观念中，北斗具备厌胜禳灾的神奇能力。甚至直到新莽灭亡之际，义军攻入长安，皇宫内火光四起，王莽依然让“天文郎按栻于前，日时加某”，他则“旋席虽斗柄而坐，曰‘天生德于予，汉兵其如予何？’”[⑤]

---

① 刘文典撰，冯逸、乔华点校：《淮南鸿烈集解》，中华书局1989年版，第253页。

② （南朝宋）范晔：《后汉书》，中华书局1965年版，第3234页。

③ （南朝宋）范晔：《后汉书》，中华书局1965年版，第3259页。

④ （汉）班固：《汉书》，中华书局1999年版，第3046页。

⑤ （汉）班固：《汉书》，中华书局1999年版，第3073页。

如果用现在的眼光来看，王莽的行为无疑是滑稽的，但其实由于天空中斗柄的朝向是随时日运转的，天文郎依据天象变化，将栻盘[①]上的斗杓指到相应方位，王莽也就移向该方位，这样就能上应天命，顺天而行，达到趋吉避凶的目的。王莽的期盼当然是落空了，其本人也被枭首，但是他的作为从侧面反映了当时社会关于北斗信仰的深刻程度。

“由于天象本身有一定的神秘性，又与农事有了联系，使人们对天上的星星、太阳产生了某种神奇的幻想，把太阳和一些亮星当作超自然的神来崇敬。”[②]超自然力的信仰与天文学的掺杂导致天象变幻有了神秘主义的象征意义，北斗信仰伴随着谶纬神学的发展高潮在东汉达到了一个里程碑。

汉代纬书除了沿袭先秦及汉初有关北斗“分阴阳，建四时，均五行，移节度，定诸纪”的职司外，还将北斗的职司加以扩大，认为北斗七星亦主司人命之寿夭祸福。[③]隋人萧吉的《五行大义》引用东汉纬书《黄帝斗图》云：“一名贪狼，子生人所属，二名巨门，丑、亥生人所属，三名禄存，寅、戌生人所属，四名文曲，卯、酉生人所属，五名廉贞，辰、申生人所属，六名武曲，巳、未生人所属，七名破军，午生人所属。”[④]《春秋佐助期》曰：“七星之名，并是人

---

① 栻盘是古人占卜天象、历算的工具，其由圆形的天盘和方形的地盘从中心以轴相连而成，天盘之上放有司南，呈斗杓状。地盘四角与天盘有双线相连，内嵌一大二小三个竹珠。

② 鹿羊：《天文学的起源》，《中国科技史杂志》，1980 年第 2 期。

③ 罗燚英：《道教星神司命考述》，载潘崇贤、梁发主编：《道教与星斗信仰》，齐鲁书社 2014 年版，第 879 页。

④ （隋）萧吉著，钱杭点校：《五行大义》，上海书店出版社 2001 年版，第 97 页。

年命之所属，恒思诵之，以求福也。”[①]《尚书纬》称：“北斗居天之中，当昆仑之上，运转所指，随二十四气，正十二辰，建十二月。又州国分野年命，莫不政之，故为七政。”[②]《河图帝览嬉》载：“斗七星，富贵之官也。其傍二星主爵禄，其中一星主夭寿。”[③]上述纬书中的记载说明了东汉时，北斗七星对人生之命运有干涉作用的说法开始流行。

《史记·天官书》载：“斗魁戴匡六星曰文昌宫：一曰上将，二曰次将，三曰贵相，四曰司命，五曰司中，六曰司禄。”《索引》引《春秋元命包》曰：“司命主老幼”[④]。由老幼衍生出的生命长短之意，可以认为“司命”就是司掌人命，人的寿命由邻近北斗的文昌宫第四星司命星所掌管。《后汉书·赵壹传》载：“乃收之于斗极，还之于司命，使干皮复含血，枯骨复被肉，允所谓遭仁遇神，真所宜传而著之。”[⑤]“收之于斗极，还之于司命”可以使人重新焕发生机。此处之“司命”，根据唐人李贤引郑玄《礼记注》的说法，应当为文昌中星。[⑥]由此北斗信仰就开始融合了司命的职司。

---

① [日]安居香山，中村璋八辑：《纬书集成》，河北人民出版社1994年版，第821页。

② [日]安居香山，中村璋八辑：《纬书集成》，河北人民出版社1994年版，第393页。

③ [日]安居香山，中村璋八辑：《纬书集成》，河北人民出版社1994年版，第1135页。

④ （汉）司马迁：《史记》卷二十七《天官书》，中华书局1959年版，第1293–1294页。

⑤ （南朝宋）范晔：《后汉书》，中华书局1965年版，第2628–2629页。

⑥ （南朝宋）范晔：《后汉书》，中华书局1965年版，第2628–2629页。

《史记》索隐引《春秋运斗枢》云："斗，第一天枢，第二旋，第三玑，第四权，第五衡，第六开阳，第七摇光。第一至第四为魁，第五至第七为标，合而为斗。"①这是关于北斗七星完整名称的最早记载。《春秋运斗枢》是东汉时期的纬书，其成书晚于《史记》。《史记·天官书》中尚未出现有如此详细的描述，这说明随着东汉时期北斗职司的延伸，北斗的形象越来越具体而生动。

"中国土生土长的道教，教理的基础是汲取了多种多样古代宗教之要素，自后汉末期以至魏晋南北朝才逐渐地形成的"。②北斗信仰当然也被吸收进来，在早期的道经中已经有北斗司命或者星宿司命的描述，《太平经》卷一百一十一《有德人禄命诀第一百八十一》云："故今大德之人，并领其文，籍系星宿，命在天曹，外内有簿，上下八方，皆有文理，何得自从。"③又有《善仁人自贵年在寿曹诀第一百八十二》云："禀命于天数，于星二十八宿展转相成，日月照察不得脱，更直相生，何有解息。但人不知，以为各自主，名虽有主，更相检持。所以然者，人命有短长，春秋冬夏，更有生死无常。故使相主，移转相问，寿算增减，转相付授。故言四时五行日月星宿皆持命。善者增加，恶者自退去，计过大小，自有法常。"④《太平经》的相关描述可以说奠定了道教星斗司命说的基本模式，由此发展出了命籍之说，道教灵宝派

---

① （汉）司马迁：《史记》卷二十七《天官书》，中华书局1959年版，第1291–1292页。

② ［日］麦谷邦夫：《道教与日本古代的北辰北斗信仰》，《宗教学研究》，2000年第3期。

③　王明：《太平经合校》，中华书局1960年版，第549页。

④　王明：《太平经合校》，中华书局1960年版，第549、552页。

的五斗信仰也可以从这里看到思想的萌芽。

《老子中经》曰："璇玑者，北斗君也，天之侯王也，主制万二千神，持人命籍。"①《真灵业位图》第七级左位第十七神为："鬼官北斗君周武王。治一天官。"②道教将汉代北斗司命说与命籍说相结合，是为了加强北斗与凡人之间的联系，即北斗代表的神灵主宰着人的生命。

《西京杂记》载："戚夫人侍儿贾佩兰，后出为扶风人段儒妻，说在宫内时……八月四日，出雕房北户，竹下围棋，胜者终年有福，负者终年疾病，取丝缕就北辰星，求长命乃免。"③这说明在西汉时就有祈求北辰以获得生命长久的习俗。天师道经典《赤松子章历》卷四载："祈北斗落死籍、南斗上生名、延寿无穷。"④向星神祈命以求延生的做法在六朝时期得到进一步发展。《三国志·吕蒙传》记载吴国大将吕蒙病重时，孙权"命道士于星辰下为之请命"⑤。《三国演义》中也有诸葛亮点七星灯续命的描述。《魏书·崔浩传》载："初，浩父疾笃，浩乃剪爪截发，夜在庭中仰祷斗极，为父请命。"⑥《老子中经》所说北斗君"持人命籍"的鬼官形象在魏晋时期进一步转化为了道教的司命神信仰，并且在汉代"北斗主杀"观念的基础上发展出了"北斗注死，南斗注生"。

① 《道藏》第27册，第145页。

② 《道藏》第3册，第280页。

③ （汉）刘歆撰，向新阳、刘克任校注：《西京杂记校注》，上海古籍出版社1991年版，第138页。

④ 《道藏》第11册，第204页。

⑤ （晋）陈寿：《三国志》，中华书局1971年版，第1280页。

⑥ （北齐）魏收：《魏书》，中华书局1974年版，第812页。

东晋干宝在《搜神记》卷三《管辂助颜超增寿》中记载：

> 管辂至平原，见颜超貌主夭亡。颜父乃求辂延命。辂曰："子归，觅清酒一榼，鹿脯一斤，卯日，刈麦地南大桑树下，有二人围棋次，但酌酒置脯，饮尽更斟，以尽为度。若问汝，汝但拜之，勿言。必合有人救汝。"颜依言而往，果见二人围棋，颜置脯斟酒于前。其人贪戏，但饮酒食脯，不顾。数巡，北边坐者忽见颜在，叱曰："何故在此？"颜唯拜之。南面坐者语曰："适来饮他酒脯，宁无情乎？"北坐者曰："文书已定。"南坐者曰："借文书看之。"见超寿止可十九岁，乃取笔挑上。语曰："救汝至九十年活。"颜拜而回。管语颜曰："大助子，且喜得增寿。北边坐人是北斗，南边坐人是南斗。南斗注生，北斗注死。凡人受胎，皆从南斗过北斗；所有祈求，皆向北斗。"①

管辂是曹魏时名声在外的术士，陈寿在《三国志·管辂传》中评曰："华佗之医诊，杜夔之声乐，朱建平之相术，周宣之相梦，管辂之术巫，诚皆玄妙之殊巧，非常之绝技矣。"②所以《搜神记》中管辂帮助注定夭亡的赵颜增寿十九的说法虽略有夸张，但这也表明了时人十分相信二位斗君是掌管世人生死命籍的神明。

"北斗注死，南斗注生"是将北斗与南斗分别对应了不同的职司，六朝时期的道教为了进一步加强自身经典理论与

---

① 马银琴译注：《搜神记》，中华书局2012年版，第60页。

② （晋）陈寿：《三国志》，中华书局1971年版，第829–830页。

信徒生活之间的联系，对古老的北斗信仰注入了新的更为丰富的神学内涵，由此发展而来的就是道教灵宝派所提出的五斗信仰。

在灵宝派经典《元始无量度人上品妙经》中明确了五斗之职司，“东斗主算，西斗记名，北斗落死，南斗上生，中斗大魁，总监众灵”。① 严东注曰：“东华天中有散华之台，四斗真人治在其中，主箓算生死功德。有功者，西斗记其名也。南北二斗，主人生死。有善功者，三官列言，南斗即度三界之难，拔九幽之苦，宣告魔王，不使破败人之行恶。三官即列言北斗，即告下魔王，魔王即收人魂，付九幽之役，万劫无期，长沦恶缘。当而之时，无善无应。北斗除死籍，南斗上生名。”② 唐薛幽栖注曰：“东斗者，即斗之第一星，主增算寿。西斗者，即斗之第二星，主记录其功名也。北斗者，即斗之第六星，主落其死籍。南斗者，即斗之第五星，主上其生箓也。中斗者，斗之第七星，为四斗之首，总统一身众灵。此五方之斗，是北斗五星，以主五方。既是斗星，故言云东斗、西斗，非方方各有斗也。”③ 李少微注曰：“此明五方斗宿，各受元始职司，东方七宿主人寿算，西方七宿记人罪名，北方七宿落人死籍，南方七宿上人生契，中方即今人所谓北斗也。”④ 虽然诸家关于五方星斗的解释各有见解，说法不尽相同，但是都有关于功过与生命相匹配的提法。六朝时期的道教灵宝派在传统的北斗司命说之外，加入魔王、劫运、元

① 《道藏》第1册，第242页。

② 《道藏》第2册，第219页。

③ 《道藏》第2册，第219页。

④ 《道藏》第2册，第219页。

始天尊等概念，将善、恶、生、死、祸、福与其开劫度人的宗旨相联系，并将判断这种联系的职司交予天上的五斗。灵宝派继承了《太平经》“善者增加，恶者自退去，计过大小，自有法常”[①]的说法，五斗在各个环节各主其司，原本北斗主人祸福寿夭的职能被扩大且精细，这是六朝时期北斗信仰被赋予了更丰富的神学内涵的体现。宋代六十一卷本的《度人经》中也继承了一卷本《度人经》所体现的这种五斗信仰，除卷四“永延劫运保世升平品”、卷二十六“明体贯气品”、卷三十四“腾耀二景五星品”、卷四十一“五行备足生灵寿域品”、卷四十五“解禳山谷瘴病品”、卷四十八“安镇九垒土袄不祥品”、卷五十三“斩灭五行邪怪品”这七卷外，其余五十三卷中均提到五斗神君在不同的斋醮仪式中之不同司职，地位极其重要。

灵宝派的五斗信仰对天师道以及后来的正一道也有影响，在正一派经典《太上正一盟威法箓》记载的如《太上保命长生箓》[②]、《太上老君授徐甲延生保命箓》[③]、《太上正一延生保命箓》[④]等正一派符箓中都有提及包括东斗注算君、南斗上生君、西斗记名君、北斗落死君、中斗大魁君在内的天灵官。明初第四十三代天师张宇初《元始无量度人上品妙经通义》曰：“东斗五星，西斗四星，北斗七星，南斗六星，中斗三星。或以东南西北七宿为四方之斗，以北斗为中斗。该《天官书》曰：斗为帝车，运于中央，临制四方，

---

① 王明：《太平经合校》，中华书局1960年版，第552页。

② 《道藏》第28册，第472页。

③ 《道藏》第28册，第474页。

④ 《道藏》第28册，第530页。

以察妖祥。又《真一口诀》云：斗中自有五斗，阳明为东斗，阴精为西斗，丹元为南斗，北极为北斗，天关为中斗。法中谓天以斗为心，故曰天罡所指，书夜常轮。中斗大魁，即魁星也。则北斗谓之天枢，宜居中也。为万灵之主宰，是以总监众灵也。人以心为斗，心之七窍，象斗数也。心居一身之中，为五官之主宰，神明之宅舍也。天人学士受度之后，则四斗为之注算、记名、落死、上生；中斗则总统于中，万灵护体。修丹之士，周天火符，皆由天罡内运循历二十八宿，七十二侯，阳火阴符既济，而后丹成道备矣。”①张宇初是从丹道的方面将五斗与内丹修炼相结合，这也是五斗信仰在南宋之后新的发展方向。

从前文可以了解到魏晋以来“南斗注生，北斗注死”观念逐渐深入人心，虽然道教经常将南斗与北斗并称，宣扬二者可以主宰人的灵魂，但是在现实生活中，受传统北斗主杀信仰的影响，人们往往更加重视北斗而轻视南斗，将北斗视作主宰生死寿夭与祸福吉凶的大神。这种北斗司命观念被道教融摄和发展为了道教教义当中十分重要的本命神信仰。这一时期的北斗崇拜有一个重要特征，即人人都有本命星君。

《太上玄灵北斗本命延生真经》载：“老君曰：‘凡人性命五体，悉属本命星官之所主掌。本命星将，本宿星官，常垂荫祐，主持人命，使保天年。’”②这里提到的本命星官实际上是北斗星君中的某一位，前文引用的东汉纬书《黄帝斗图》已经提出了北斗七星君的名号，子日出生的人属贪狼星，丑、亥日出生的人属巨门星，寅、戌日出生的属禄存

① 《道藏》第2册，第311页。

② 《道藏》第11册，第347页。

星，卯、酉日出生的人属文曲星，辰、申日出生的人属廉贞星，巳、未日出生的人属武曲星，午日出生的人属破军星。由人的出生日干支来定本命星君，而本命星君掌管人的生死命籍。由此自然而然就会产生礼拜北斗祈求保佑，从而获得长命百岁富贵平安的想法。

天师道经典《赤松子章历》卷一载“人生年命，悉有星宿管系。若为恶事，记名黑簿，令人精神恍惚，梦寐不安，既多迍邅，更减年算”①。道教认为人的善恶功过与福祸寿夭是相联系的，所以在日常生活中要加强自身的修养与道德实践。但是作为宗教，道教也认为可以通过神圣的，在道士主持之下的斋醮科仪来弥补。通过虔诚的礼拜来祈求神明赦免自己的罪行，从而富贵而长命。天师道就以礼斗、朝斗、告斗为中心，形成了与灵宝斋法相区别的醮法——“斗醮”。传说陆修静曾礼拜北斗星而行“礼斗法”，在其居住持修过的庐山简寂观旧址，如今亦有礼斗石留存。宋人陈舜俞《庐山记》卷二云：“（简寂）观门之上有朝真阁。殿前有先生醮石，高六七尺，方广丈余。其向乾亥，亦名礼斗石。”②《正一解厄醮仪》云：“凡人年命有厄，元辰死忌，五罗算尽，阳九阴八，盗贼口舌，疾病官横，财产不利触事灾忧者，可依法推究章醮解之，即得转祸为福，大吉利。宜以太岁、本命、甲子、庚申及诸吉日，醮请司命北斗七星，生度灾厄。”③

六朝道教在融摄和发展北斗司命信仰的基础上还衍生

① 《道藏》第 11 册，第 173 页。

② （宋）陈舜俞：《庐山记》，载王云五主编：《丛书集成初编》第 2998 册，商务印书馆 1939 年版，第 23 页。

③ 《道藏》第 18 册，第 271 页。

出了各种各样的法术，如步罡踏斗。步罡踏斗是道士在斋醮时礼拜星斗、召请神灵所用的法术。又名步罡摄纪、步罡履斗、踏纲步斗等。其行步方式称禹步。它是在道坛上占方丈之地，铺设罡单，罡单以四灵（青龙、白虎、朱雀、玄武）、二十八宿和九宫八卦组成，象征九重之天。道士脚穿云鞋，在罡单上随着道曲，沉思九天，按斗宿之象，九宫八卦之图，以步踏之，即可神驰九霄，按达章奏，禁制鬼神，破地召雷。张泽洪认为："道教的禹步称为步罡踏斗，是因为禹步与星斗崇拜相融汇，使传统的禹步注入了新的内容，这是道教对先秦巫师禹步的继承发展。步罡踏斗的'罡'与'斗''纲'皆与星斗有关。罡，又称天罡，指北斗七星的斗柄，即北斗星第五至第七星；斗，即北斗，因北方有七星聚成斗形，故名北斗。而纲指斗纲，北斗第一魁、第五衡、第七构三星称为斗纲。道教认为纲是连星，纪是缀星，相合以组成北斗星座。"①

这种道术，最迟在东汉末年就有记载。魏伯阳《周易参同契》志在阐扬金丹大道，所批判的各家方术之中就有"履行步斗宿，六甲以日辰"②。陶弘景《真诰》中《协昌期》篇所引的《飞步经》中，提到有关真仙诰授的"越纲蹈星"：太上真人步五星之道，以致五星降室，闭气上纲，当先呼五星、星夫人名字，毕乃越纲蹈星，谓始上纲，便顿住，呼名字，呼名字毕，乃越纲蹈星耳。若每致星上，得复重心呼所至星处之名字，益其佳也。若其烦重难常，但可案旧而行耳。

① 张泽洪：《论道教的步罡踏斗》，《中国道教》，2000年第4期。

② 《道藏》第20册，第75页。

昔郁沙公、北里子、长陵老人，皆案此法而得升天。[①] 这类以禹步之类的法术都建立在人与神灵世界是可以沟通，按照特定节奏而踏步行走就能获得感应这样的观念基础之上。

唐朝李淳风注《金锁流珠引》卷五记载了与禹步有关的斗法："衣斗、履斗、飞斗、戴斗、顺斗、倒斗、反斗、横斗、低斗、逆斗、昂斗、坐斗、行斗、卧斗、指斗、魒斗、务斗、魁斗、刚斗、柔斗、阴斗、阳斗、邪斗、正斗、收斗、捕斗、诛斗、禁斗、弘斗等法。并以禹步相添，正行正一之法，立能兴动风雨，天地顺心。"[②] 总之，这类步罡踏斗之术在唐宋以后越加扩展，演化多端，成了道教科仪中的重要组成部分。

李唐时期，道教在统治者的支持下得到大力发展，北斗信仰随之愈加完善，出现了大量描述北斗崇拜的经文。目前《道藏》中以北斗为名的《北斗九皇隐讳经》《北斗治法武威经》《太上玄灵北斗本命延生真经》《太上玄灵北斗本命长生妙经》《太上北斗二十八章经》《玉清无上灵宝自然北斗本生真经》《北斗七元金玄羽章》显示了唐宋以来道教对北斗崇拜的不同表现。后来者们还对北斗经文进行注解，如《太上玄灵北斗本命延生真经注》《太上玄灵北斗本命延生真经注解》《太上玄灵北斗本命延生真经注解》等。唐代道教对北斗推崇备至，并逐渐形成了庞杂而完备的"斗姆—九皇信仰"体系，将北斗九皇与斗姆塑造成化育万物、法力无边的万能神祇，在宫观中立像祭祀。佛教也深受道教北斗信

① 《道藏》第 20 册，第 537 页。

② 《道藏》第 20 册，第 377 页。

仰的影响，视北斗为佛或观音，顶礼膜拜。①

另一方面，朝拜北斗的科仪仪式也被系统完善。唐朝末年杜光庭对魏晋以来道教的科仪进行整理和修订，编撰成了《道门科仪范大全集》。其中收录了许多极具特色的礼斗科仪：《南北二斗同坛延生醮仪》《南北二斗同醮仪》《南北二斗同醮宝灯仪》《北斗延生清醮仪》《北斗延生仪》《北斗延生忏灯仪》《北斗延生醮说戒仪》《北斗延生道场仪》《解禳星运仪》《运星醮启祝仪》《北斗延生捍厄仪》等。

元朝时期，随着道教的被打压，北斗信仰也经历了短暂的衰落。明代建国之初，北斗信仰又重新复兴，南京城的城墙和明太祖的孝陵均仿北斗之形营建，可见汉人观念中对北斗笃信之深。②

四、紫微北极大帝

紫微大帝，起源于上古先民对北半球星空中北极星的信仰。北极星，位居北极紫微帝座，亦称北辰。《周礼·春官·大宗伯》“以禋祀祀昊天上帝。以实柴祀日月星辰”③一句按《周礼注疏》：“又案《尔雅》云：‘北极谓之北辰’郑注云：‘天皇北辰耀魄宝’，又云昊天上帝，又名大一帝君，以其尊大，故有数名也。其紫微宫中皇天上帝，亦名昊天上帝。得连上

① 朱磊：《中国古代北斗信仰的考古学研究》，山东大学博士学位论文，2011 年，第 114 页。

② 朱磊：《中国古代北斗信仰的考古学研究》，山东大学博士学位论文，2011 年，第 132 页。

③ （汉）郑玄：《周礼注疏》，《影印文渊阁四库全书》第 90 册，台湾商务印书馆 1986 年版，第 319 页。

帝而言，至于单名皇天，单名上帝，亦得故。”[①] 周代以北辰代表昊天上帝，到了汉代则称其为皇天大帝抑或太一。《汉书·郊祀志》云：“天神贵者太（泰）一，太（泰）一佐曰五帝。”[②] 青、赤、黄、白、黑五方天帝成为太一的附属。《史记·天官书》云：“中宫天极星，其一明者，太一常居也。”[③] 唐司马贞《索隐》注云：“《文耀钩》曰：‘中宫大帝，其精北极星。含元出气，流精生一也。’《春秋合城图》云：‘北辰，其星五，在紫微中。紫微，大帝室，太一之精也’”[④]《史记·天官书》将北辰所在处称为紫微宫，为太一常居之处。

六朝时期的道书中，紫微大帝的地位有所降低。《道门定制》云：“北极有五星，中一星为紫微大帝，又曰北辰。”[⑤]《太上玄灵北斗本命延生真经》记载：“即说北斗咒曰：北斗九辰，中天大神。上朝金阙，下覆昆仑。调理纲纪，统制乾坤。大魁贪狼，巨门禄存。文曲廉贞，武曲破军。高上玉皇，紫微帝君。”[⑥] 紫微帝君被纳入北斗九皇。《太上太玄女青三元品戒拔罪妙经》宣称：“尔时，上元一品九气天官紫微帝君……于上元之夕，考校大千世界之内，十方国土之

---

① （汉）郑玄：《周礼注疏》，《影印文渊阁四库全书》第 90 册，台湾商务印书馆 1986 年版，第 322 页。

② （汉）班固：《汉书》，中华书局 1999 年版，第 1013 页。

③ （汉）司马迁：《史记》卷二十七《天官书》，中华书局 1959 年版，第 1289 页。

④ （汉）司马迁：《史记》卷二十七《天官书》，中华书局 1959 年版，第 1289-1230 页。

⑤ 《道藏》第 31 册，第 668 页。

⑥ 《道藏》第 11 册，第 347 页。

中，一切生死罪福缘对报应之由，众等虔诚，人各恭敬。”① 这是以紫微帝君为天地水三官之天官。

唐朝时逐渐将北帝和紫微大帝的神格混而为一，紫微大帝开始吸纳北帝伏魔的职司。《太上元始天尊说北帝伏魔神咒妙经》云：“北帝曰：北极殿上有高上玉皇紫微帝君，仙都使者，九天仆射，能降世间一切灾害水火刀兵。”② 唐末杜光庭所撰道书中，出现北帝即紫微大帝的情况，将紫微大帝和五方天帝中的北方黑帝以及酆都的掌管者北帝混而为一，《广成集》卷六云：“伏以五气玄天北宫太帝，司明善恶，统御死生。寿禄吉凶，咸资校录……落死籍于北酆，上生名于南极。”③《道教灵验记》云：“太帝是北斗之中，紫微上宫玄卿太帝君也。上理斗极，下统酆都。阴境帝君，乃太帝之所部，天蓬上将，即太帝之元帅也。”④《道门科范大全集》称之为“中天北极紫微大帝”⑤。

到宋代，随着“三清四御”体系的确立，紫微大帝成为三清和玉皇之下，道教的高位尊神。北极紫微大帝作为四御之一的地位就此确立下来。

在林灵素所创道教神霄派中，北极紫微大帝的地位更是高于玉皇，仅次于三清。据《无上九霄玉清大梵紫微玄都雷霆玉经》：“大帝曰：‘三清上圣，所以雷霆之祖也，十极至尊，所以雷霆之本也，昊天玉皇上帝所以号令雷霆也，后

---

① 《道藏》第 1 册，第 835 页。

② 《道藏》第 34 册，第 431 页。

③ 《道藏》第 11 册，第 257 页。

④ 《道藏》第 10 册，第 842 页。

⑤ 《道藏》第 31 册，第 786 页。

土皇地祇所以节制雷霆也。’”[①] 该经记述了神霄派神系最顶端的建构。“雷霆之祖”为三清，即上清灵宝天尊、玉清元始天尊、太清道德天尊。这与道教其他宗派以三清为教主相同。其次为三帝，三帝的第一位，“雷霆之本”为“十极至尊”，李远国指出“十极至尊”即“紫微大帝”。[②] 紫微大帝又称为“中天北极紫微大帝”，是道教四御之一。紫微大帝在神霄派中是主宰雷霆的显赫大神，《无上九霄玉清大梵紫微玄都雷霆玉经》称“北极紫微大帝，统临三界，掌握五雷”[③]，故为“雷霆之本”。

南宋金允中《上清灵宝大法》卷四云：“北极大帝则紫微垣中帝座是也。按《天文志》云：南极入地三十六度，北极出地三十六度，天形倚侧，盖半出地上半还地中，万星万兵悉皆左旋，惟南北极为之枢纽而不动，故天得以运转也。世人望之在北而曰北极，其实正居天中。为万星之宗主，三界之亚君，次于昊天，上应元点是为北极紫微大帝也。”[④]《太上说玄天大圣真武本传神咒妙经》引《北斗本生经》曰：“昔龙汉初劫，有周上御国紫光夫人，于上春日游玩，至温玉池边，方脱衣澡盥，忽感莲蕊，九荷一开发，中有化生九子，夫人护抱鞠养宫中，志愿惟成圣哲，佐辅乾坤，诸子及壮，冠乃各修，因地功行俱满，白昼冲天，并受得三清贵职矣！天皇大帝长子也，佐紫微上宫纪纲元化，众星主领。紫微大

---

① 《道藏》第 1 册，第 752 页。

② 李远国：《神霄雷法——道教神霄派沿革与思想》，四川人民出版社 2003 年版，第 162 页。

③ 《道藏》第 1 册，第 756 页。

④ 《道藏》第 31 册，第 370 页。

帝第二子，佐北极中宫明堂布政下土。”①

五、玉皇大帝（玉皇上帝）

玉皇上帝，抑或玉皇大帝，是道家天神，居四御之首位，全称是“昊天金阙无上至尊自然妙有弥罗至真玉皇上帝。”②，在民间信仰中，素来享有极高的地位，譬如蒲松龄在《聊斋志异》中谈到玉皇的地位：“天上有玉帝，地上有皇帝。”③

按《上清灵宝大法》卷一言：

> 昊天上帝、诸天之帝、仙真之王，圣尊之主，掌万天升降之权，司群品生成之机。三洞四辅禁经之标格，大梵至妙无为之神威，乃三界万神三洞仙真之上帝君也……以形象言之谓之天，以主宰言之谓之帝，故曰玉真天帝玄穹至圣玉皇大帝。《经》曰：天帝玉真无色之境，梵行是也。自玄气而化生，居大罗之下，上清之上，掌四种民梵天而尊于三界之上是为天主，亦不得已而强名之也。治太徵玉清宫。如太上弥罗无上天尊语，乃道门归美之辞，又太上开天执符御历等语，乃大宋上号，帝王尊之象也。④

“玉皇”“玉帝”之名出自南朝梁陶弘景《洞玄灵宝真

---

① 《道藏》第 17 册，第 105 页。

② 《道藏》第 34 册，第 632 页。

③ 于天池注，孙通海译：《聊斋志异》，中华书局 2015 年版，第 3078 页。

④ 《道藏》第 30 册，第 730 页。

灵业位图》，第一位阶“玉清境”之右位，有“玉皇道君”“高上玉帝”。[1]但是“玉皇道君”和“高上玉帝”都属于道教主神元始天尊的下属，地位并不高。

《高上本行玉皇集经》卷一有关于玉皇成仙证道故事：

> 往昔去世有国名号光严妙乐，其国王者名曰净德。时王有后，名宝月光。其王无嗣，尝因一日作是思惟，我今将老，而无太子，身或崩殁，社稷九庙，委付何人。作是念已，即便敕下，诏诸道众于诸宫殿，依诸科教，悬诸旛盖，清净严洁，广陈供养，六时行道，徧祷真圣。已经半载，不退初心。忽夜宝月光王后梦太上道君与诸至真，金姿玉质，清净之俦。驾五色龙舆，拥耀景旌，荫明霞盖。是时太上道君安坐龙舆，抱一婴儿，身诸毛孔放百亿光，照诸宫殿，作百宝色，幢节前道，浮空而来。是时皇后心生欢喜，恭敬接礼，长跪道前白。道君言：今王无嗣，愿乞此子为社稷主与之。伏愿慈悲，哀愍听许。尔时，道君答皇后言：愿特赐汝。是时皇后礼谢道君，而乃收之。皇后收已，便从梦归，觉而有孕，怀胎一年。于丙午岁正月九日午时诞于王宫。当生之时，身宝光焰，充满王国，色相妙好，观者无厌。幼而敏慧，长而慈仁，于其国中所有库藏、一切财宝，尽将散施穷乏困苦、鳏寡孤独、无所依怙、饥馑癃残。一切众生，仁爱和逊，歌谣有道，化及遐方，天下仰从，归仁太子，父王加庆。当尔

① 《道藏》第 3 册，第 273 页。

之后王忽告崩，太子治政，俯念浮生，告敕大臣，嗣位有道。遂舍其国，于普明香严山中修道，功成超度。过是劫已，历八百劫，身常舍其国，为群生故，割爱学道。于此后经八百劫，行药治病，拯救众生，令其安乐。此劫尽已，又历八百劫，广行方便，启诸道藏，演说灵章，恢宣正化，敷扬神功，助国救人，自幽及显。过此已后，再历八百劫，亡身殒命，行忍辱故，舍己血肉。如是修行三千二百劫，始证金仙，号曰清净自然觉王如来，教诸菩萨，顿悟大乘正宗，渐入虚无妙道。如是修行，又经亿劫，始证玉帝。①

据上文描述，玉皇在证道之前诞生于正月初九，所以正月初九这一天就被民间视为玉皇大帝的诞辰，“玉皇诞”之所由来便是如此。②另一方面，九为极数，将一年的第一个初九定为玉皇圣诞，正与他至高无上的地位相符。

玉皇在民间信仰中的至高地位始于北宋年间。宋真宗笃信道教，他在即位之初的咸丰元年（998），以轩辕为圣祖，称为昊天玉皇上帝。接着又在大中祥符八年（1015）正月为玉皇上帝奉上尊号，尊称为“太上开天执符御历含真体道玉皇大天帝”③。玉皇大帝的称号也由此开始流传。到宋徽宗政和六年（1116）九月，进一步明确宣布玉皇大帝君和昊天上帝同一体，上尊号为“太上开天执符御历含真体道昊

---

① 《道藏》第1册，第697页。

② 另一种说法是唐玄宗撰写《月令注释》，首次将玉帝的生日定为正月初九。

③ （元）脱脱等：《宋史》，中华书局1977年版，第157页。

天玉皇上帝”①。将对玉皇大帝的崇拜与国家祭祀的最高祀典——昊天上帝的崇拜融为一体。但是这种融合也带来了问题，朱熹就对此诘问道：“但老子既是人鬼，如何却居昊天上帝之上，朝廷更不正其位。”② 对此，宋徽宗时的道士宁全真从道教神学理论上作了调整，《灵宝领教济度金书》卷一的《三界醮坛图》曰：“盖玉清为教门之尊，昊天为一界之尊、各居一列，各全其尊。”③ 由此，宋代以来道教神仙体系形成了以五皇大帝为首的昊天三界之尊、“四御”“六御”“七御”等的体系，称“元始为三教之首，玉帝为万法之宗”④。

从此，玉皇大帝在官方的祭祀典礼中正是登上了万神之主的宝座。至此国家、民间、道教三方面的信仰正式合流，对玉皇的崇拜达到了最高潮。但这种合流并未持续多久。在宋以后，出了个别皇帝会在皇宫中设立玉皇大帝的牌位外，国家祭祀的最高对象仍为昊天上帝。玉皇大帝则在民间受到大众的普遍崇拜，是老百姓心目中的天界最高主宰。

玉皇在民间被广泛地供奉信仰，原因与玉皇的职能有密切联系。传说玉皇大帝每年年末都会听取灶神对各家各户一年之中的功过善恶的计算，并对此做出奖惩的功过判断。其他一些主持人间事物的神灵也会向玉皇大帝报告他们一年间监察人世的记录以供参考，便于玉皇做出判断。《太上感应篇》记载：“每年十二月二十五日，乃玉帝奏告三清，游历诸天、

① （元）脱脱等：《宋史》，中华书局 1977 年版，第 396 页。

② （宋）黎靖德:《朱子语类》,《影印文渊阁四库全书》第 702 册，台湾商务印书馆 1986 年，第 539 页。

③ 《道藏》第 7 册，第 28 页。

④ 《道藏》第 34 册，第 631 页。

下观世界、予决罪福之日。”[①]玉皇不仅仅是接受信息统辖神灵的报告，也会在腊月二十五的时候亲自下凡视察。另一方面，为了加强玉皇信仰在民众间的流传度，道教宣称信仰玉皇有消灾祈福的功能。对于人间的老百姓而言，玉皇就像是会主持公正的县老爷，能帮助人消灾解难，因此百姓对玉皇或敬畏或崇信，称其为老天爷、玉皇爷。

关于凌霄宝殿的描述，《西游记》第四回说猴王初入天庭，见到那凌霄宝殿“金钉攒玉户，彩凤舞朱门。复道回廊，处处玲珑剔透；三檐四簇，层层龙凤翱翔。上面有个紫巍巍，明幌幌，圆丢丢，亮灼灼，大金葫芦顶；下面有天妃悬掌扇，玉女捧仙巾。恶狠狠掌朝的天将，气昂昂护驾的仙卿。正中间，琉璃盘内，放许多重重叠叠太乙丹；玛瑙瓶中，插几枝弯弯曲曲珊瑚树。正是天宫异物般般有，世上如他件件无。金阙银銮并紫府，琪花瑶草暨琼葩。朝王玉兔坛边过，参圣金乌着底飞。”[②]这是文学作品的描述，仅供参考。

六、三清

三清，在老百姓的认识中就是指“灵宝天尊”“元始天尊”“道德天尊”，道观中往往有供奉着三清尊像的三清殿，其内元始天尊塑像居中，左为灵宝天尊塑像，右为道德天尊塑像。但除此之外，三清还有表达神灵所居之境的意思。正如《云笈七签》所云：“通名三清者，言三清净土，无诸染秽。其中宫主，万绪千端，结气凝云，因机化现，不可穷也。”[③]所以三清的含义有两层，一是指道教天神，二是指天神所居

① 《道藏》第 27 册，第 20 页。

② （明）吴承恩著：《西游记》，岳麓书社 1987 年版，第 24 页。

③ 《道藏》第 22 册，第 32 页。

之境。所谓“三清净土”指的是位于清微天的玉清圣境，禹余天的上清真境，大赤天的太清仙境。所谓“其中宫主”是指居住在三清境中的三位至高神灵，亦称三清，也就是灵宝天尊、元始天尊、道德天尊。

“三清”，最早见于南朝宋、齐之际顾欢所言：“五涂无恒宅，三清有常舍，精气因天行，游魂随物化。”①又见于南朝梁时沈约的《酬华阳陶先生》：“三清未可觌，一气且空存。”②《桐柏山金庭馆碑》又曰：“夫三清者，若夫上元奥远，言象斯绝，金简玉字之书，元霜降雪之宝，俗士所不能窥，学徒不敢轻慕。”③石衍丰认为“顾欢对‘三清’的解释是‘常舍’，沈约是‘未可视’‘不能窥’，而道教学者梁陶弘景所撰《洞玄灵宝真灵位业图》，虽编列了七个中位的约五百多的庞大的神仙谱系，仍未明确‘三清神’。从顾、沈、陶他们的著述综合分析，我们可以断定，在南朝时‘三清’所指是‘三清境’。”④

在南朝之后，三清由“境”向“神”的发展离不开道教“三洞说”的推动，三洞即洞真、洞玄、洞神。“《洞真法》天宝君住玉清境，《洞玄法》灵宝君住上清境，《洞神法》神宝君住太清境。此为三清妙境，乃三洞之根源，三宝之所

① （唐）李延寿：《南史》卷七十五，《影印文渊阁四库全书》第265册，台湾商务印书馆1986年版，第1074页。

② 《道藏》第5册，第678页。

③ （清）田文镜：《河南通志》，《影印文渊阁四库全书》第538册，台湾商务印书馆1986年版，第636页。

④ 石衍丰：《道教“三清”源流探微》，《中国道教》，1992年第3期，第45-48页。

立也。"[①]将"三洞""三宝君"和"三清境"相联系，是"三清"的含义得以从"境"向"神"转化的重要纽带，《道教义枢》云："但知洞真法天宝君住玉清境，洞玄法灵宝君住上清境，洞神法神宝君住太清境。故《太上苍元上录经》云：'三清者，玉清、上清、太清也。'"[②]而将"三宝君"化为元始天尊在"三清境"之别名，使得"三清"向尊神含义进一步发展，《云笈七签》引《业报经》《应化经》并云："天尊曰：'吾以道气，化育群方，从劫到劫，因时立化。吾以龙汉元年号无形天尊亦名天宝君，化在玉清境，说洞真经十二部教天中九圣，大乘之道也……吾以延康元年号无始天尊亦名灵宝君，化在上清境，说洞玄经十二部以教天中九真，中乘之道也……吾以赤明之年号梵形天尊亦名神宝君，化在太清境，说洞神经十二部以教天中九仙，小乘之道也。'"[③]《云笈七签》又引《九天生神章经》曰："此三号虽殊，本同一也。此三君各为教主，即是三洞之尊神也。"[④]这就是说三清尊神乃是三洞经书的创制者。这样，通过三洞经书的创制神话，三清尊神彼此之间得以紧密地联系为一个整体。

三清尊神的形成是一个较为漫长的关系，三清之间的关系也是在变化的。唐代杜光庭在《道德真经广义圣》注说道："老君将显明大教，布化万方，乃曰：道不可无师尊，教不可无宗主，乃师事太上玉晨大道君焉，大道君即元始天尊之弟子也。"[⑤]杜认为三清之间的这种师徒关系，才让他们成

① 《道藏》第 22 册，第 32 页。

② 《道藏》第 24 册，第 812 页。

③ 《道藏》第 22 册，第 32–33 页。

④ 《道藏》第 22 册，第 13 页。

⑤ 《道藏》第 14 册，第 317 页。

为三位一体的三清尊神。而《高上玉皇满愿宝忏》曰：“说经教主元始天尊，抱送玉帝灵宝天尊，流演圣教道德天尊。”①宁全真在《上清灵宝大法》中言：“元始乃道中之祖，为灵宝祖师，道君乃法中之祖，为宗师，老君乃教中之祖，为真师。”②三清只是因职能的不同而化身为不同的尊神形象。

南宋金允中在《上清灵宝大法》总结了围绕着三清有关的尊号：“三尊之号在经中只称元始天尊、太上道君、太上老君；其别号则曰天宝君、灵宝君、神宝君，以三境之名而称之则曰：玉清、上清、太清；以三洞之书而名则曰洞真、洞玄、洞神，如此而矣。”③三清的说法也就由此定了下来，并延续至今。

1. 元始天尊

元始天尊，道教的至高尊神，居三清之首。又名“玉清大帝”“玉清圣境虚无自然元始天尊”“青玄祖气玉清元始天尊妙无上帝”。元始天尊是清微天的玉清圣境之主，玉清圣境有九圣，即上圣、高圣、大圣、玄圣、天圣、真圣、神圣、灵圣、至圣。关于元始天尊之名的由来，在《淮南子·天文训》中就已有“太白元始”④、“太阴元始”⑤、“天一元始”⑥

---

①　《道藏》第 3 册，第 539 页。

②　《道藏》第 30 册，第 731 页

③　《道藏》第 31 册，第 478 页。

④　刘文典撰，冯逸、乔华点校：《淮南鸿烈集解》，中华书局 1989 年版，第 90 页。

⑤　刘文典撰，冯逸、乔华点校：《淮南鸿烈集解》，中华书局 1989 年版，第 117 页。

⑥　刘文典撰，冯逸、乔华点校：《淮南鸿烈集解》，中华书局 1989 年版，第 95 页。

的表述，《抱朴子》内篇《至理篇》也有“飞元始以炼形”[①]的说法，这表明元始天尊之“元始”意味着万物之始、宇宙之原初的意思。

在三清尊神中，元始天尊尤为特殊。作为六朝时期道教制度化、经教化下的产物，他身上不仅有中国本土思想的影响，也有对外来宗教的学习。一是葛洪神仙道教的影响；二是佛教世尊的影响；三是印度婆罗门教的影响。

元始天尊作为道教主神神格的确立，经历了两百余年的时间。在南朝梁代陶弘景所撰《真灵业位图》中，元始天尊居于第一中位的最高位置[②]。《隋书·经籍志·道经序》云：“道经者，云有元始天尊，生于太元之先，禀自然之气，冲虚凝远，莫知其极，……以为天尊之体，常存不灭。每至天地初开，或在玉京之上，或在穷桑之野，授以秘道，谓之开劫度人。”[③]这说明到唐时，元始天尊已经成为代表道教的最高神灵。但其实在更早的东晋末年，元始天尊至高无上的道教主神地位在葛巢甫造作的古《灵宝经》诸经中就已经被明确。公认最早的灵宝经《元始五老赤书玉篇真文天书经》中就正式出现了“元始天尊”之名，又《度人经》曰：“元始祖劫，化生诸天，开明三景，是为天根，上无复祖，唯道为身。”[④]

唐李少微注《元始无量度人上品妙经》引《龙跃经》曰：“元始有十号，一曰自然，二曰无极，三曰大道，四曰至真，五曰太上，六曰老君，七曰高皇，八曰天尊，九曰玉帝，十

① 《道藏》第28册，第189页。

② 《道藏》第3册，第273页。

③ （唐）魏征等：《隋书》，中华书局1973年版，第1091页。

④ 《道藏》第1册，第3页。

曰陛下。[1]”李少微的说法可以看作是对东汉以来道教最高尊神不同称呼的一次总结和规范，其目的是确立“元始天尊”作为道教最高尊神的地位。

2. 灵宝天尊

灵宝天尊，道教三清尊神之一，又称“太上大道君”“太上玉晨大道君”“上清大帝”。灵宝天尊是禹余天的上清真境之主，上清真境有九真，即上真、高真、大真、玄真、天真、真真、神真、灵真、至真。“太上玉晨大道君”最早出于上清派，还另有“太清大道君”。南朝梁陶弘景的《洞玄灵宝真灵位业图》中，“上清高圣太上玉晨玄皇大道君”居于第二中位[2]，第四中位之二则编排有“上皇太上无上大道君”[3]。至《上清众经诸真圣秘》仍分别列“玉晨太上大道君”和“太清大道君”等名。《云笈七签》则分别撰《太上道君纪》和《太上玉晨大道君纪》。“太上大道君”之名出自灵宝派，东晋末年葛巢甫所作《灵宝无量度人上品妙经》托名“元始天尊”和“太上大道君”，“元始之降舍栢陵……疏成诸天隐书，编作五方灵范。纪混元龙汉之载……玉晨君啰之，以序其首尾，秘于上馆。”[4]其中有道君所述《前序》《中序》《后序》三篇以及署名“太上大道君”的《元始灵书中篇》。

灵宝派与上清派的这三种称呼在后来融合成了道教“三清”中的第二位尊神。唐代成玄英在《灵宝无量度人上品妙经四注》中引《玉京大洞经》曰：“上清高圣大道君者，一

---

① 《道藏》第 2 册，第 208–209 页。

② 《道藏》第 3 册，第 273 页。

③ 《道藏》第 3 册，第 276 页。

④ 《道藏》第 2 册，第 187 页。

号玉晨君。”[①]相比成玄英年代稍早，薛幽栖曰：“道君，元始天尊之弟子，太微天帝君之师也。居上清上元玉晨官，即上清之境，太清尊崇之位也。”[②]宋元之际有道士洞阳子所撰《太上洞玄灵宝天尊说救苦妙经注解》，其中曰：“灵宝天尊即太上道君也。”[③]南宋陈春荣在其《太上洞玄灵宝无量度人上品经法》中也称：“玉晨大道君为灵宝教主，乃元始天尊之弟子，太微天帝君之师也，受灵宝上品度人之道。”[④]以上说明灵宝天尊作为三清尊神的名号最晚在南宋时就流传开来了。

3. 道德天尊

道德天尊即太上老君，又称“降生天尊”“太清大帝”等。道德天尊是大赤天的上清真境之主，太清仙境有九仙，即上仙、高仙、大仙、玄仙、天仙、真仙、神仙、灵仙、至仙。道德天尊原为春秋时期道家学派的创始人老子，姓李名耳，谥聃。楚国苦县（今河南鹿邑东，古时与安徽亳州为同一地区）人，任周藏室之史。后辞官西出函谷关，应关令尹喜之邀，述《道德经》五千余言而去，莫知其所终。

早在道教正式产生之前，对老子的神化就已有之。见诸文字最早的记载的是东汉明帝、章帝之际，益州太守王阜作《老子圣母碑》云：“老子者，道也。乃生于无形之先，起于太初之前，行于太素之元，浮游六虚，出入幽冥，观混合

① 《道藏》第2册，第189页。

② 《道藏》第2册，第189页。

③ 《道藏》第6册，第489页。

④ 《道藏》第2册，第470页。

之未别，窥清浊之未分。”[①]老子同“道”一样，先天地而生。东汉桓帝时边韶所作《老子铭》云：“世之好道者，触类而长之。以老子离合于混沌之气，与三光为终始。观天作谶，升降斗星，随日九变，与时消息。规矩三光，四灵在旁，存想丹田，太一紫房。道成身化，蝉蜕度世。自羲黄以来，世为圣者作师。”[②]老子形象的神格化是在两汉以来宗教神学以及儒学神秘主义思潮的背景下展开的。如“观天作谶”，就是把当时流行的谶纬神学托名于老子；所谓的“存想丹田，太一紫房”，则将行气、导引等养寿成仙之道，变成了老子的道术，而终于使老子“道成身化，蝉蜕度世”了，是典型的老子仙化说。[③]

东汉末，张陵创正一盟威道，并注解了《道德经》。王明称：“经过张陵父子辈的社会活动，实际上在公元2世纪时，‘老子’已由神化被尊奉为道教的教祖。”[④]《老子想尔注》指出：“道气在间，清微不见，含血之类，莫不钦仰”[⑤]。这是把不可见却有迹可循的道气视作解释宇宙大化及信仰实践的理论依据。气可以产生一切，聚合而成的便是神。《老子想尔注》明确说，道又称为“一”，而“一散形为气，聚形为太上老

---

① （宋）李昉：《太平御览》，中华书局1960年版，第2页。

② 《道藏》第17册，第848页。

③ 石衍丰：《老子宗教化的探讨》，《宗教学研究》，1984年增刊。

④ 王明著：《道家和道教思想研究》，中国社会科学出版社1984年版，第20页。

⑤ 饶宗颐著：《老子想尔注校正》，上海古籍出版社1991年版，第8页。

君”[①]。所以《老子想尔注》受《太平经》的影响，从“一”与“道”以及“元气”三者的关系出发，继承《太平经》尊道以及“道”的人格化这两方面，开始了道教对老子神格化的理论建设。

葛洪《抱朴子内篇·杂应篇》云：“老君真形者，思之，姓李名聃，字伯阳，身长九尺，黄色，鸟喙隆鼻，秀眉长五寸，耳长七寸，额有三理上下彻，足有八卦，以神龟为床，金楼玉堂，白银为阶，五色云为衣，重叠之冠，锋鋋之剑，从黄童百二十人，左有十二青龙，右有二十六白虎，前有二十四朱雀，后有七十二玄武，前道十二穷奇，后从三十六辟邪，雷电在上，晃晃昱昱，此事出于仙经中也。”[②]东晋时，老子形象的刻画有了规范的说明。

《魏书·释老志》载：“谦之守志嵩岳，精专不懈。以神瑞二年十月乙卯，忽遇大神，乘云驾龙，导从百灵，仙人玉女，左右侍卫，集止山顶，称太上老君。谓谦之曰：‘往辛亥年，嵩岳镇灵集仙宫主，表天曹，称自天师张陵去世已来，地上旷诚，修善之人，无所师授。嵩岳道士上谷寇谦之，立声直理，行合自然，才任轨范，首处师位，吾故来观汝，授汝天师之位，赐汝《云中音诵新科之诫》二十卷。号曰并进。’”[③]寇谦之借助太上老君的名号来“清整道教，除去三张伪法，租米钱税及男女合气之术”[④]，这说明在当时的北方天师道，太上老君道教教主的地位进一步得到确立。“道

① 饶宗颐著：《老子想尔注校正》，上海古籍出版社1991年版，第12页。

② 《道藏》第28册，第229、230页。

③ （北齐）魏收：《魏书》，中华书局1974年版，第3050–3051页。

④ （北齐）魏收：《魏书》，中华书局1974年版，第3051页。

家之原，出于老子。其自言也，先天地生，以资万类。上处玉京，为神王之宗，下在紫微，为飞仙之主。”①

唐朝是道教兴盛和发展的重要朝代，也是老子地位最崇高的时期。李唐王朝利用道教来维护自身的统治，唐太宗的“朕之本系出于柱史”②奠定了尊李老君为皇室李氏祖先的特殊关系。另一方面，道教也积极地依附李唐皇室发展自身的势力。唐《法苑珠林》卷第四十一中载：“周时老子者，姓李名聃，字伯阳，楚国苦县濑乡曲仁里人。其母感大流星而有娠，虽受气于天，然见生于李家，犹以李为姓。或云，老子先天地生。或云，天之魂精灵之属。或云，母怀之七十岁乃生，生时剖其母左腋出，出而白首，故谓之老子。或言，其母夫，老子氏母家。或老子母适到李树下而生老子。老子生而能言，指李树曰：‘以此为我姓。’”③这是将老子的出生进一步神化，推老子于更崇高的地位。

唐朝的历代皇帝，敕修老子庙宇，以人间至高的权利对老子封而又封。

据《混元圣纪》卷八载：“（唐）太宗贞观元年七月丙午敕修太上老君庙于亳州。”④

唐高宗“（乾封元年）二月己未，次亳州。幸老君庙，追号曰太上玄元皇帝，创造祠堂；其庙置令、丞各一员”⑤。

唐玄宗更是一再追加尊号，“（天宝）二年春正月丙辰，追尊玄元皇帝为大圣祖玄元皇帝，两京崇玄学改为崇玄馆，

---

①（北齐）魏收：《魏书》，中华书局1974年版，第3048页。

②《道藏》第17册，第856页。

③《大正藏》第53册，新文丰出版公司1983年版，第520页。

④《道藏》第17册，第856页。

⑤（后晋）刘昫等：《旧唐书》，中华书局2000年版，第61页。

博士为学士。三月壬子，亲祀玄元庙以册尊号。”①“（天宝八载）丙寅，上亲谒太清宫，册圣祖玄元皇帝尊号为圣祖大道玄元皇帝。”②“（天宝十三载）二月癸酉，上亲朝献太清宫，上玄元皇帝尊号曰大圣祖高上大道金阙玄元天皇大帝。”③并且两次钦定老子诞辰。

据《混元圣纪》卷八言：“（唐）玄宗开元三年二月十五日丁卯以老君降生之辰为玄元节。”④

又开成五年，唐武宗在即位之初即“敕二月十五日玄元皇帝降生日宜为降圣节，休假一日”⑤。《混元圣纪》卷九中载有“休假三日”⑥之说。

以上来自唐代最高统治者的助力，毫无疑问将老子的地位推到了一个前所未有的高度。

除了世俗政权的支持，道教自身也从教义上扩展关于老子的理论，从唐初的《太上老君开天经》到唐末杜光庭所撰《道德真经广圣义》等道书，将太上老君描绘为永恒的创世主、造物主、救世主，成为至高无上，无处不有的至上神灵。尤其杜光庭《道德真经广圣义》卷二“释老君事迹氏族降生年代”⑦可以说是集两汉以来老子神化论之大成。

两宋以降，太上老君在道教中地位有所降低，这表现在三清尊神的定型，太上老君虽还是道教的三位至高神灵，但

---

① （后晋）刘昫等：《旧唐书》，中华书局2000年版，第145页。

② （后晋）刘昫等：《旧唐书》，中华书局2000年版，第149页。

③ （后晋）刘昫等：《旧唐书》，中华书局2000年版，第152页。

④ 《道藏》第17册，第860页。

⑤ （后晋）刘昫等：《旧唐书》，中华书局2000年版，第398页。

⑥ 《道藏》第17册，第870页。

⑦ 《道藏》第14册，第316页。

已经退至第三位。但在世俗民间，仍以太上老君为道教教主，如佛寺中塑造三教并祀像，是“释氏居中、老君居左，孔子居右”[①]。明初《三教源流搜神大全》中道教源流仍以太上老君为首。[②]

① 《道藏》第 17 册，第 881 页。

② 《绘图三教源流搜神大全》，上海古籍出版社 1990 年，第 14 页。

参考文献

一、古籍类

《灵宝无量度人上品妙经》，《道藏》第 1 册。

《上清大洞真经》，《道藏》第 1 册。

《太上太玄女青三元品戒拔罪妙经》，《道藏》第 1 册。

《元始五老赤书玉篇真文天书经》，《道藏》第 1 册。

《高上本行玉皇集经》，《道藏》第 1 册。

（南宋）陈春荣：《太上洞玄灵宝无量度人上品经法》，《道藏》第 2 册。

（元）陈致虚：《太上洞玄灵宝无量度人上品妙经注解》，《道藏》第 2 册。

（明）张宇初：《元始无量度人上品妙经通义》，《道藏》第 2 册。

（宋）陈景元：《元始无量度人上品妙经四注》，《道藏》第 2 册。

《太上洞玄灵宝诸天内音自然玉字》，《道藏》第 2 册。

（南朝梁）陶弘景：《真灵业位图》，《道藏》第 3 册。

（晋）葛洪：《元始上真众仙记》，《道藏》第 3 册。

《灵宝无量度人上经大法》，《道藏》第 3 册。

《高上玉皇满愿宝忏》，《道藏》第 3 册。

《洞玄灵宝自然九天生神章经》，《道藏》第 5 册。

（南朝梁）沈约：《酬华阳陶先生》，《道藏》第5册。

（晋）郭璞：《穆天子传》，《道藏》第5册。

《汉武帝内传》，《道藏》第5册。

《上清众经诸真圣秘》，《道藏》第6册。

（元）洞阳子：《太上洞玄灵宝天尊说救苦妙经注解》，《道藏》第6册。

《太上灵宝五符序卷上》，《道藏》第6册。

（宋）宁全真：《灵宝领教济度金书》，《道藏》第7册。

（唐）杜光庭：《道教灵验记》，《道藏》第10册。

（唐）杜光庭：《广成集》，《道藏》第11册。

《赤松子章历》，《道藏》第11册。

（汉）东方朔：《十洲记》，《道藏》第11册。

《太上玄灵北斗本命延生真经》，《道藏》第11册。

（唐）杜光庭：《道德真经广义圣》，《道藏》第14册。

（宋）谢守灏：《混元圣纪》，《道藏》第17册。

《太上说玄天大圣真武本传神咒妙经》，《道藏》第17册。

（唐）杜光庭：《墉城集仙录》，《道藏》第18册。

《女青鬼律》，《道藏》第18册。

《正一解厄醮仪》，《道藏》第18册。

（汉）魏伯阳：《周易参同契》，《道藏》第20册。

（唐）李淳罡：《金锁流珠引》，《道藏》第20册。

（南朝梁）陶弘景：《真诰》，《道藏》第20册。

（唐）张君房：《云笈七签》，《道藏》第22册。

（元）彭致中：《鸣鹤余音》，《道藏》第24册。

（唐）潘师正：《道门经法相承次序》，《道藏》第24册。

（唐）孟安排：《道教义枢》，《道藏》第24册。

（唐）王悬河：《三珠洞囊》，《道藏》第25册。

《老子中经》，《道藏》第 27 册。

《太上三天正法经》，《道藏》第 28 册。

《太上正一盟威法箓》，《道藏》第 28 册。

（宋）宁全真，王契真：《上清灵宝大法（一）》，《道藏》第 30 册。

（宋）金允中：《上清灵宝大法（二）》，《道藏》第 31 册。

（唐）杜光庭：《道门科范大全集》，《道藏》第 31 册。

（五代）吕元素：《道门定制》，《道藏》第 31 册。

《洞真太上上皇民籍定真玉箓》，《道藏》第 33 册。

《太上元始天尊说北帝伏魔神咒妙经》,《道藏》第 34 册。

（明）洪自诚撰：《消摇墟经》，《道藏》第 35 册。

（唐）《法苑珠林》，《大正藏》第 53 册，新文丰出版公司 1983 年版。

（晋）郭璞：《山海经》，《影印文渊阁四库全书》第 1042 册，台湾商务印书馆 1986 年版。

（汉）郑玄：《周礼注疏》，《影印文渊阁四库全书》第 90 册，台湾商务印书馆 1986 年版。

（汉）赵晔：《吴越春秋》，时代文艺出版社 2008 年版。

（晋）张华：《博物志》，《影印文渊阁四库全书》第 1047 册，台湾商务印书馆 1986 年版。

（唐）李延寿：《南史》，《影印文渊阁四库全书》第 265 册，台湾商务印书馆 1986 年版。

（唐）欧阳询：《艺文类聚》，《影印文渊阁四库全书》第 888 册，台湾商务印书馆 1986 年版。

（唐）李白：《李太白集注》，《影印文渊阁四库全书》第 1067 册，台湾商务印书馆 1986 年版。

（隋）萧吉：《五行大义》，上海书店出版社 2001 年版。

（宋）黎靖德：《朱子语类》，《影印文渊阁四库全书》第 702 册，台湾商务印书馆 1986 年版。

（明）陶宗仪：《说郛》，《影印文渊阁四库全书》第 881 册，台湾商务印书馆 1986 年版。

（清）李光地：《御定月令辑要》，《影印文渊阁四库全书》第 467 册，台湾商务印书馆 1986 年版。

（汉）司马迁：《史记》，中华书局 1959 年版。

（汉）班固：《汉书》，中华书局 1999 年版。

（汉）刘歆：《西京杂记校注》，上海古籍出版社 1991 年版。

（晋）陈寿：《三国志》，中华书局 1971 年版。

（北齐）魏收：《魏书》，中华书局 1974 年版。

（南朝宋）范晔：《后汉书》，中华书局 1965 年版。

（唐）魏征等：《隋书》，中华书局 1973 年版。

（后晋）刘昫等：《旧唐书》，中华书局 2000 年版。

（宋）李昉：《太平御览》，中华书局 1960 年版。

（宋）陈舜俞：《庐山记》，载王云五主编《丛书集成初编》第 2998 册，商务印书馆 1939 年版。

《绘图三教源流搜神大全》，上海古籍出版社 1990 年版。

马银琴译注：《搜神记》，中华书局 2012 年版。

《上清琼宫灵飞六甲左右上符》，《道藏》第 2 册。

（南梁）陶弘景：《真诰》，《道藏》第 20 册。

《正一瘟司辟毒神灯仪》，《道藏》第 3 册。

（唐）杜光庭：《太上洞渊神咒经》，《道藏》第 6 册。

（唐）李复言，程毅中点校：《续玄怪录》，中华书局 2008 年版。

《广弘明集》，《大正藏》第 52 册，新文丰出版公司

1983年版。

《春秋左传正义》，载阮元校刻《十三经注疏（清嘉庆刊本）》，中华书局2009年版。

《太上说六甲直符保胎护命妙经》，《道藏》第1册。

（宋）路时中：《无上玄元三天玉堂大法》，《道藏》第4册。

（宋）孟元老撰，伊永文笺注《东京梦华录笺注》，中华书局2007年版。

（宋）志磐：《佛祖统纪》，《大正藏》第49册，新文丰出版公司1983年版。

（宋）郑瑶：《景定严州续志》，《影印文渊阁四库全书》第487册，台湾商务印书馆1986年版。

（元）陈致虚：《金丹正理大全》，《藏外道书》第9册，巴蜀书社1992年版。

（元）李道谦：《七真年谱》，《道藏》第3册。

（元）刘志玄：《金莲正宗仙源像传》，《道藏》第3册。

（元）苗善时：《纯阳帝君神化妙同纪》，《道藏》第5册。

（元）赵道一：《历世真仙体道通鉴》，《道藏》第5册。

《宣和遗事》，中华书局1985年版。

《道法会元》，《道藏》第30册。

（明）陈建：《皇明通纪集要》，明崇祯刻本。

《万历严州府志》，万历六年刊本。

《高上大洞文昌司禄紫阳宝箓》，《道藏》第28册。

《碧霞元君护国庇民普济保生妙经》，《道藏》第34册。

《灵应泰山娘娘宝卷》，明刊本。

（明）许仲琳，王维堤校点：《封神演义》，上海古籍出版社2011年版。

（明）张岱著，栾保群注：《琅嬛文集》，故宫出版社2012年版。

（明）张介宾，郭洪耀等校注：《类经》，中国中医药出版社1997年版。

（明）张介宾:《类经附翼》，人民卫生出版社1965年版。

（清）高士宗，于天星按：《黄帝素问直解》，科学技术文献出版社1980年版。

（清）梁章钜，李肇翔、杨梦冬点校：《称谓录》，中华书局1996年版。

（清）姚燮：《玉枢经钥》，《藏外道书》第4册，巴蜀书社1992年版。

（清）英廉等编纂：《钦定日下旧闻考》，《影印文渊阁四库全书》第498册，台湾商务印书馆1986年版。

（清）俞樾撰，贞凡等点校：《茶香室丛钞》，中华书局1995年版。

（清）赵尔巽等撰：《清史稿》，中华书局1977年版。

二、近现代论著

王明：《太平经合校》，中华书局1960年版。

郭若愚、曾毅公、李学勤：《殷墟文字缀合》，科学出版社1955年版。

王明著：《道家和道教思想研究》，中国社会科学出版社1984年版。

刘文典撰，冯逸、乔华点校：《淮南鸿烈集解》，中华书局1989年版。

饶宗颐著：《老子想尔注校正》，上海古籍出版社1991年版。

卿希泰主编：《中国道教》第三卷，知识出版社 1994 年版。

卿希泰主编：《中国道教史》第一卷，四川人民出版社 1996 年版。

薄树人主编：《中国天文学史》，文津出版社 1996 年版。

蔡运章等：《洛阳钱币发现与研究》，中华书局 1998 年版。

李远国：《神霄雷法——道教神霄派沿革与思想》，四川人民出版社 2003 年版。

孔令宏主编：《东方道藏·民间道书合集》第一辑，社会科学文献出版社 2019 年版。

孔令宏、韩松涛、王巧玲：《浙江道教史》，中国社会科学出版社 2015 年版。

钿智芳：《中国道教概略与德清道教简史》，2016 年，内部资料。

陈景超：《抱春堂集》卷九，中华诗词出版社 2019 年版。

[日]安居香山，中村璋八辑：《纬书集成》，河北人民出版社 1994 年版。

[日]小林正美著，李庆译：《六朝道教史研究》，四川人民出版社 2001 年版。

蔡东洲、文廷海：《关羽崇拜研究》，巴蜀书社 2001 年版。

盖建民：《道教医学》，宗教文化出版社 2001 年版。

盖建民、何振中：《道教医学精义》，宗教文化出版社 2013 年版。

郭涌主编：《德清县民间故事歌谣谚语集》，内部资料，浙江省民间文学集成办公室 2006 年版。

顾希佳：《菩萨外传》，上海文艺出版社 1991 年版。

李涵馥编著：《国医指南》，新文化书社 1934 年版。

李金龙主编：《北京民俗文化考》，北京邮电大学出版社 2017 年版。

唐圭璋编：《全宋词》，中华书局 1965 年版。

香港蓬瀛仙馆、上海城隍庙编：《拜太岁》，宗教文化出版社 2010 年版。

向达：《唐代长安与西域文明》，三联书店 1987 年版。

[日]吉元昭治，杨宇译：《道教与不老长寿医学》，成都出版社 1992 年版。

[日]小柳司气太：《白云观志》，《藏外道书》第 20 册，巴蜀书社 1992 年版。

卿希泰主编：《中国道教史(修订本)》，四川人民出版社 1996 年版。

任继愈主编：《中国道教史》，上海人民出版社 1990 年版。

孔令宏、韩松涛：《江西道教史》，中华书局 2011 年版。

孔令宏主编：《东方道藏·民间道书合集》第一辑，社会科学文献出版社 2019 年版。

卿希泰、詹石窗：《中国道教思想史》（四卷），人民出版社 2009 年版。

[日]麦谷邦夫：《道教与日本古代的北辰北斗信仰》，《宗教学研究》，2000 年第 3 期。

[日]小林正美，王皓月译：《中国的道教》，齐鲁书社 2010 年版。

王健民、梁柱、王胜利：《曾侯乙墓出土的二十八宿青龙白虎图像》，《文物》，1979 年第 7 期。

鹿羊：《天文学的起源》,《中国科技史杂志》，1980

年第2期。

温少峰，袁庭栋编著：《殷墟卜辞研究·科学技术篇》，四川省社会科学院1983年版。

石衍丰：《老子宗教化的探讨》，《宗教学研究》，1984年增刊。

石衍丰：《道教“三清”源流探微》，《中国道教》，1992年第3期。

曾召南：《三十六天说是怎样形成的》，《中国道教》，1993年第3期。

张泽洪：《论道教的步罡踏斗》，《中国道教》，2000年第4期。

朱磊：《中国古代北斗信仰的考古学研究》，山东大学博士学位论文，2011。

罗燚英：《道教星神司命考述》，载潘崇贤、梁发主编：《道教与星斗信仰》，齐鲁书社2014年版。

王皓月：《道教三十六天说溯源》，《儒道研究》，2017年第1期。

黄勇：《西王母神话的转型与西王母信仰的兴起》，《中国俗文化研究》，2017年第2期。

李远国：《论金元全真道的神仙谱系》，载赵卫东主编，《全真道研究》第7辑，齐鲁书社2018年版。

盖建民：《道教符咒治病术的理性批判》，《世界宗教研究》，1999年第4期。

盖建民：《道教与传统医学融通关系论析》，《哲学研究》，2002年第4期。

甘露：《甲骨文地支纪日补例》，《殷都学刊》，2002年第2期。

葛荣晋：《比干的人格与神格的转换：“神道设教”的典范》，《商丘师范学院学报》，2014 年第 4 期。

韩吉绍：《医药化学家孙思邈》，《南京中医药大学学报》，2010 年第 2 期。

胡孚琛：《道教医药学述要》，《中国中医基础医药学杂志》，1995 年第 4 期。

李利安：《从中国民间观音信仰看中国道教文化与印度佛教文化的对话》，《人文杂志》，2004 年第 1 期。

李向平：《文殊信仰方式及其社会特征》，《五台山研究》，2020 年第 3 期。

刘晓艳：《仙释圆融　佛道双栖 ——慈航真人观世音仙话传说的文化观照》,《集美大学学报(哲学社会科学版)》,2012 年第 3 期。

刘仲宇：《众星拱伏的斗姥神》，《世界宗教文化》，1999 年第 3 期。

庞阳：《论“关财神”崇拜的宗教内涵与民俗习尚》，《齐鲁艺苑》，2012 年第 5 期。

任志强：《从忠谏之臣到财富之神：比干财神形象的生成与中国传统商业伦理》，《楚雄师范学院学报》，2020 年第 2 期。

王记录、苗建新：《比干与中国的财神崇拜》，载林宪斋主编：《比干文化研究》，河南人民出版社 2012 年版。

魏燕利：《道教导引术的历史演变探析》，《四川大学学报（哲学社会科学版）》，2016 年第 5 期。

张富春：《厉鬼 · 瘟鬼 · 财神——论赵公明神格演变的轨迹》，《黄河科技大学学报》，2008 年第 4 期。

张同利：《“月老”考论》，《西北大学学报（哲学社会科学版）》，2012年第6期。

张晓雪：《科举魁星崇拜源流考论》，《江南大学学报（人文社科版）》，2012年第4期。

张泽洪：《论道教的文昌帝君》，《中国文化研究》，2005年第3期。

程玉艳：《卫辉比干庙风物传说研究》，河南大学硕士学位论文，2008年。

冀润雨：《斗姆－摩利支天信仰形成研究》，南京大学硕士学位论文，2019年。

李安：《王常月道教改革思想初探》，中央民族大学硕士学位论文，2011年。

魏德毓：《观音传说与民众宗教信仰心理》，福建师范大学硕士学位论文，2002年。

张婷：《〈真灵位业图〉的神仙信仰研究》，河南大学硕士学位论文，2011年。

安相：《汉代待诏制度与小说之关系考论》，贵州师范大学硕士学位论文，2016年。

陈文龙：《王契真〈上清灵宝大法〉研究》，中国社会科学院研究生院博士学位论文，2011年。

张胜磊：《民众信仰中的明清国家与地方表现》，北京师范大学硕士学位论文，2008年。

孟青：《汉画西王母图像的民俗文化研究——以山东地区为例》，江苏师范大学硕士学位论文，2013年。

吴振琦：《西王母形象演变动因探析》，中南民族大学硕士学位论文，2012年。

苗诗麒：《江南洞天福地景观形成研究》，浙江农林大学硕士学位论文，2016年。

甲宗杰：《先秦时期的泰山文化》，山东师范大学硕士学位论文，2013 年。

孙逊：《四海龙王考论》，上海师范大学硕士学位论文，2008 年。

牛敬飞：《五岳祭祀演变考论》，清华大学博士学位论文，2012 年。

刘金龙：《道教“洞天福地”研究》，南京大学硕士学位论文，2017 年。

王丽英：《道教南传及其影响》，华中师范大学博士学位论文，2004 年。

张崇富：《上清派修炼思想研究》，四川大学博士学位论文，2003 年。

孙亦平：《论杜光庭对道教斋醮科仪的发展与贡献》，《宗教学研究》，2006 年第 4 期。

后　记

道教是中国土生土长的制度性宗教，也是中国传统文化的三大组成部分之一。在其上千年的历史中，在中国的众多地区广为传播，从多个方面深刻影响着历代人民。

对道教的众多功能，目前学术界的认识是很不够的。已有的道教史研究，首先是宏观的中国道教史，着眼于道教与朝廷政治，关注道教的上层人士，注重对道教的大宗派的叙述，偏爱阐述道教的理论，却忽视了道教与基层社会的关系，遗漏了道教的基层单元，没有正视道教的宫观、道坛，轻视了道教的实践。近年来，学术界也有意无意地看到了上述弊端，开始把宏观的道教史缩小范围，地域道教史的研究相应地出现了《西北道教史》《江西道教史》《浙江道教史》《山东道教史》等著作。这些著作大都以现代的省级行政区划为范围而划定研究范围。相比于以全国为范围是缩小了，叙述上也细致了一些，对于弥补全国性通史的不足是有积极意义的。但是，也应该看到，这至多只能算是中观层次的研究，不是微观。为此，一些学者已经做了努力，例如，把通史变为断代史，从省级行政区划的范围进一步缩小。《民国杭州道教》等就是这方面的著作。其实，还可以把研究范围进一步缩小到县、乡镇、村落，乃至道教名山、宫观和道坛。道教名山，我们已经通过《中国道教第二洞天第四福地委羽山研究》作了尝试。

后　记

道观和道坛是道教最底层的社会性组织单位，起着聚居道士，传承道教文化，集合信道人才，服务社会等方面的作用。本书就是这方面的尝试之作。

位于台州市黄岩区的委羽山大有宫高居十大洞天中第二洞天，具有显赫的地位和广泛的社会影响，历代受人关注，拥有众多的历史文献。与此不同，太玄紫极观没有显赫的宗教地位，历代关注者少，历史文献稀少，显得相对平淡。正因为如此，它或许更具有典型性，因为能拥有显赫地位的道观毕竟是少数，绝大多数道观恰恰就是如太玄紫极观这样的普通道观。以这样的道观为案例，应该更能反映基层道观的实际情况。

对于这样的道观的学术研究，除了历史学、宗教学的研究方法外，由于文献不多，只能更多地依赖田野调查，进行口述史的采访，运用社会学的方法进行研究。

太玄紫极观中紫微大帝背后有一幅天地人三界一炁流转图，比较直观、形象、生动地呈现了道教的基本教义，真可谓“道教教义，于斯为盛”！为此，本书用了相当多的篇幅来对该图进行解读、叙述，希望由此昭示道观的社会教化功能。

所以，本书对太玄紫极观的研究，一是以之为案例阐述道观的历史、文化和社会功能。就历史而言，德清紫极观是南北朝时期吴兴门阀望族沈氏宗族的家庙，曾是唐代道教大师叶法善的修道之所，其名称是唐代崇道遗迹之一，宋代以来与吕洞宾信仰建立了联系，清代以来是全真道龙门派的地方道场。在其近 1500 年的历史中，浓缩地见证了中国道教的历史。就文化而言，该观的一炁流转图内容丰富，是道教教义的直观呈现。就社会功能而言，它承担了医药、教化、教育、宗教等多种功能。二是阐述与它配套的绿云醮坛作为宗教仪式单位的社会性。三是通过对天、地、人三才一炁流转图的解读来彰显道教教义。“一叶落而知天下秋。”本书希望借紫极观之小而知道教之大，是否达到这效果，恳盼方家就教。

本书由本人确定写作提纲并进行统稿。写作分工如下：第一章第一节的沈氏宗族与紫极观部分，沈氏文化研究会常务会长沈庆跃写作了部分文字稿、提供了一些材料，这部分可看作本人与他的合著。本人撰写第一章第一节的其余部分，第二、三节，第二章第一节，第三章第一节；第一章第四节由费超宇根据录音整理成文字，由本人校改；第二章第二节和第四节由本人和研究生夏卓浩写作；第二章第三节由费超宇撰写，本人修改；第三章第二节、第四章第一节由博士生魏耀武撰写；第三章第二节的西王母、东王公部分和第四章第二节由博士生费超宇撰写。初稿完成后，征求了陈大慧、刘崇明道长和姚金凤等人的意见，根据其建议作了相应的修改。费超宇参与了全书的校对工作。

孔令宏

2023 年 4 月 16 日于浙江大学